古代歷史文化研究輯刊

二六編

王明蓀 主編

第 12 冊

馬可波羅與元初國內城市

申友良、申東寧 著

國家圖書館出版品預行編目資料

馬可波羅與元初國內城市／申友良、申東寧 著 -- 初版 -- 新
北市：花木蘭文化事業有限公司，2021〔民 110〕
目 6+262 面；19×26 公分
（古代歷史文化研究輯刊 二六編；第 12 冊）
ISBN 978-986-518-595-4（精裝）
1. 都市發展 2. 元代
618   110011824

ISBN-978-986-518-595-4

9 789865 185954

古代歷史文化研究輯刊
二六編　第十二冊　　　　　ISBN：978-986-518-595-4

馬可波羅與元初國內城市

作　　　者　申友良、申東寧
主　　　編　王明蓀
總 編 輯　杜潔祥
副總編輯　楊嘉樂
編　　　輯　許郁翎、張雅淋、潘玟靜　美術編輯　陳逸婷
出　　　版　花木蘭文化事業有限公司
發 行 人　高小娟
聯絡地址　235 新北市中和區中安街七二號十三樓
　　　　　　電話：02-2923-1455／傳真：02-2923-1452
網　　　址　http://www.huamulan.tw 信箱 service@huamulans.com
印　　　刷　普羅文化出版廣告事業
初　　　版　2021 年 9 月
全書字數　214718 字
定　　　價　二六編 32 冊（精裝）台幣 88,000 元　　　版權所有・請勿翻印

馬可波羅與元初國內城市

申友良、申東寧　著

作者簡介

申友良（公元 1964 年農曆 6 月 28 日～），字泰鴻，男，籍貫湖南省邵東縣。歷史學博士、博士後，歷史學教授，現供職於嶺南師範學院歷史系。主要研究專長為中國古代史、中國民族史、中西文化交流、廣東地方史等方面，特別是在中國古代北方少數民族研究、中國古代遼金元時期歷史研究以及馬可波羅研究等方面已經取得了初步的成果。先後出版專著有《中國北族王朝初探》、《中國北方民族及其政權研究》、《馬可波羅時代》、《報王黃世仲》、《馬可波羅遊記的困惑》、《馬可波羅與元初社會》、《史學論文寫作指南》、《馬可波羅與元初商業經濟》、《申氏歷史與名人》、《湛江航海文化》、《探秘：馬可波羅到過中國嗎？》等 11 部，參編《文物鑒定指南》、《新中國的民族關係概論》、《中國歷史地名大辭典》等，發表學術論文 63 篇。主持完成省部級課題 2 項。

申東寧（公元 1990 年農曆 2 月 28 日～），女。暨南大學比較文學碩士，現供職於五邑大學製造學部。

提　　要

本書主要從《馬可波羅遊記》所記載的與中國大陸有關的絲綢之路沿線陸上城市和海港城市作為研究的對象，其中選取了陸上城市 15 座，海港城市 9 座。書中對這 24 座絲綢之路沿線城市，從《馬可波羅遊記》裏的記載、該城市經濟文化發展的原因分析、影響分析等三個大的方面，進行了深入的剖析和研究，使讀者和學術界能夠清晰地瞭解元朝初年特別是忽必烈時期，元朝的內陸城市和海港城市的發展面貌。

通過 24 個城市的個案分析和研究，可以得出兩個主要的結論：

（1）《馬可波羅遊記》中對國內城市的記載是現存少有的反映元初國內城市的外國名著，它詳細記載了元初時期的國內城市經濟和文化的發展情況，這是目前難得的研究元初社會和經濟文化的珍貴材料，值得重視和研究。

（2）在絲綢之路的背景下，由於蒙元統治者採取重商的政策，使得元初的國內城市的商業經濟和社會文化都有著不同程度的繁榮和發展。這些也在《馬可波羅遊記》中得到了證實。

本書由嶺南師範學院
廣東沿海經濟帶發展研究中心提供資助

目　次

前　言

　　對於《馬可波羅遊記》的真偽和價值問題，學術界進行了長期的爭論，可謂見仁見智，互不相讓。其實，問題並沒有想像中那麼的複雜。根據辯證法的觀點，可以一分為二嘛。《馬可波羅遊記》之所以能夠存在八百多年且一直熱度不衰，肯定有其自身的優勢和價值所在。

　　其價值主要表現在兩個方面：(1)《馬可波羅遊記》的獨特視角看絲綢之路。《馬可波羅遊記》是元代絲綢之路與中外關係史研究的一個典型的案例，從《馬可波羅遊記》這樣一個特殊的角度出發，充分利用這個由外國人的親身經歷所記錄下來的特殊材料，去認識和瞭解元代絲綢之路的狀況、原因和影響。(2)《馬可波羅遊記》的特殊價值看元初國內城市的社會狀況以及經濟文化發展的原因和影響。《馬可波羅遊記》中對國內城市的記載是現存少有的反映元初國內城市的外國名著，它詳細記載了元初時期的國內城市經濟和文化的發展情況，這是目前難得的研究元初社會和經濟文化的珍貴材料，值得重視和研究。

　　既然《馬可波羅遊記》是研究絲綢之路方面的重要材料，也是元初國內城市社會和經濟文化方面重要的參考書籍。可惜的是，學術界對《馬可波羅遊記》在絲綢之路以及元初國內城市社會方面的作用和意義認識不夠、重視不夠，一直相關的研究成果寥寥無幾。

　　本課題主要從《馬可波羅遊記》所記載的與中國大陸有關的絲綢之路沿線陸上城市和海港城市作為研究的對象，其中選取了陸上城市 15 座，海港城市 9 座。書中對這 24 座絲綢之路沿線城市，從《馬可波羅遊記》裏的記載、該城市經濟文化發展的原因分析、影響分析等三個大的方面，進行了深入的

剖析和研究，使讀者和學術界能夠清晰地瞭解元朝初年特別是忽必烈時期、元朝的內陸城市和海港城市的發展面貌。

本課題的主要研究目標有三個：

（1）以《馬可波羅遊記》為平臺，通過對元初絲綢之路沿線國內城市的個案分析和剖析，達到進一步瞭解元初社會經濟和文化等方面的發展狀況，用以加深對元朝歷史以及元代社會的認識。

（2）《馬可波羅遊記》中對國內城市的記載是現存少有的反映元初國內城市的外國名著，它詳細記載了元初時期的國內城市經濟和文化的發展情況，這是目前難得的研究元初社會和經濟文化的珍貴材料，值得重視和研究。

（3）在絲綢之路的背景下，由於蒙元統治者採取重商的政策，使得元初的國內城市的商業經濟和社會文化都有著不同程度的繁榮和發展。這些也在《馬可波羅遊記》中得到了證實。

但是在研究的過程中也遇到了研究的難點，那就是如何利用《馬可波羅遊記》獨特的視角，來分析和研究絲綢之路背景下的元初國內城市的發展狀況。而突破的重點方向就是如何更好地發揮《馬可波羅遊記》這個典型的案例，來分析和研究元初國內城市的社會狀況。

因此，本課題採用了個案分析和考證相結合的研究方法。《馬可波羅遊記》肯定是中西文化交流方面的典型的案例，而書裏的內容又有真假難辨的現象，就必須去偽存真進行考證。同時也採用了辯證法思路。在「古為今用」原則的指導下，採取「理論（「古為今用」）→歷史（《馬可波羅遊記》為平臺）→問題（《馬可波羅遊記》裏絲路沿線國內城市的現狀）→分析探究（國內各城市的發展原因分析）→結果（國內各城市的發展帶來的影響）」的辯證法觀點，分析和研究絲綢之路背景下的元初國內城市的發展狀況。

通過 24 個城市的個案分析和研究，可以得出兩個主要的結論：

（1）《馬可波羅遊記》中對國內城市的記載是現存少有的反映元初國內城市的外國名著，它詳細記載了元初時期的國內城市經濟和文化的發展情況，這是目前難得的研究元初社會和經濟文化的珍貴材料，值得重視和研究。

（2）在絲綢之路的背景下，由於蒙元統治者採取重商的政策，使得元初的國內城市的商業經濟和社會文化都有著不同程度的繁榮和發展。這些也在《馬可波羅遊記》中得到了證實。

上篇　馬可波羅與絲路沿線國內陸上城市研究

第一章　馬可波羅與元初西安

西安，在《馬可波羅遊記》中被稱為京兆府城，是中國歷史上著名的古都，建立於公元前十六世紀，如今是中國七大區域中心城市之一，西北地區的商業中心。元初至元九年改京兆府為安西路，元皇慶元年，改安西路為奉元路。《馬可波羅遊記》中對西安的記載是現存少有的反映元初西安的外國名著，讓我們跟隨馬可波羅的腳步，看看西安這座輝煌璀璨的古城邁過漢唐時期的繁榮後，在元代統治者的手中又會有怎樣的盛貌呢？

一、《馬可波羅遊記》裏對元初西安的記載

眾所周知，西安市是西北地區經濟最發達、城市特色最明顯的城市之一。同時，西安市也是一座千年故都，是我國古代的文化中心、經濟中心。西安擁有著 5000 多年文明史、3100 多年建城史、1100 多年的建都史，是中國四大古都之一，中華文明和中華民族重要發祥地之一，絲綢之路的起點。長安自古便是帝王都，豐鎬都城、秦咸陽宮、兵馬俑，漢未央宮、長樂宮、隋大興城、唐大明宮、興慶宮等等，都體現了西安發達的文明和璀璨的文化。

據歷史記載，元代的西安被稱為京兆府。在五代、宋、元等近 5 個世紀的漫長歲月裏，長安由全國的中心城市降落為地區性的中心城市，長安的商業也時興時衰，前進的腳步艱難而又曲折，其間的興衰耐人尋味，而在《馬可波羅遊記》中，京兆府城的統治者是忽必烈的兒子忙哥剌。「走了八日以後，就到達了京兆府城。這個城市是一個很有勢力的大王國的都城，是許多君主的常駐之所，該城以製造武器著稱。大汗現在將這裡的統治權交給他的兒子

忙哥剌，讓他負責治理。」〔註1〕元至元九年（1272）封忙哥剌為安西王，出鎮長安，至元十五年（1278）薨。長子「阿難答，至元十七年（1280）襲封，大德十一年（1307）誅」。長孫「月魯帖木兒，至治三年（1323）封」。〔註2〕安西王府位於京兆府城城外的奉元路城東北，作為實質意義上的王宮只有34年，而作為王府應從公元1272年起，至少到至正十七年（1357），共計86年。事實上，直到元末明軍攻克安西王府城才廢棄。據《肇域志》記載：「安西王城，在京兆府城東北二十里，元世祖以子忙哥剌為安西王，開府京兆，鎮秦、隴、蜀、涼之地，置城，今俗名斡耳朵，故址尚存。」《蒙兀兒史記》記載該城「關中故好望之，昭目休心，以為威儀之盛，雖古之單于，無以過也。……壯麗視皇居。〔註3〕由此可見，在奉元路城外元代又建築了一座城池。《馬可波羅遊記》記載「離城五英里的一個平原上有忙哥剌的一座宏偉的王宮，王宮內外有許多泉水和小溪點綴。此外，還有一個美麗的花園，周圍高牆環繞，上面還有牆垛。花園面積達到五英里，園中蓄養著各種各樣的野獸與禽鳥，用來供君王娛樂。花園的中央是寬敞的王宮所在之處，王宮的整齊與美麗無以復加。宮中有許多大理石建造的大殿和房間，裝飾著圖畫、金箔和最美麗的天藍色。忙哥剌能夠繼承父志，用公平的手段治理國家，所以深受人民愛戴。他也喜歡打獵和放鷹。」〔註4〕元統一後改京兆府為安西路，安西王忙哥剌深受忽必烈器重，其地位僅次於太子，安西王位高權重，所轄軍隊達15萬人，成了控制西北和西南最顯赫的勢力。當時京兆府不僅是陝西行省的治所，還是安西王府所在地。元代陝西行省的轄境遠遠大於今陝西省，而安西王統治的地方更包括了陝西、四川兩省及其以西地區，所以這時的安西路城（今西安市）實際上已變成元朝在西部中國的統治中心。加之元朝實現大統一後，由京兆府通往西域的商路空前活躍，這一切都促進了京兆府商業的復興。後來安西王府雖被廢除，安西路也改為奉元路，但奉元路城（今西安市）的地位並未降低，它仍是元朝統治西北、西南的大本營。總之，奉元路城在元代的地位相當重要，這就使得京兆府成為西北乃至全國重要的物資集散中心，

〔註1〕馬可波羅，梁生智譯，馬可波羅遊記〔M〕，北京：中國文史出版社，1998，頁157。

〔註2〕宋濂，元史〔M〕，北京：中華書局，1976，頁322。

〔註3〕屠寄，蒙兀兒史記〔M〕，上海：上海古籍出版社，1989，卷76。

〔註4〕馬可波羅，梁生智譯，馬可波羅遊記〔M〕，北京：中國文史出版社，1998，頁158。

這顯然有利於京兆府商業的發展。

關於經濟方面，據《馬可波羅遊記》的記載，京兆府城的製造業發達，主要生產生絲、金絲織物和其他綢緞，還有軍需用品等。「這是一個大商業區，以製造業著稱。盛產生絲、金絲織物和其他綢緞，軍隊所需的各種物品也同樣能夠製造。各種食物也都十分豐富，並能用中等價格購得。」〔註5〕

從《馬可波羅遊記》的記載來看，當時西安的經濟較為發達，但對於整個國家而言，元初西安的政治地位和經濟地位都有所下降。漢唐時候，長安是全國的政治經濟中心，地位超然，尤其是盛唐時代。那從唐代到元代，西安的經濟經歷了怎樣的變化呢？我們能從史料記載中找出答案。五代、宋、金、元時期，是這座城市的衰落與萎縮的時期。

唐末到北宋初，是京兆府商業的嚴重蕭條期。唐末的幾次戰亂使繁華似錦的隋唐都城長安變成了一片廢墟，從而使昔日繁榮的長安商業遭到毀滅性破壞。這種破壞主要表現在三個方面：其一是城市、市場設施的破壞，例如京兆府城內的房屋、道路交通以及各種市坊、店鋪因戰亂而遭到嚴重破壞；其二，人口大量死亡或流散，導致居民銳減；其三是京兆府及關中經濟遭到破壞。這幾個方面恰好是京兆府商業賴以發展的基本條件。當時京兆府居民或死於刀鋒之下，或四處流散。由於農業遭到嚴重破壞，加之道路不通，糧食難以運入，京兆府及關中物價飛漲，正常的商品流通已不復存在。

五代時期，軍閥混戰，關中地區多次淪為戰場，京兆府屢遭浩劫，社會經濟長期處於一蹶不振的境地，當然在相對安定的時候，社會經濟能夠有所恢復，商業也稍見復蘇，但這種復蘇總是被頻繁的戰亂所打斷，從而使商業陷入徘徊不前的狀況。五代時期，商稅苛重，貨幣制度混亂不堪，專賣制度相當嚴酷，也是阻礙商業發展的重要因素。專賣苛重的商稅及嚴酷的專賣制，對於商人正常經營及商品經濟的發展都非常不利。

北宋初期，京兆府和關中地區仍一片蕭條。在當時人眼中，京兆府仍顯得十分荒涼，宋人尚友康詩云：「長安宮闕半蓬蒿，塵暗紅梁揭鼓滔」。惠崇《遊長安》詩云：「人遊曲江少，草入未央深。」這時候的西安的水利設施的衰敗，農業凋敝，人口銳減，關中經濟衰落，可以說，京兆府商業在宋初仍然沒有走出歷史的低谷。

〔註5〕馬可波羅，梁生智譯，馬可波羅遊記〔M〕，北京：中國文史出版社，1998，頁 157～158。

宋真宗以後至北宋末年，是京兆府商業顯著恢復和發展期。長安在北宋時雖不再是國都所在，但由於它在政治、軍事方面具有獨特的重要意義，它仍然是我國北方最重要的城市之一。

金、宋連年交戰，使關中和長安地區社會經濟屢遭摧殘，城市破壞，農田被毀，人口離散。史稱金人「初入中夏，兵威所加，民多流亡，土多曠閒，遺黎喘喘。」由於連年戰亂，「延安郡州皆殘破，人民存者無幾。」金軍的殘暴和野蠻掠奪激起陝西人民的頑強反抗，故史稱「陝西城邑已降者，輒復叛。」在此情況下，長安和關中許多城鎮一片殘破景象，迅速蕭條下去。

金朝至大蒙古國時期，京兆府商業陷入徘徊不前的狀態，主要的原因是連綿不絕的戰亂。崛起於漠北的蒙古鐵騎又不斷闖入金朝統治下的關中，飽經戰火的關中和長安又一次陷入蒙古（元朝）與金軍爭奪的漩渦之中。1211年至1231年間，蒙古軍多次攻入陝北和關中，遭到金軍頑強抵抗，1231年正月，蒙古軍再度南下圍攻鳳翔，四月，鳳翔被攻陷，金軍慌忙放棄長安，並且「遷其民於河南，留慶山奴守之。」九月，慶山奴也棄長安東逃。金軍東撤時，將長安居民遷於河南，蒙古軍所得到的長安幾乎是一座空城。在蒙古滅金的近20年間，蒙古軍多次攻入關中，使長安和關中社會經濟遭到嚴重破壞。直到元初，關中仍是一派殘破景象，《元史·河渠志》說：「京兆舊有三白渠，自元伐金以來，渠堰缺壞，土地荒蕪，陝西之人雖欲種蒔，不獲水利，賦稅不足，軍興乏用。」〔註6〕水利設施被毀，土地荒蕪，經濟殘破，正是連年戰爭的直接結果，人口的急劇下降也證明了這一點。除戰爭破壞外，政權分裂，交通不暢，幣制混亂，也是制約商業發展的重要因素。直到元朝初期，京兆府和關中的經濟仍殘破不堪，處於嚴重衰落狀態。在此形勢下，京兆府的商業長期陷於徘徊不前的狀態。

到了元代，西安作為一方政治經濟文化中心，曾一度出現相對繁榮的景象。根據《馬可波羅遊記》的描述，安西王宮在厚重的城牆內，宮殿的風格是堂皇華麗，到處是油漆繪畫，金箔配天藍色大理石。這時期的建築色彩融入了少數民族豔麗鮮明的風格，黃、綠色琉璃瓦屋頂、屋簷下施以「五彩遍裝」、「碾玉裝」、「青綠迭暈棱間裝」等彩畫手段，加強了建築物陰影中色彩冷暖的對比。在元代，奉元路城（前期稱安西府城）的規模與分布格局與前代仍基本相似，只是在至元十年（1273）動工，於城東北方向，近滻河一高亢平坦處修

〔註6〕宋濂，元史〔M〕，北京：中華書局，1976，頁1629。

建了安西王宮，面積約 0.3 平方千米，呈縱長方形。馬可波羅在他的遊記中稱讚它牆垣高大，宮殿富麗堂皇，四周川湖泉水環繞，駐有軍隊，宜於遊獵為樂。

元初到元末，京兆府商業有一定的恢復和發展。特別是在元世祖以後，隨著中國再次大統一，京兆府商業也再次走上恢復和發展的道路，並且顯示出一定程度的繁榮。

二、元初西安經濟發展的原因分析

元初西安經濟特別是商業經濟的恢復和發展，主要得益於以下幾方面的因素：

（一）這裡的交通便利，便於商人往來。西安自古以來就是重要的戰略要地，可見其地理位置十分重要，作為歷史上重要的古都，西安有一定的農業基礎，交通條件也很好。隨著國家的統一，以前分裂狀態下的南征北伐不復存在，社會秩序較為安定，顯然有利於農業、手工業的恢復發展，從而推動商業的發展。其次，交通狀況的改善對於發展商業相當重要。元朝的水陸交通相當發達，溝通南北的大運河使南北地區的商品交流更加便利。運河上下，商人舟船之多以至於阻滯了官船的航運。在陸路交通方面，元朝建立了以京師大都（今北京市）和各大城市為中心的交通網，這個網絡是通過四通八達的驛站來聯繫的。在元代驛站系統中，奉元路城（今西安市）是西北地區最重要的交通樞紐，由京兆府向西行可達西藏，向西南則可通過川陝驛路到達四川；向西北行則可達甘肅，並通過絲綢之路與中亞、西亞、東歐地區相通；向東則可達東南經濟發達地區，與首都北京的交通更是暢通無阻交通的發達為各地的商品交流提供了良好條件，久已阻滯的西域絲綢之路在元代暢通無阻，它對京兆府商業的促進作用更為顯著。

（二）這裡的統治穩定，農業得到恢復和發展。1253 年，蒙哥汗把已經征服的地區分封給諸王，後來的元世祖忽必烈被分封到京兆府（今西安市）。也就在這一年，忽必烈建立京兆宣撫司，以楊惟中為宣撫使。1254 年夏，他又任命廉希憲為關西宣撫使，名儒姚樞為勸農使，商挺為宣撫副使。在忽必烈支持下，廉希憲等人在關中大興儒學，建立學校，安撫百姓，勸課農桑，確立田賦制度，並減關中常賦之半，募民屯田於鳳翔，使久已殘破的關中經濟逐漸恢復。元代關中特別是京兆府附近的水利活動頗為頻繁，成效顯著，北宋大觀年間在關中所開豐利渠，元初只能灌溉官民田「大約不下

七八千頃」〔註7〕。元仁宗延枯元年（1314年），在宋豐利渠基礎上更開石渠，歷時五年渠成，此渠「凡溉農田四萬五千餘頃」，〔註8〕灌溉面積大為增加。至元十六年（1279年），王志謹在澇水上開渠引水200餘里，所過之地遂無乾旱之患。水利設施的不斷修建，有力地促進了關中農業的發展。為了發展糧食生產，元政府還在關中大力推行屯田。據統計，元政府在京兆府附近地區的屯田面積將近5000頃，即50萬畝，規模頗為不小，這對關中農業的恢復無疑具有積極意義。農業作為手工業和商業的基礎，對該地經濟發展所起的作用不言而喻。

（三）元代幣制統一，掃除了制約商業發展的一大障礙。金末以至元初，貨幣流通十分混亂。元世祖中統元年（1260年），元政府開始印行「中統元寶交鈔」，同年十月又印行「中統元寶鈔」。中統元寶交鈔以絲為本錢，以兩為單位，絲鈔二兩值白銀一兩；中統元寶鈔則以銀為本位，以貫、文為單位，面額有2貫文、1貫文、500文、100文、50文、30文、20文、10文共9種。中統元寶鈔每兩貫可兌換白銀一兩，這種貨幣不受區域和時間限制，國家稅收體製、商品交易、借貸等使用寶鈔，並允許用舊鈔換新鈔，這樣中統元寶鈔就成為通行於全國各地的統一貨幣。總之，元代的紙幣制度已相當完善，紙幣在市場上具有很高的購買力。一切交易、支付全部用鈔。《馬可波羅遊記》中說到：「商人皆樂受之，蓋償價甚優，可立時得價，且得用此紙幣在所至之地易取所欲之物，加之此種紙幣最輕便可以攜帶也。」〔註9〕紙幣使用方便，且便於攜帶，商人都喜歡。紙幣的流通，又大大方便了商品交換活動，彌補現錢不足的缺點，掙脫阻礙經濟發展的束縛，為西安的經濟發展提供更廣闊的空間。然而，需要我們注意的是，雖然紙幣是法定的流通貨幣，但在經濟不夠發達的地方仍然是以傳統的金銀或貝殼作為貨幣的。統一的、比較穩定的貨幣制度，加強了全國各地商品交換的進一步發展，這對京兆府商業的發展顯然是一個極為重要的有利條件。

（四）傳統的坊市制崩潰，各類草市發展。元初西安城內經濟的發展主要體現在以下幾個方面：市場活躍，商賈雲集，特別是西域商人很多，商品

〔註7〕李好文，長安圖記〔M〕，西安：三秦出版社，1986，頁168。

〔註8〕宋濂，元史〔M〕，北京：中華書局，1976，頁288。

〔註9〕馬可波羅，梁生智譯，馬可波羅遊記〔M〕，北京：中國文史出版社，1998，頁262。

豐富多樣，商稅也很可觀。先說當時的市場。元朝時期，傳統的坊市制已徹底崩潰，商人可以在居民區裏開設店鋪，所以當時沿街商店星羅棋佈，比比皆是。儘管坊市制已經消亡，但是規模龐大的固定市場在京兆府仍然存在，這種市場規模大，商品種類豐富多樣，商人和來此購物的顧客也是熙熙攘攘，絡繹不絕。由於這種市場是最為繁華熱鬧的地方，所以便成為官府行刑的地方。例如元世祖時，廉希憲將兩個叛亂首領「梟之京兆市」。值得注意的是，當時京兆府還出現了許多專業市場如馬市、羊市、藥市、菜市、米市、竹笆市等，這些市場分散在城內各個繁華熱鬧處，各個市場經營的商品也形成了各自的特色。馬市和羊市大致位於北門玄武門裏側不遠處。藥市則位於城中心地帶，在銀巷街以西。這裡的藥市十分有名，經營者甚眾，藥品全，以至於形成了一條藥市街。隨著商業的逐漸發展，京兆府又成為商賈雲集之地。除了散佈於各大市場和大街小巷的眾多坐賈外，來自京兆府附近各縣的商人也占相當比重。這些商人將關中各地的商品販運到省城京兆府，在此批發給京兆府的坐賈，或者由他們直接在城裏經營零售。另外，陝南和陝北的一些商人也將當地的商品販運到京兆府外地。商人在向京兆府販運商品的同時，也把大量的商品從京兆府販運到了各地。這些商品主要是鹽、茶絲織品、綿製品、鐵製或木製農具、陶瓷製品、生活用品等。

　　（五）統治者對商業的重視。在蒙元時期，傳統的抑商政策被打破，商業得到統治者的重視，這主要表現在兩個方面：一是推行一系列的重商政策；二是元代統治階層間接經商。韓儒林在《元朝史》中寫道：「從成吉思汗起，蒙古大汗和后妃、諸王、公主、駙馬等貴族就開始進行商業和高利貸活動，由色目商人代為經營，他們則坐收其利。」傳統的社會風氣－重農抑商受到衝擊，元代統治者對商業的重視，起了帶頭和榜樣的作用。商業風氣席捲全國人們爭相從事商業貿易，商人的身影遍布全國。西安商業的恢復和發展也就不足為奇了。

三、《馬可波羅遊記》中元初西安經濟發展的影響

　　元初西安經濟的恢復和發展，對於元代社會產生了深刻的影響。

　　（一）元初西安的商業繁榮，為元初統治者提供穩定且數額龐大的商業稅。稅收是維持政府正常運和皇家奢侈生活的必備品。隨著商業的發展，商稅收入也相當可觀。據《元史·食貨志》載，陝西行省的年商稅收入是 45579 錠

39 兩，這個數字大大超過了四川行省（商稅 16676 錠）和甘肅行省（17361 錠），更遠遠超過了嶺北行省和遼北行省。陝西行省的商稅比經濟發達的江西行省（62512 錠）、湖廣行省（68884 錠）略少一些。由此可以看出，當時陝西的商業仍居於全國中游水平，這與長安商業的恢復是分不開的。由於元政府在長安設有專賣機構，從而使長安成為陝西專賣商品的批發銷售中心。在元代，商人販鹽必須先領取鹽引或鹽由才能從事食鹽生意。「每鹽一引重四百斤，其價銀一十兩。世祖中統二年（1261 年），減銀為七兩」，後又增加為 65 貫。元政府在長安設有京兆轉運司，專門負責食鹽專賣。另外，元政府還在長安設有司竹監，對竹類產品實行專賣。元世祖規定，由司竹監頒發販運竹產品的許可證——竹引，《元史·食貨志》云：「凡發賣皆給引。」在此情況下，各地的商人均需到長安來領取鹽茶竹等專門商品，然後再販運到各地出售，於是長安成了陝西省乃至西北地區的商品集散中心，各地的商人紛紛來此經營各種商品。

（二）西安是絲綢之路的起點，在全國區域經濟布局上，西安作為連接絲綢之路最大的西部中心城市，具有承東啟西、連接南北的重要戰略地位。絲綢之路再度繁榮起來，通過絲綢之路來中國的外國商人頗為不少，促進了中外經濟文化交流和發展。由於優越的地理位置，所以在長安聚集的西域商人相當多，商人往返兩地，促進了中外文化的交流，帶動了當地經濟的發展。

《馬可波羅遊記》中關於西安的記載，基本上是當地居民信奉宗教、統治者行宮和商業方面的內容，馬可波羅讚美了西安發達的製造業，顯示了西安在當時國際貿易交流中的重要位置，該地區活躍的貿易活動促進了中外經濟文化交流。跟隨馬可波羅的腳步，我們可以看到蒙古統治者為穩固統治，採取的一系列「漢化」政策：如重農政策的實施，使得農業較快地恢復和發展起來；伴隨著農業的發展，手工業也得到發展；農業和手工業的發展為商業的發展奠定了堅實的物質基礎。馬可波羅的記載對於我們瞭解元初西安經濟的發展狀況和統治者的商業政策具有重要的意義。

參考文獻

1. 馬可波羅，梁生智譯，馬可波羅遊記〔M〕，北京：中國文史出版社，1998。
2. 宋濂，元史〔M〕，北京：中華書局，1976。
3. 屠寄，蒙兀兒史記〔M〕，上海：上海古籍出版社，1989。
4. 李好文，長安圖記〔M〕，西安：三秦出版社，1986。

第二章　馬可波羅與元初福建德化

　　德化，在《馬可波羅遊記》中稱為「延基城」，位於福建省中部，泉州市西北部，地處流經晉江與其主流河段的分叉之地，以製造瓷器而聞名。德化瓷器隨著泉州港海外貿易的發展而暢銷海外，成為「海上絲綢之路」的重要商品。作為民窯，德化窯一直未能引起官方的重視，其陶瓷文化也鮮見於史書記載。而《馬可波羅遊記》中對德化的記載是現存少有的反映元初福建德化的外國名著，它詳細記載了德化以製造瓷器而聞名。根據《馬可波羅遊記》和前人研究的基礎，對元初德化的瓷器進行較為全面的研究，從元初德化瓷器的種類、藝術特色、瓷窯、外貿及其繁榮原因、表現與影響等方面談談個人的一些想法。

一、《馬可波羅遊記》裏元初德化的記載

　　在《馬可波羅遊記》中記載到：「流經刺桐（泉州）港的河流（晉江），河面寬闊，水流湍急，是經過京師（杭州）那條河的一個支流。在這條支流與主流道分叉的地方屹立著延基（德化）城。這裡除了燒製瓷杯或碗碟外，別無可述之處。這些瓷器的製作工藝如下：人們首先從地下挖取一種泥土，並把它堆成一堆，在三、四十年間，任憑風吹、雨淋、日曬，就是不翻動它。泥土經過這種處理，就變得十分精純，再放入窯中燒製上述器皿。然後工匠們在土中加入合適的顏料，再放入窯中燒製。因此，那些掘土的人只是替自己的子孫準備原料。大批製成品在城中出售，一個威尼斯銀幣可以買到八個瓷杯。」〔註1〕德化窯作為民窯，具有自己獨特的製瓷技術和裝飾風格。在

〔註1〕馬可波羅，梁生智譯，馬可波羅遊記〔M〕，北京：中國文史出版社，1998，
　　　頁218～219。

歷史上，德化是我國古代南方著名的重要產瓷區和外銷瓷重要的產地之一，曾與江西景德鎮、湖南醴陵並稱為中國古代三大瓷都。

　　德化窯在元代應該就是中國比較重要的瓷窯之一了，而德化窯之所以得以世代相承，不斷發展，是有原因的。首先，德化有得天獨厚的自然資源。德化境內群山環抱，重巒疊嶂，森林密布，河流交錯，氣候溫和。其中林木豐富，樹種繁多，用材林主要有馬尾松、杉樹、毛竹等，盛產松木，而燒製瓷器的燃料都是用松木燒成的，因此用於燒窯的燃料充足且條件好；河流交錯，意味著用水方便和便於對外運輸。其次，德化燒窯的傳統辦法，就是各窯各戶自己砍柴備燃料，自己作坯，坯成裝窯，滿窯後，合夥燒成，這就降低了製瓷成本，提高了效率，因此利潤可觀。最後，這種坯土含量多為高嶺土，而這種土質品種優良，含鐵等雜質成分少，潔白細膩，為陶瓷製作提供了資源條件。關於上述描述，馬可波羅也曾在《馬可波羅遊記》中提到過：「在這條支流與主流道分叉的地方，屹立著廷基（德化）城。這裡除了製造瓷杯或瓷碗、碟，別無其他值得注意的地方。這種瓷器的製作工藝程序如下：他們從地下挖取一種泥土，將它壘成一個大堆，任憑風吹、雨打、日曬，從不翻動，歷時三、四十年。泥土經過這種處理，質地變得更加純化精練，適合製造上述各種器皿，然後抹上認為顏色合宜的釉，再將瓷器放入窯內或爐裏燒製而成。因此，人們挖泥堆土，目的是替自己的兒孫貯備製造瓷器的材料而已，大量的瓷器是在城中出售，一個威尼斯銀元能買到八個瓷杯。」〔註2〕馬可波羅的介紹，引起了西方人的強烈興趣，促使了歐洲商人的「來華熱」和德化瓷器的「外銷熱」，於是整個元初德化在海內外就有了一個良好的瓷器銷售市場，為德化窯在後代進一步發展奠定了非常優越的經濟基礎。

二、其他文獻中關於元初德化瓷器的記載

　　在張燕萍的《市場經濟德化瓷匠 800 年前就知道》的文章中提及到：「有趣的是，歐洲學者通常把德化陶瓷稱為『馬可波羅瓷』，這個名字是怎麼來的呢？說起馬可波羅，人們必然會想到那一本改變了世界歷史的著作《馬可波羅遊記》。自 13 世紀末這本書問世後，書中透露出的『所有財寶都在東方』的意思，讓歐洲眾多航海家、旅行家、探險家大為心動。於是，

〔註 2〕馬可波羅，梁生智譯，馬可波羅遊記〔M〕，北京：中國文史出版社，1998，
　　　頁 218～219。

意大利的哥倫布、葡萄牙的達‧伽馬紛紛東來，世界迎來了大航海時代，這些都是後話了。在《馬可波羅遊記》中，作者在第二章專門列了『泉州港與德化縣』一節，其中有這樣的記載：馬可波羅在泉州的那段時間，去了一趟德化。跟他之前見過的瓷器不同，德化瓷呈半透明狀，瓷碗貌似貝殼。馬可波羅壓根不信這是用胚土做出來的，固執地認為只有貝殼才能做出這種質地的瓷器，於是就把德化瓷叫做『貝殼瓷』。『一個威尼斯銀幣能買到 8 個瓷杯。』面對這麼物美價廉的德化瓷器，馬可波羅當然忍不住買買買，就連最常見的瓷盤、瓷罐都收羅了不少。後來，歐洲人看見他帶回的德化瓷器，喜歡得不得了，讓他狠狠賺了一筆，德化陶瓷也因此被打上了『馬可波羅』的標籤。」〔註3〕

　　盧培峰在《試論宋元德化陶瓷的外銷及原因》中指出，「德化瓷輸出一般有兩種情況：一是內瓷外銷。即原本國內市場銷瓷的外流，這類瓷器以人物、山水、鳥獸、花草、典故、傳說、鄉俗等為主題，體現了中國傳統造型和瓷繪裝飾藝術；二是特瓷專銷，即根據銷售地的社會背景和世俗民風特製的瓷器。此種瓷器特徵鮮明，適銷對路，由銷地瓷商送來圖樣定做，因而誕生了許多風格迥異的外銷瓷。」〔註4〕

　　孟原召在《宋元時期泉州沿海地區瓷器的外銷》中指出：德化瓷器是隨著泉州港的發展而繁榮起來的，宋元時期以泉州港為出發點的瓷器運銷路線，大致有三條航線。「第一條，東向航線，由泉州出發，向東航行，到達臺、澎地區，使這一地區成為當時泉州瓷器的重要中轉站和消費地之一。這可從東海海域發現的沉船及大量瓷片中得到進一步證明。這條航線航程較短，可作為更遠航線的中轉站，由此進一步到達日本、菲律賓等地；第二條，北向航線，由泉州港出發，向北沿近海航線至明州（慶元）一帶，短暫停留之後，繼續向東北航行至日本諸島；第三條，南向航線，這也是航程最遠、最為複雜的航線。由泉州港出發，向南航行，有的船隻先經廣州作短暫停留，然後出發到達菲律賓、越南，繼續南行，至西南到達蘇門答臘島、爪哇島、沙撈越等各地港口，再經馬六甲海峽到印度南部港口或直接向西航行，經印度洋到達

〔註3〕張燕萍，市場經濟德化瓷匠 800 年前就知道〔J〕，福建：福建人，2015，（4）：168。
〔註4〕盧培峰，試論宋元德化陶瓷的外銷及原因〔J〕，青春歲月，2014，（1）：230～232。

非洲東海岸、阿拉伯海、波斯灣沿岸的港口城市，進而分散到非洲、中東各地。」〔註5〕

馮先銘在《中國陶瓷考古概論》中寫道：「德化窯盒子，在東南亞的菲律賓、泰國、馬來西亞、印度尼西亞等國家，均有發現。」〔註6〕盧培峰在《試論宋元德化陶瓷的外銷及原因》中也指出：除在東南亞發現大量德化外銷瓷器外，「在日本的中部出土德化窯青白釉印花大盒子、青白瓷小瓶等；在其他地方也出土有青白瓷的人物象、小壺、青白瓷百合花口瓶以及青瓷蓮池魚藻紋碟等。1976 年在南朝鮮新安海域發現一艘中國元代沉船，船艙內出土的瓷器有 1.5 萬多件，其中有一些黑褐色釉敞口小碗，經考古工作者鑒定是德化窯的產品，這是一艘經朝鮮至日本的貿易船，可見當時德化瓷器外銷日本的很多。非洲的坦桑尼亞的基爾瓦（即基爾瓦和基西瓦尼的簡稱）島，也出土有德化的瓷器。」〔註7〕甚至連中世紀意大利著名旅行家、商人馬可波羅在他的行記中，也曾盛讚德化「瓷市甚多」、「製作精美」、「購價甚賤」，並把德化瓷器帶回意大利。〔註8〕據傳，英國首任駐華大使艾惕思到德化參觀後證實，至今意大利博物館還保留一件馬氏當年帶回的德化家春嶺窯的小花插作品。〔註9〕

在馮先銘的《三十年來陶瓷考古的主要收穫》一文中提及：「德化窯共發現了宋元明清窯址 180 處，為福建省發現窯址最多的一個縣。屈斗宮窯多年來對它做過多次調查，一九七六年又組織了聯合發掘工作隊，獲得六千多件遺物標本，基本上摸清了屈斗宮窯的歷史、燒瓷品種與窯爐結構。蓋德化窯是繼屈斗宮後發現的又一處以燒青白瓷為主的窯址群。碗坪脊遺址出土的遺物表明，碗坪裕窯燒瓷歷史較屈斗宮早，南宋時期青白瓷裏習見的刻花蓖劃紋裝飾發現數量較多，而屈斗宮窯卻較少見；碗坪券窯遺物中盒子數量甚多，蓋面印花紋飾極其豐富，達一百餘種之多，這在江南地區青白瓷窯來說是首

〔註5〕孟原召，宋元時期泉州沿海地區瓷器的外銷〔J〕，邊疆考古研究第 5 輯，2006，頁 142。

〔註6〕馮先銘，中國陶瓷考古概論〔M〕，上海：上海古籍出版社，2001，頁 8～9。

〔註7〕盧培峰，試論宋元德化陶瓷的外銷及原因〔J〕，青春歲月，2014，（1）：230～232。

〔註8〕馬可波羅，梁生智譯，馬可波羅遊記〔M〕，北京：中國文史出版社，1998，頁 218～219。

〔註9〕世界瓷都·德化·「中國白」的歷史印記〔A〕，https://www.sohu.com/a/7139 7920_413383.2016-04-25。

屈一指的。和景德鎮一樣，南宋時期都有專門從事製做盒子的作坊，不過碗坪券窯的盒子底部沒有印上作坊的標記而已。關於兩窯的具體燒造時間，屈斗宮為南宋後期到元代中期，碗坪裕為南宋到元初。多年來國外出土了越來越多的我國瓷器，德化窯青白瓷佔有一定數量，其中也有清代青花瓷器在內。」〔註10〕除此之外還有 2002 年德化陶瓷論文集編委會的《德化陶瓷研究論文集》、鄭曉君《淺談德化窯宋元青白瓷》等。

　　由以上論文或著作可見，我國史學界對元初德化陶瓷市場的記錄較多。從其內容上看，我們可以得出一個結論：元初德化市場以陶瓷貿易而興盛，且其產品遠銷海內外。

三、元初德化瓷器的藝術特色

　　德化瓷器面向大眾，品種繁多，把中國傳統繪畫、書法技藝與陶器技藝結合起來，創造了新的藝術天地，開拓古代陶瓷美學新境界，德化陶器保留了大量古代民間繪畫、書法及反映民俗民風的實物資料，形成了質樸、灑脫、明快、豪放的藝術風格，濃鬱的民間色彩和鮮明的民族特色，是我國重要的對外貿易品。德化的瓷器的藝術特色多種多樣，主要體現在坯土、釉、瓷窯、裝飾、造型、製作方法等方面。

（一）元初德化瓷器的原料——坯土

　　德化瓷業延續千年，是與得天獨厚的瓷土資源分不開的，德化多為高嶺土，瓷土礦點多，分布廣，類型多種多樣，儲量豐富，鐵、鈦等雜質含量低，質量好，燒後白度高，有的可以就地取材，單礦成瓷，石英、鉀長石、石灰石等製瓷資源也很豐富，因此德化的瓷器質地非常之好，也是德化瓷器燒製的一大特色。

（二）元初德化瓷器的釉色

　　釉色是瓷器的儀表，釉質呈色好壞，直接影響瓷器的外觀和質量。元初屈斗宮產品，發揮了本地原料和產品的優勢，生產影青和白瓷。影青瓷釉質較薄，釉面潔淨瑩潤，光澤性強，釉下花紋若隱若現，十分美麗；釉面呈色比碗坪侖好，數量上也佔優勢。白瓷的釉面潔白無疵，柔和勻淨；其中一類釉色微青似鵝卵，俗稱「卵白釉」，釉質較厚，是仿燒元代宮廷用瓷「樞府」釉

〔註10〕馮先銘，三十年陶瓷考古的主要收穫〔J〕，文物，1979，頁 8～9。

的一種新產品。胎釉質量優良，說明從製做到裝燒工藝都極其認真考究，且已開明代「豬油白」之先河，因此釉色的獨特性又不失為德化瓷器的一大藝術特色。

（三）元初德化瓷器的瓷窯

元代德化瓷窯改進了以前龍窯的燒成工藝，開始使用分室龍窯，分室龍窯把以前龍窯的還原焰燒成改為氧化焰燒成，提高了燒成率。氧化焰燒成的器物釉面瑩潤，白中微帶黃，呈牙黃色，俗稱象牙白，釉層厚溫潤，具有很強的藝術感。

（四）元初德化瓷器的裝飾

宋元時代，是福建陶瓷藝術發展的繁榮時期，瓷器裝飾題材廣泛，技巧嫻熟，經驗豐富。在瓷器上得到充分的表現。元代屈斗宮瓷的花紋，多採用凸印陽文分別浮印於碗盤的內外壁和粉盒的底部。花紋題材分花鳥人物和吉祥題款兩大類。粉盒底上的蒙古人頭像出現，反映了濃厚的民族統一意識；元代花紋題款總的風格是花紋線條比較草率簡單，但主題突出，自由活潑，宗教色彩濃厚，生活氣息強烈，在題材選擇和表現手法上，具有較強的時代感。元初德化瓷器的裝飾手法以模印為主，同時還沿用前期雕、塑、刻、劃等手法，裝飾圖案以宗教題材為主，圖案線條浮出器表，構圖精美，是德化瓷器的一大藝術特色。

四、元初德化瓷器外銷繁榮的原因

綜合所知的文獻材料，得出德化瓷器外銷繁榮與下面幾方面有關：

（一）元初泉州港的發展及其航海與造船技術的提高，以及航線的多樣化

元初德化屬福建省泉州路、泉寧府，而當時的福建海上交通發達，造船技術有所提高，造出的船隻數量大、船舶較大以及載貨量多，《馬可波羅遊記》中僅關於泉州港的記載就有「其港有大海舶百艘，小者無數。」〔註11〕更別說其船內配備了較為精密的航海羅盤，這些使得航海效率大為提高，為瓷器外銷到世界其他地區提供了技術保障。

〔註11〕馬可波羅，梁生智譯，馬可波羅遊記〔M〕，北京：中國文史出版社，1998，頁 217。

　　《馬可波羅遊記》中記載泉州港「船舶來往如織，轉載著各種貨物，使往蠻子省的各地出售……刺桐是世界上最大的港口之一，大批商人雲集於此，貨物堆積如山，買賣的盛況令人難以想像。」〔註12〕從這裡我們可以知道，元初德化瓷器大多被來自世界各地的商人從泉州港運出並銷往世界各地，泉州港的發展為中外瓷器貿易提供了交往的平臺。「泉州位於中國東南沿海，是元朝海上絲綢之路的起點，國內外商品進出口必經之地，是重要的國際貨物中轉站和集散地，更是出海官商的聚居之地。」〔註13〕當時泉州與近百個國家和地區有商貿往來，而泉州港的瓷器貿易主要集中在國際陶瓷市場需求量最多的東亞、南亞、西亞、東非等地區。而以泉州港為出發點的瓷器運銷路線，大致有東向、北向、南向這三條航線。孟原召在《宋元時期泉州沿海地區瓷器的外銷》中提到：「東向航線，由泉州出發，向東航行，到達臺澎地區」，再「進一步到達日本、菲律賓等地」；「北向航線，由泉州港出發，向北沿近海航線至明州（慶元）一帶，短暫停留之後，繼續向東北航行至日本諸島」；南向航線，「由泉州港出發，向南航行，有的船隻先經廣州作短暫停留，然後出發到達菲律賓、越南、繼續南行，至西南到達蘇門答臘島、爪哇島、沙撈越等各地港口，再經馬六甲海峽到印度南部港口或直接向西航行，經印度洋到達非洲東海岸、阿拉伯海、波斯灣沿岸的港口城市，進而分散到非洲、中東各地。」〔註14〕由此可見其航線的多樣化。而大量的價廉物美的德化瓷器被外國商人倒賣回本國，從中獲取了較大的利潤，這極大地刺激了外國商人大量購買、定製德化瓷器的熱情，從而反過來促進德化陶瓷的生產。

（二）元初政府重商政策的推動

　　元初德化陶瓷的大量外銷與元政府的政策分不開，主要表現為元政府推行「重商」政策，支持海外貿易。蒙古多為高原地貌，且當時生產力水平落後，極其不利於發展農耕經濟，資源也相對匱乏，必須通過發展貿易來獲取生活必需品和生產工具。加上蒙古貴族不善於經商和理財，迫切需要善於斂財的人才。因此為蒙古人建立起來的元朝非常注重商業發展，統治者為此還

〔註12〕馬可波羅，梁生智譯，馬可波羅遊記〔M〕，北京：中國文史出版社，1998，頁217。

〔註13〕申友良，從《馬可波羅遊記》看元初泉州的商業經濟〔J〕·社科縱橫，2015，（7）：30。

〔註14〕孟原召，宋元時期泉州沿海地區瓷器的外銷〔J〕，邊疆考古研究第5輯，2006，頁142。

推行了一系列鼓勵和保護商業發展的措施。盧培峰在《試論宋元德化陶瓷的外銷及原因》提到：「元世祖統一華夏之後，即命中書右丞索多等奉璽書十通，詔諭諸蕃輸誠內向，於是占城等南洋諸國均入朝奉貢，而回回商賈與中國海陸兩路均有交通往來。」〔註15〕「元朝重商，實行開明的經濟管理，對商人採取保護和鼓勵政策，還給予商賈一些特殊的優待。如給商賈以持璽書、佩虎符、乘驛馬的權利。」〔註16〕意大利商人馬可波羅就是在這種濃厚的商業氣氛下來到了中國的。元初政府重視商業發展，鼓勵對外貿易，帶動了元初德化陶瓷對外貿易的繁榮，促使德化順應政策和市場的要求大量打造外銷瓷器，刺激的德化瓷器業的良性發展。

（三）豐富的自然資源和優越的地理位置

《馬可波羅遊記》中關於德化的記載：「流經刺桐港的河，寬大而湍急，乃是穿過京師城那條河流的主流。在這條支流與主流道分叉的地方屹立著延基城（德化）。」〔註17〕雖然馬可波羅錯誤地把流經泉州的晉江說成是流經杭州的錢塘江支流，但是這也說明了德化用水、交通都極為方便。盧培峰在《試論宋元德化陶瓷的外銷及原因》中提到「據地質部門調查，全縣發現瓷土礦藏 30 餘處，儲量達四十多萬噸，『瓷土分布之廣，幾各區各鄉無不有之』。製瓷原料和釉料極為豐富；而德化的山區丘陵遍植松樹，大量的松樹資源為德化的瓷器燒造提供了充足的燃料。」〔註18〕可見，德化地理位置優越、瓷土資源豐富、燃料充足，是燒造瓷器理想的地方，能為元初德化瓷器外銷提高足夠的資源。

（四）國際市場需求的驅動

孟原召在《宋元時期泉州沿海地區瓷器的外銷》中指出：「元初東亞、東南亞、南亞、中東、非洲等地，社會生產比較落後，生活習俗也有較大差異。在此基礎上，其生產水平有限，與中國發達的製瓷手工業根本無法相比。即

〔註15〕盧培峰，試論宋元德化陶瓷的外銷及原因〔J〕，青春歲月，2014，(1)：230～232。

〔註16〕申友良，從《馬可波羅遊記》看元初泉州的商業經濟〔J〕·社科縱橫，2015，(7)：30。

〔註17〕馬可波羅，梁生智譯，馬可波羅遊記〔M〕，北京：中國文史出版社，1998，頁218。

〔註18〕盧培峰，試論宋元德化陶瓷的外銷及原因〔J〕，青春歲月，2014，(1)：230～232。

使是製陶工藝水平較高的阿拉伯、日本地區，也尚未掌握成熟的燒瓷技術。
因此，元初德化瓷器便極大地適應了國外的生活方式，也為大量瓷器的輸出
提供了廣闊的市場空間。」〔註19〕除此之外，元初德化還會根據國外市場的
需求，專門燒製外國商人定製的、極富異域風情瓷器，如仿燒當時國際市場
的暢銷品，窯工專門為外銷打造的軍持、粉盒等等，極大地適應了國外對瓷
器品種和類別的需求。

（五）大窯場的出現和窯爐的改進

元初德化瓷業出現了較大的作坊和工場，如屈斗宮窯。屈斗宮窯是由幾
家幾戶合建的、進行聯合生產的、大規模的、以及統一經營的民窯。這樣的
家族式的大工坊聯合遍布德化的主要陶瓷生產地。

元初德化瓷器的發展得益於窯爐的改進。盧培峰在《試論宋元德化陶瓷
的外銷及原因》中提到：「元代屈斗宮瓷，已從宋代的平地斜式平焰窯改進為
平地斜坡分間的半倒焰窯，這種火焰流向的改變，火路的縮短，燃燒室的建
立，克服了平焰窯因火路過長所造成的窯溫不足和火候難以控制的弊病。在
窯床坡度上，已由南宋的 10 度增加到 12～24 度，並且在隔牆底部設通火孔，
在隔牆兩邊設大路溝，窯內結構的改進，改變了室內空氣的流向，便於空氣
流通，使升溫加快，溫度更加均勻，火候更易於控制，大大地提高了瓷器的
質量和成品率。通過大窯場和作坊能夠為市場提供更多的產品，而窯爐的改
進又提高了瓷器的成品率和質量，從而在國際市場中獲得更大的競爭力和市
場，這也是德化窯產品大量銷往國外的自身技術原因。」〔註20〕

（六）其他：如物美價廉、伊斯蘭教的傳播，作為船運壓艙物都對
德化外銷有促進作用

《馬可波羅遊記》關於德化瓷器的記載中提到：「製造碗瓷器，既有且美」，
「購價甚賤」，「一個威尼斯銀元可以買到八個瓷杯」，〔註21〕可見其進貨成本
低，高價倒賣利潤高，受外國商人追捧。盧培峰在《試論宋元德化陶瓷的外

〔註19〕 孟原召，宋元時期泉州沿海地區瓷器的外銷〔J〕，邊疆考古研究第 5 輯，2006，
頁 142。

〔註20〕 盧培峰，試論宋元德化陶瓷的外銷及原因〔J〕，青春歲月，2014，（1）：230
～232。

〔註21〕 馬可波羅，梁生智譯，馬可波羅遊記〔M〕，北京：中國文史出版社，1998，
頁 219。

銷及原因》中提到，當時「伊斯蘭教傳播的地方更加廣泛，對軍持的需用量急劇增加由此也產生需求大量帶有宗教色彩的器物。陶瓷器既是當時的出口暢銷品，又是船運的理想壓艙物。史書稱『船舶設闊數十丈，商人分占貯貨，人得數尺許，下以貯物，夜臥其上。貨多陶器，大小相套，無少隙地』。(《萍洲可談》卷 20）因此，宋元阿拉伯和印度商人喜歡到中國收購瓷器，用瓷器作為壓艙物，到了目的地後再將瓷器販得高價，一舉兩得。」〔註 22〕

五、元初德化瓷器外銷的影響

德化瓷器長期地大規模輸出，流入世界各個國家和地區，將瓷器上所承載中華傳統文化和陶瓷藝術傳播到海外其他地區，推動了其他文明發展進程相對滯後的國家和地區的發展，對世界其他國家的經濟發展和文化進步也起到了重要的推進作用，加強了與這些國家文化間的交流與融合，從而為明清德化瓷器外銷高潮的到來奠定了經貿和文化基礎。因此，元初德化瓷器外銷有重要影響，它包括兩方面的內容。

（一）德化瓷器外銷對中國的影響

首先，大量的瓷器外銷促進了製瓷工藝的提高和德化陶瓷藝術的多樣化和多元化發展。海外眾多市場對於元朝德化瓷器的大量需求以及不同國家和地區的多樣化和個性化需求，拓展了德化瓷器對外貿易的規模，促進了製瓷工藝向更高端的水平發展，在根據銷售地的社會背景和世俗民風特製的瓷器，促進德化陶瓷藝術的多樣化和多元化發展，對德化陶瓷藝術的進一步發展起到了重要的推動作用。

其次，促進了當地生產力的解放和推動經濟的發展。海外市場對於德化瓷器的大量需求，要求大量勞動力參與到瓷器生產中去，迫使徭役制度的改變和生產力的解放，加上人口的增長和周邊勞動力向德化的擁聚，為德化瓷業生產提供了充足的勞動力，從而拉動了元初德化經濟的增長。

（二）德化瓷器外銷對世界其他國家的影響

首先，改變了其他國家的物質生活、豐富了文化生活。德化瓷器製作精美、格調高雅、造型優雅美觀、釉色溫柔雅靜、裝飾細膩優美，是工藝品中的

〔註22〕盧培峰，試論宋元德化陶瓷的外銷及原因〔J〕，青春歲月，2014，(1)：230～232。

瑰寶，不僅因其實用價值改變了銷往地國家人們的物質生活，而且因其藝術價值得到廣泛的美譽，當地收藏家爭相購買收藏。據《諸蕃志》記載，馬來半島、爪哇、印尼加里曼丹等東南亞地區和國家以葵葉、樹葉、蕉葉作食器，後中國瓷器流入當地改以瓷器作飲食器皿。《中國陶瓷史》中記載，德化中國白瓷器流入日本後，國內富人不惜萬金爭購，流入西歐後，受到歐洲貴族的欣賞和歡迎。〔註23〕由此可見德化瓷器對輸入國經濟、文化領域產生重大的影響。

其次，促進了其他國家的文化融合和工藝技術發展。德化瓷器不僅改變當地物質生活、豐富文化生活的同時，而且還起到促進了中國與銷往國之間的文化融合的作用。元初德化瓷器上所承載和反映的藝術、文化、社會生活等方方面面的信息，具有時代性、典型性和綜合性的特徵，這種中外藝術與文化交融的產物，成為德化陶瓷生產的重要特徵之一，例如瓷器產品所附帶的廣告文字、宗教用語，促進了商業的繁榮和宗教的傳播，將中國的茶文化、禮儀等帶入到其他國家，並伴隨著瓷器產品的流轉而使世界各國的文化得到了進一步的融合，又促進了當地工藝技術的快速發展，並形成了本國的陶瓷文化。

最後，促進了國際貿易和航海技術的發展。一直以來，中國瓷器往世界各地的銷量都非常大，德化中瓷器的外銷，給世界其他國家帶來了巨大的財富，促進了國與國之間的交流和國際貿易的發展。例如元朝歐洲商人大量購買啤酒杯、茶壺、咖啡壺等經過造型改進的德化瓷器，以供當地人日常生活使用，還可見以駱駝、旅行者、商人等歐洲人生活題材為造型的雕塑作品，甚至可見聖誕老人造型的陶瓷品。由此可見，德化瓷器等中國瓷器工藝品對世界各國的國際貿易起到了巨大的推進作用，而在此基礎上間接刺激了航海技術的發展，使人類文明的發展進程大大加快，世界各國的交流與互動日益頻繁。

通觀全文，可以得出如下結論：德化瓷器外貿繁榮，促進了國內製瓷工藝的提高和德化陶瓷藝術的多樣化和多元化發展；促進了當地生產力的解放和經濟的發展。與此同時，改變了其他國家的物質生活、豐富了文化生活；促進了其他國家的文化融合和工藝技術發展以及國際貿易和航海技術的發展。一些學者重視研究德化瓷器貿易與當時對外貿易環境的開放與封閉相關，

〔註23〕　吳仁敬，辛安潮，中國陶瓷史〔M〕，北京：團結出版社，2006，頁101。

他們認為元初瓷器貿易繁榮是與元統治者開放的對外政策有關，但實際情況是複雜的，明清實行閉關鎖國，但瓷器技藝卻更加精湛，銷往的地方卻更加廣泛更遠。德化瓷器貿易的繁榮是否與開放環境有關還需進一步研究。

參考文獻

1. 馬可波羅，梁生智譯，馬可波羅遊記〔M〕，北京：中國文史出版社，1998，218～219。

2. 張燕萍，市場經濟德化瓷匠 800 年前就知道〔J〕，福建：福建人，2015，（4）：68～72。

3. 盧培峰，試論宋元德化陶瓷的外銷及原因〔J〕，青春歲月，2014，（1）：230～232。

4. 孟原召，宋元時期泉州沿海地區瓷器的外銷〔J〕，邊疆考古研究第 5 輯，2006，142。

5. 馮先銘，中國陶瓷考古概論〔M〕，上海：上海古籍出版社，2001，8～9。

6. 世界瓷都·德化·「中國白」的歷史印記〔A〕，https://www.sohu.com/a/71397920_413383.2016-04-25。

7. 馮先銘，三十年陶瓷考古的主要收穫〔J〕，文物，1979，8～9。

8. 申友良，從《馬可波羅遊記》看元初泉州的商業經濟〔J〕·社科縱橫，2015，（7）：30。

9. 吳仁敬，辛安潮，中國陶瓷史〔M〕，北京：團結出版社，2006，101。

第三章　馬可波羅與元初西藏

　　西藏，古稱吐蕃，吐蕃一詞最早見於《新唐書·吐蕃傳》，到清初期改名為西藏。西藏是一個充滿神聖和神秘感的城市，每年都有人不遠千里的前去朝聖，以其舉世無雙的高原雪域風光和獨特的高原地理文化聞名於世。但《馬可波羅遊記》中記載的西藏有無數的市鎮和城堡的廢墟，人煙稀少，各種野獸、醜陋風俗盛行。那麼為何人們印象中的西藏和《馬可波羅遊記》中記載的西藏差別如此之大呢？帶著這個疑問去查閱了相關資料，卻發現人們甚少研究該問題，甚至對《馬可波羅遊記》和西藏問題的研究也少之又少。故從政治，經濟，宗教文化等角度對此問題進行研究，提出一些看法以供參考。

一、馬可波羅與元初西藏

　　《馬可波羅遊記》中記載，西藏以前是一個十分重要的國家，被劃分為八個王國，現今隸屬於大汗，擁有許多城市和城堡，有無數的河流，湖泊和山嶺。各條河流中蘊藏著大量的金沙，珊瑚的需求量很大，因為婦女們用這個作裝飾；同時西藏地區還出產了許多藥材，但是馬可波羅認為他們總體來說仍是一個貧困的種族。當蒙哥汗把戰爭打到西藏的時候，那裡正是滿目荒涼。有無數的城鎮和城堡陷在一片廢墟之中，由於人煙稀少，野獸成群結隊，使得商旅行程極不安全。〔註 1〕

　　《馬可波羅遊記》中還記載了當地流行一種醜惡可恥的風俗。人們不願意娶保持童貞的處女，相反的要娶那些以前和許多異性發生過肉體關係的女

〔註 1〕馬可波羅，馬可波羅遊記〔M〕，北京：中國文史出版社，1998，頁 160。

子，認為這樣才是合格。馬可波羅認為這種醜惡可恥的風俗之所以盛行，是因為盲目崇拜佛教的結果，他們以為這種行為是神所喜愛的，並且相信沒有情夫的女子毫無價值〔註2〕。故而，當商人的駱駝隊來到這裡，那些家中有待嫁女兒的母親們，就領著自己的女兒來到帳篷裏，懇求生客接受自己的女兒，並且以女兒與他們長久做伴而感到榮幸。女子以從商人手中得到的裝飾品為榮，凡是收到贈品數目多的女性則被視為最惹人注意。〔註3〕書中還記載了西藏人最擅長巫術，有呼風喚雨的本領，變化萬千。〔註4〕

對於上述的記載存在著過分的誇大其詞的成分在裏面，那麼《馬可波羅遊記》中所記載的事情又是否真的全部都是他虛構和誇大其詞的呢？其實也並非如此，雖然遊記中的金沙之類的東西存在著虛構，但是不能否定《馬可波羅遊記》對於西藏的描寫全然不對，那麼又是什麼原因造成原本富庶的西藏竟然如此的荒蕪和人煙稀少呢？下面就來分析一下《馬可波羅遊記》中記載元初西藏人煙稀少、滿目廢墟的原因。

二、《馬可波羅遊記》裏元初西藏經濟落後，滿是廢墟，醜惡風俗盛行的原因

《馬可波羅遊記》中有提到當蒙哥汗把戰爭打到西藏省的時候，那裡正是滿目荒涼。那麼當時到底發生了什麼致使西藏的城鎮和城堡到陷在一片廢墟之中呢？是否西藏真的如馬可波羅所說的那樣貧窮呢？可以從政治、經濟和宗教文化三個方面來分析。

（一）從政治角度來看

頻繁的戰爭使國內滿目瘡痍。西藏，舊時稱吐蕃，在唐朝時期吐蕃政治經濟頗為繁榮，隨著唐蕃關係的日益密切，許多漢族人進入西藏，一些吐蕃貴族子弟也進入長安的國子學學習漢文化。雙方派遣的使臣不絕於途，進行修好、朝貢、慶弔、會盟等活動。漢文化的輸入對吐蕃社會起了巨大的促進作用，吐蕃文化對漢族也有一定的影響。當時，吐蕃的馬和形制優美奇異的金銀器等物品不斷地傳到內地，甚至吐蕃的赭面風俗也被漢族婦女所模仿。密切的經濟文化關係加深了雙方之間的情誼。755年唐朝發生「安史之亂」，

〔註2〕馬可波羅，馬可波羅遊記〔M〕，北京：中國文史出版社，1998，頁161。
〔註3〕馬可波羅，馬可波羅遊記〔M〕，北京：中國文史出版社，1998，頁161～162。
〔註4〕馬可波羅，馬可波羅遊記〔M〕，北京：中國文史出版社，1998，頁163。

唐玄宗從長安逃到四川，由於唐朝抽調大量對付吐蕃的軍隊去平亂，使得西部防務空虛，吐蕃趁機佔領了隴右、河西等大唐的大片地區。在赤松德贊在位的時期，吐蕃王朝的轄地大大擴張，東面與大唐大體上以隴山為界，北到寧夏賀蘭山，南面以南詔為屬國。790 年後吐蕃佔據北庭、安西，數十年後吐蕃失去北庭、安西。據藏文史籍記載，吐蕃還一度推進到喜馬拉雅山以南的恒河北岸。頻繁的戰爭削弱了吐蕃的勢力，唐朝將領李晟、韋皋、史敬奉等多次重創吐蕃軍。進入 9 世紀以後，吐蕃開始由盛轉衰，不能再向外擴張。

吐蕃王朝後期，統治階級與被統治者之間的矛盾越來越尖銳，統治階級內部的王室和貴族之間的權力角逐也很激烈。王室和貴族內部的鬥爭，往往以佛教和苯教的宗教鬥爭反映出來。9 世紀初，墀德松贊、墀祖德贊父子兩代贊普，相繼大力發展佛教，制定嚴刑峻法，鎮壓反佛勢力，引起民眾的強烈不滿。在公元 842 年，吐蕃王朝因王室內訌和部族之間、邊將之間的混戰而分裂瓦解，出現眾多互不統屬的地方勢力。843 年，朗達瑪被一僧人暗殺，由此導致其子永丹和維松互相爭奪王位，吐蕃王朝崩潰，出現分裂。它們各占一方，互相征伐，戰爭連綿持續了四百餘年。連綿的戰火使得吐蕃國內的城鎮和城堡處於一片廢墟之中。

在 13 世紀初蒙古興起，成吉思汗與他的子孫們不斷向外征服。蒙古軍事勢力達到西藏邊境後，衛藏地區的一些吐蕃首領為免兵禍，向成吉思汗貢獻財物以免於侵擾。以後逐漸形成由西藏各部向蒙古交納被稱為「達諾」的數量不等的財物。1227 年，藏族首領得知成吉思汗死訊後便停止貢獻，雙方關係趨向緊張。繼位的窩闊台大汗將西夏舊地和金的部分土地封給第三子闊端為「份地」，其中包括甘青地方的藏族地區。闊端進駐涼州，擁兵西北，是蒙古汗國握有重權、負責一方的軍事統帥。1235 年蒙古兵分三路大舉進攻南宋，西路軍由闊端統領，進攻隴、蜀。蒙古軍佔領了吐蕃東北面的鳳翔路、臨洮路；東面的利州路、潼州府路和成都府路。〔註5〕這樣這樣，吐蕃就處於重兵壓境的蒙古軍包圍中。因為它的東南角只剩下一個小國大理政權，西面和南面是高山之外的南亞次大陸，而正北面早在成吉思汗降維吾爾、滅西夏時已與蒙古直接交界。蒙古人兵臨西藏，吐蕃面臨或戰或降的選擇。1239 年，闊端派將領多達那波率一支蒙古騎兵進入西藏。這支軍隊從青海一路打到藏北，幾乎沒有遇到什麼抵抗。在拉薩北面，蒙古騎兵僅遭到寺院

〔註5〕樊保良，蒙藏關係史研究〔M〕，青海人民出版社，1992，頁 25。

武裝的小規模反抗，多達那波以武力攻佔了熱振寺，屠殺了數百名僧眾，繼而又燒毀了傑拉康寺。〔註6〕但是很快窩闊台意識到，靠戰爭是無法使西藏歸於蒙古的統一，故而與西藏簽訂了涼州會談。涼州會談解決了西藏歸屬問題，邁出了西藏統一於中國的第一步。這次會談決定了西藏的前途和命運，會談的成功使西藏避免了戰爭的破壞，西藏社會、經濟、文化得以持續的發展。隨著忽必烈接管闊端的領地，統一中國和建立元朝，西藏歸屬中國，正式納入中國版圖。

內部的戰爭和矛盾紛爭不斷，再加上蒙古對於吐蕃的連番戰爭使得西藏在當時處於水深火熱之中，已無力經營和發展城市，故而《馬可波羅遊記》中一開始描述西藏的城鎮和城堡到處在一片廢墟之中是有根據可信的。但是是否西藏當時真的就如遊記中而言那麼貧窮落後呢？可以從經濟的角度來進一步分析。

（二）經濟因素

「吐蕃王朝是從位於雅魯藏布江河谷的雅礱部落發展來的，這裡優越的自然條件為雅礱部落經濟的發展提供了自然基礎，也為雅礱部落統一青藏高原提供了經濟基礎。吐蕃王朝繼承了雅礱部落的農業經濟發展的因子。」〔註7〕赤松德贊時，吐蕃國富民強，境內眾生安居樂業。吐蕃當時之所以有如此的經濟盛況，既是國家統一的產物，也是社會生產迅速發展、財富急劇增加和貿易經濟十分繁榮的必然結果。拉薩是西藏歷史上開發較早的地區，早在部落時期農牧業就已經較為發達。「拉薩地處拉薩河畔，交通便利、水源充足、氣候溫和，土壤肥沃，為農業和畜牧業發展提供了良好的條件。該區自然資源十分豐富，對人們生活和經濟發展十分有利。吐蕃王朝時期，拉薩平原和雅魯藏布江一帶已是牛羊遍野，農田成片，人口眾多，商業繁榮。據載，在6世紀末，西藏境內人口已達85～90萬。」〔註8〕隨著唐蕃聯姻和多方面的往來，大量漢族手工業技術傳入吐蕃，吐蕃手工業在冶金、紡織、建築、製陶、釀酒、採集和加工藥材方面都取得了較大的發展，同時，拉薩貿易活動也很頻繁且形式多樣，包括朝貢與饋贈交換、互市貿易等形式，如「贊普使論乞縷

〔註6〕王森，西藏佛教發展史略〔M〕，中國社會科學出版社，1997，頁98。
〔註7〕張志芳，吐蕃農業經濟研究綜述〔J〕，阿壩師範職業專科學院學報，2014，31（2）：28～32。
〔註8〕劉瑞，中國人口，西藏分冊〔M〕，北京：中國財政經濟出版社，1989，頁40。

勃藏來奉獻德宗皇帝山陵金銀、衣服、牛馬等，陳於太極殿庭。」〔註9〕

　　從這些中可以看到西藏在當時經濟並不是如馬可波羅所說的那麼貧窮和落後，雖然戰爭是人們流離失所，使人們荒廢了農業手工業等等，但是商業貿易還是十分發達的。從元初的社會環境來考慮，西藏處於戰爭動亂的時代，多年的戰爭使得人們疏忽了對經濟的發展。但是西藏從唐至元初經過了漫長的經濟積累，並不是說戰爭摧毀了西藏所有的經濟命脈，在有些地區經濟還是十分興盛的，而馬可波羅在遊記中對西藏的描述過分的誇大了西藏的貧窮與落後，這是與當時是不相符的。

（三）宗教紛爭

　　西藏當時的社會政治經濟情況是：政治上分裂割據，宗教上教派林立，往往形成以一個區域為中心的自給自足莊園式政治經濟實體。每一個實體都支持一個教派。各教派成為農奴主們維護自身利益的工具。宗教和政治緊密結合，使四分五裂的局面更加複雜化。

　　苯教是古代西藏的土著宗教，遠遠早於密教在西藏的傳播。苯教的教主是「辛饒米沃齊」，出生在古代西藏「象雄」（現在西藏的阿里地區），傳說他曾收伏眾多的鬼神。苯教在聶赤贊普時代，就很盛行了。苯教主要是從事占卜、祈禱、降神、捉鬼等活動，本質是一個充滿巫術、巫師的原始宗教。苯教還是古代西藏的贊普（藏王）治理國家的工具。據密教上師土觀所著的《土觀宗派源流》記載：「從聶赤贊普至赤吉脫贊之間，凡二十六代均以苯教治理王政。」〔註10〕因此，古代的西藏，苯教是國教，在對外用兵、祭祀、繼承政權、喪葬等等國家大事，都要由苯教的巫師來協助藏王決定。由於贊普用苯教治理國家，卻導致了信仰苯教的大臣，常常借助苯教的教義來凌駕於藏王之上，最後發展到一些信奉苯教的權臣、貴族壟斷朝政，架空藏王，乃至為了爭奪權力謀殺藏王的局面。

　　密教的發展。公元6～7世紀，印度在政治上處於分裂局面，出現了許多封建小國。印度教在廣大地區取得了統治地位。隨著印度教的迅速發展，印度晚期佛教，為了和印度教競爭，不得不大量吸收印度教的一些修法。蓮花生在吐蕃傳播密教的時候，為了使藏人能夠接受外來的密教，不得不將密教

〔註9〕王溥，唐會要，吐蕃傳〔M〕，上海：上海古籍出版社，1991，頁342。

〔註10〕土觀‧羅桑卻季尼瑪，土觀宗派源流〔M〕，西藏：西藏人民出版社，1999，
　　　　頁35。

和吐蕃的土著宗教——苯教進行融合，不得不大量地吸收苯教的一些祭神儀軌等等。因此說，藏王赤松德贊所引進的密教，也就是後來在西藏日漸發展壯大的西藏密宗——喇嘛教，雖然也使用佛法名相，翻譯經典，建造寺廟佛像，有出家的僧人，但是本質上，是一個融合了苯教、印度教等外道法，再配上佛法名相的混合宗教，本質上不是佛教。西藏密教因為得到藏王赤松德贊的大力支持，得以在吐蕃立下足來，並戰勝了吐蕃的土著宗教——苯教和漢地的佛教，發展壯大起來，最終取代了吐蕃王朝的統治，走向了世俗權力的中央，建立了政教合一的政權。公元 841 年朗達瑪死後，他的兩個兒子，朗德·沃松和赤德·雍登，各自佔據一塊地方，為了爭奪王權，雙方長期混戰，吐蕃國內大亂，史稱為「伍要之亂」。公元 869 年，吐蕃地方貴族和平民發動叛亂。公元 877 年，吐蕃各反叛勢力攻佔山南雅隆河谷，在瓊結掘毀贊普王陵，贊普王室後裔四處逃亡，吐蕃王朝滅亡。自從藏王朗達瑪公元 841 年滅密教以後，經過 137 年都沒有密教傳播。

自吐蕃王朝滅亡，直到公元 1270 年，元朝將西藏納入祖國的版圖，這中間近四百年的時間，西藏一直處於四分五裂的封建割據的混亂局面。在此期間，西藏密教出現空前的「繁榮」，形成了幾個大的教派，著名的有：寧瑪派（紅教）、噶當派、薩迦派（花教）、噶舉派（白教）。

西藏的宗教政治勢力，經幾個世紀的發展，已滲入社會各個方面，對藏族人民影響很深。吐蕃王朝後期，統治階級與被統治者之間的矛盾越來越尖銳，統治階級內部的王室和貴族之間的權力角逐也很激烈。王室和貴族內部的鬥爭，往往以佛教和苯教的宗教鬥爭反映出來。9 世紀初，墀德松贊、墀祖德贊父子兩代贊普，相繼大力發展佛教，制定嚴刑峻法，鎮壓反佛勢力，引起民眾的強烈不滿。838 年朗達瑪（尺祖德贊之弟）在貴族勢力的擁戴下繼贊普位，厲行「禁佛崇本」政策，842 年吐蕃內訌，朗達瑪頒布滅佛命令，很多寺院被迫關閉和燒毀，佛教僧人也遭鎮壓，其處境慘不忍睹，佛教在西藏遭到毀滅性打擊。843 年，朗達瑪被一僧人暗殺，由此導致其子永丹和維松互相爭奪王位，吐蕃王朝崩潰，出現分裂。永丹佔據烏如地區也就是今天的拉薩地區，維松佔據了悉補野部的故地雅礱河谷，也稱為要如地區，史稱為「烏如要如之亂」。隨後，西藏爆發奴隸平民起義，瓦解了吐蕃奴隸社會的基礎。887 年，吐蕃王朝覆滅。自吐蕃滅亡後，原屬吐蕃諸部紛紛自立，形成藏族地區割據的局面。《宋史·吐蕃傳》載「其國自衰弱，種族分散，大者數千家，

小者百十家，無復統一矣。」〔註11〕公元 9 世紀以來，吐蕃社會在長期的分裂中向前發展。各教派在長期的發展中保持了一種相對的勢均力敵，誰也難以吃掉對方，沒有哪一個有足夠的力量來完成統一。但各大的割據勢力彼此間互相攻伐、擴展地盤、爭奪西藏霸主地位的鬥爭一直在進行。借助外力打擊對手並支持自己對西藏更大範圍內的統治成為西藏各教派接受的一種手段。

　　故而長達幾個世紀的宗教紛爭使戰爭頻發，也是導致西藏元初時期經濟蕭條的原因之一。

三、《馬可波羅遊記》對現今的影響

　　在上個世紀八十年代以來，西方彌漫在一股經久不衰的西藏熱，但是他們對於西藏的嚮往，對西藏的狂熱，是因為他們過度妖魔與神化了西藏，他們所向往的其實是虛擬化的西藏。

　　在西方，西藏的形象千差萬別，被妖魔化的西藏是食人生番，被神化時的西藏是美麗的香格里拉。但是西藏還是那個西藏，為何形象卻千差萬別呢？

　　西方人認識西藏的歷史始於神話傳說時代，成書於公元前五世紀的西方第一部歷史著作希羅多德《歷史》中就已經出現了有關西藏的記載，提到了淘金螞蟻的故事。此後公元一世紀地理學家托勒密著作《地理》再次出現有關西藏的記載，提到了一座銅色的山，並且說銅色山在藏族人民心中是蓮花生大師隱居的一座聖山。不過西方人較多瞭解西藏還是從《馬可波羅遊記》開始的。但是在《馬可波羅遊記》中卻存在著過多的添油加醋，導致西方人對西藏留下來不好的印象，諸如上面描述的那樣，藏族母親親自將女兒送到過路的商人手中，希望女兒可以跟他們過夜等這些給西方人留下了不好的印象，使得他們認為西藏是個充滿情色的城市，並且相信西藏人在兩性關係上是最開放的民族，這在一定程度上抹黑了西藏，並且留下惡劣影響，至今無法肅清，甚至是許多國內的人都將西藏成為豔遇之都，這是極其荒謬的。

　　《馬可波羅遊記》對後人瞭解西藏造成了不好的影響，在西方處於思想文化解放時期的啟蒙時代，也無法對西藏有個正確的認識，甚至於在他們眼中，西藏仍然被當成典型的東方國家，專制、愚昧、落後、非理性則是西藏的代名詞。從寫《社會契約論》的盧梭到大文學家巴爾札克都曾以非常負面

〔註11〕脫脫、阿魯圖，宋史・吐蕃傳：492 卷，〔M〕，中華書局標點本，1977，頁 233。

的形象描寫過西藏，但是實際上他們本人並沒有來到過中國，更別提說實地調查瞭解過西藏，所以他們對於西藏的批判大多是基於閱讀《馬可波羅遊記》和在華傳教士對中國的描寫，那麼可信度就要大打折扣了。其中以德國哲學家康德說的話最有趣。他說他搞不明白為什麼那些西藏人整天什麼事都不做，卻一個人坐在黑洞洞的房子裏，面對著牆壁兩眼發呆，這到底有何意義？後來黑格爾還專門對西藏活佛轉世制度作過理性的批判，他說達賴喇嘛既是人又是神，神人合一，這是矛盾的，是不可能出現的東西。直至晚近，西方人大多認為西藏的活佛轉世制度是一種騙人的把戲，是欺騙百姓的一種政治伎倆。

但是《馬可波羅遊記》除了帶給西藏一些不好的印象之外，也賦予了西藏神秘的色彩，書中記載在西藏可以找到最出色的巫術師，他們做起法來有呼風喚雨和閃電劈雷的本領，這種法術千變萬化，能幻化出很多不可思議的幻景和奇蹟，而這些奇蹟都是前所未見，前所未聞的。這就為西藏奠定了神秘的色彩。在現代，與西藏妖魔化相伴的則是西藏的神化話。希羅多德《歷史》所載淘金螞蟻的故事以及《馬可波羅遊記》記載的河流中含大量金沙都令今天的很多西方人依舊相信西藏遍地是黃金。而今天在西方一提到西藏，人們就會想起香格里拉，這是由於在 1933 年，一位名叫 James Hilton 的人發表了一部題為《失落的地平線》的小說，一路暢銷至今，為遁世主義小說之母。這部小說講的故事發生在二次大戰前夕的中國，有一架英國使館派出的飛機從一個不明的地點飛往中亞的白沙瓦，結果被劫持到了一個叫香格里拉的地方。香格里拉坐落在雪山叢中，竟是一個難得的世外桃源。有一個名喚「藍月谷」的山谷，一座巨大的宮殿聳立於中央，最上面住著香格里拉的主宰「高喇嘛」，香格里拉的居民彙集世界各路精英，圖書館裏面充滿了西方文學的經典，收藏的藝術品裏面有宋代的瓷器，演奏的音樂中竟有蕭邦未曾來得及於世間公布的傑作，可以說世界文明的精華咸集於此。香格里拉的居民人人享受著現代、富足的生活，只有所有的西藏人卻住在宮殿的腳下，他們都是伺候那些喇嘛及其他居民的僕人。除了西藏人以外，這裡的人都長生不老。顯然，香格里拉是西方殖民主義者給自己描繪的一個天堂，是一個充滿著帝國主義腐臭的地方，是西方人嚮往的東方樂園。隨著 Hilton 的小說和電影中的香格里拉形象於西方深入人心。顯然，香格里拉是西方人自己所描繪的天堂，是西方人所向往的一個樂園，但是這並不是真正的香格里拉。西方

的妖魔化和神話化都是西方人自己所幻想的西藏，他們所說的西藏與現實中的西藏沒有太大的關係，現今他們對於西藏的厭惡與熱愛也只是對於他們幻想中的西藏的厭惡與熱愛。

總之，經過在政治，經濟和宗教各個方面的分析，可以看出，在元初時的西藏確實是處在一種經濟上的荒蕪時期，連綿的戰爭和宗教紛爭使得人們無暇於經濟的發展，這與馬可波羅在遊記中所記載的也基本相符，雖然《馬可波羅遊記》中存在著誇張之處，對西藏產生一些不好的影響，但是它同時也給西藏披上了神秘的面紗，給西藏也起到了一定的宣傳作用。《馬可波羅遊記》在當時對西方人瞭解元初的中國提供了一個窗口，另一個方面也間接促進了中外的文化交流。

參考文獻

1. 馬可波羅，馬可波羅遊記〔M〕，北京：中國文史出版社，1998，160～163。

2. 樊保良，蒙藏關係史研究〔M〕，青海人民出版社，1992，25。

3. 王森，西藏佛教發展史略〔M〕，中國社會科學出版社，1997，98。

4. 張志芳，吐蕃農業經濟研究綜述〔J〕，阿壩師範職業專科學院學報，2014，31（2）：28～32。

5. 劉瑞，中國人口，西藏分冊〔M〕，北京：中國財政經濟出版社，1989，40。

6. 王溥，唐會要，吐蕃傳〔M〕，上海：上海古籍出版社，1991，342。

7. 土觀·羅桑卻季尼瑪，土觀宗派源流〔M〕，西藏：西藏人民出版社，1999，35。

8. 脫脫、阿魯圖，宋史·吐蕃傳：492卷，〔M〕，中華書局標點本，1977，233。

第四章　馬可波羅與元初汗八里

　　元代蒙古人稱北京為汗八里，為元代都城大都（今北京）的別稱，「八里」是突厥語 Baliq 的對音。可能中國古代要對君王避諱，所以「汗八里」不稱「忽必烈八里」。《馬可波羅遊記》詳細記載了汗八里城的建築、農業、商業、娼妓業、宴席文化、宗教文化等方面的內容，共同勾勒出元初汗八里經濟文化繁華的景象，這對於研究元初的經濟文化起到相當大的文獻價值。《馬可波羅遊記》中對汗八里的記載是現存少有的反映元初北京城的外國名著，學術界對《馬可波羅遊記》整體性的內容研究成果比較多，但對於某一個城市的研究成果較少，而汗八里的經濟文化在元初扮演著極為重要的角色。因此，研究汗八里這一城市經濟文化發展狀況具有以小見大的作用。下面通過解讀《馬可波羅遊記》中有關汗八里經濟文化的內容，重現西人眼中的元初「汗八里」。

一、《馬可波羅遊記》裏汗八里的記載

　　《馬可波羅遊記》中最先出現「汗八里」一詞，記載如下。「一年中有三個月，即十二月、一月和二月，大汗都住在位於契丹省東北部的汗八里大城中。」〔註1〕譯者注解：汗八里為元代的大都，今之北京市。蒙古人稱之為「汗八里」、即「汗城」的意思。孟高維諾在元大都所寫第一封信中亦出現「汗八里」一詞，「前二年始有日耳曼科龍城（Cologne）、僧人阿爾奴特（Arnold）來此相助傳道。余於京城汗八里（Cambaliech）築教堂一所。」〔註2〕可見，

〔註1〕（意）馬可波羅口述，魯思梯謙筆錄，陳開俊等譯，馬可波羅遊記〔M〕，福建：科學技術出版社，1981，頁93。

〔註2〕張星烺編注，朱傑勤校訂，中西交通史料彙編〔M〕，北京：中華書局，1977，（1）：320～321。

當時「汗八里」是西方對中國大都的一個通稱。

《馬可波羅遊記》中的汗八里一方面展現出皇宮之大，殿堂之寬，建築之美，藏物之豐，其「可謂奇觀」〔註3〕；另一方面通過「貯藏君主之戰具」、「執兵嚴守之城門」、「列座排序之嚴格」〔註4〕的描寫，讓人產生皇宮森嚴的聯想，以及展現出帝王的威嚴。因此，汗八里的記載不僅僅寫出馬可波羅對中國大都的奇觀的無比讚賞之情，還在隱約中透露其對大都的守衛森嚴和井然有序城市的敬佩及畏懼之情。

二、汗八里的文化發展狀況

（一）汗八里的飲食文化

在《馬可波羅遊記》中不乏讀到有關宴席的記載，汗八里作為元初的大都市，其最具有接待外賓的社會功能，宴席側面反映當時達官貴族的一種飲食習慣文化。其敘述如下：「這個方形匣子裏面是空的，裝著一個巨大的純金製造的瓶狀容器，估計裝得下很多加侖的液汁。在這個方匣的四邊各放一個較小的容器，約能容納二百四十升。……這些餐具有些是漂亮的鍍金的金屬製成品，容積很大，如若用來裝滿酒或其他飲料，每一件的容量足夠十個人的飲用」〔註5〕可見，當時的飲食餐具突出蒙古人「大碗喝酒」傳統習慣，其餐具「大」的特點描寫極為詳細，這反映元初統治者儘管入駐中原，其飲食習慣依舊有所保留。

「其中有一個容器裝馬奶，一個容器裝著駱駝奶，其餘的容器裝滿各種的飲料……這些侍者，在大殿裏川流不息地巡行全殿各個角落，詢問賓客是否還有什麼沒有準備好的東西，或者是不是還需要酒、乳、肉或其他物品，凡有所求，侍者立刻送來。」〔註6〕「至於食物，也無匱乏之憂。因為這些人民，特別是韃靼人、契丹人和南中國的蠻子省，大都以米、黍、粟為生……小麥固然沒有這樣豐產，但他們不吃麵包，只有做成線麵或糕餅時才食用。至

〔註3〕（意）馬可波羅口述，魯思梯謙筆錄，陳開俊等譯，馬可波羅遊記〔M〕，福建：科學技術出版社，1981，頁92。

〔註4〕（意）馬可波羅口述，魯思梯謙筆錄，陳開俊等譯，馬可波羅遊記〔M〕，福建：科學技術出版社，1981，頁92～93。

〔註5〕（意）馬可波羅口述，魯思梯謙筆錄，陳開俊等譯，馬可波羅遊記〔M〕，福建：科學技術出版社，1981，頁99。

〔註6〕（意）馬可波羅口述，魯思梯謙筆錄，陳開俊等譯，馬可波羅遊記〔M〕，福建：科學技術出版社，1981，頁99。

於米、粟這類糧食，吃時摻上奶，再煮爛或和肉一起燉熟。」〔註7〕可見，當時蒙古人依舊是以肉食以及奶製品為主食，漢人依舊以穀物為主食，元初南北方民眾的飲食習慣並沒有因為蒙古族入駐中原發生巨大變化。雙金在研究《飲膳正要》一書時認為：「蒙古統治者雖然接受中原和西域飲食文化，但還是保留了本民族傳統的口味」〔註8〕，因此，元初各階層的飲食習慣在碰撞中其主食沒有實質性的改變。但是，蒙古族入駐中原後食物的類型豐富化，選擇多樣化，飲食逐漸中原化（肉與穀物合煮）。

　　黃紹祖對於宴席文化說道，「夫禮之初，始諸飲食⋯⋯在這豐富繁雜的宴席禮儀中，座次禮儀又佔據著極為重要的地位。」〔註9〕元初對於座位安排也極為慎重，以及宴席禮儀要求相當嚴格。「當大汗陛下舉行大朝宴時，朝見者的座次如下。御案一張，放在一個高臺上，大汗坐在北方，面孔朝南，皇后坐在他的左邊。右邊是皇子、皇孫和其他的皇親國戚，座位比較低，他們的頭和皇帝的腳成水平線。其他親王和貴族的座位就更低了，對於婦女也適用同樣的儀式。皇媳、皇孫媳和大汗的其他親屬，都在左邊入座，席位也同樣依次降低。接著是貴族和武官夫人的座位安排得整齊適當。所有的人都按照各自的品級，坐在自己應該坐的指定席位上，所以大汗在寶座上，能夠俯視全殿的人。但是，請不要以為所有朝見的人都有座位。相反地，大部分官員，乃至貴族，都是坐在大殿的地氈上進餐。在大殿以外，還站著一大堆來自外國的人，他們帶著許多稀世珍品⋯⋯凡有座位的人，每兩人的桌前擺一酒壺，並配有一個金屬製的勺子，形狀很像帶柄的酒杯，還有金銀餐具。它不僅用來裝從壺中倒入的酒，並且還要把它高舉過頭。此外，還擺著金銀餐具。婦女和男子一樣，也必須遵守這種儀式⋯⋯皇帝陛下金銀餐俱如此之多，實在令人難以置信。」〔註10〕這反映出宴席之上，尊卑等級區別非常明顯，盡顯帝王之威嚴，以及酒席上的奢侈食器讓西人驚而歎之。整個宴席也反映出當時元統治者威嚴震懾四方，使者攜帶稀世珍品也只能站於門外，國家的威嚴

〔註7〕（意）馬可波羅口述，魯思梯謙筆錄，陳開俊等譯，馬可波羅遊記〔M〕，福建：科學技術出版社，1981，頁120。
〔註8〕雙金，元代宮廷飲食文化探秘——解讀忽思慧的《飲膳正要》〔J〕，西北民族研究，2011，（1）：206。
〔註9〕黃紹祖，盛席華宴之宴席座次禮儀〔J〕，美食，2015，（2）：73。
〔註10〕（意）馬可波羅口述，魯思梯謙筆錄，陳開俊等譯，馬可波羅遊記〔M〕，福建：科學技術出版社，1981，頁98〜99。

盡顯於酒席的宏偉氣派之中。

「在皇帝陛下左右伺候和辦理飲食的許多人，都必須用美麗的面紗或網巾，遮住鼻子和嘴，防止他們呼出的氣息，觸及他的食物……同時，一個龐大的樂隊鼓樂齊鳴，直到陛下飲完後才停止奏樂。」〔註 11〕可見，當時統治者非常注重食物的衛生問題以及延續一部分漢文化的禮樂習慣，宴席之中有樂隊鼓樂齊鳴。

（二）汗八里的服飾文化

「參加朝覲的人，按習慣必須自帶一種白皮製的精緻的短統靴子……是因為不能弄髒鋪在殿上的那些用金銀線，精工綵繡，五顏六色，美麗無比的地氈。」〔註 12〕這展現出皇宮的豪華，地面的鋪設地氈極為精緻華麗，反映當時絲織品的刺繡工技藝高超，布料的色彩染工技藝較為成熟。

「據查，韃靼人是以西曆二月份作為新年的伊始。這一日，大汗和他的疆土上的所有的臣民，都依照慣例穿上白衣。按他們的觀念，這是吉祥的象徵……在元旦這一天，大汗統治下的各省和各王國中，擁有領地或握有管轄權的要員，都紛紛給大汗進貢金、銀和寶石等貴重禮品，並且配上白布。意思是祝皇帝陛下萬壽無疆，財源充足，享用不竭。懷著同樣的心願，貴族、王子和各階層的人，也在各自的家中互相贈送白色禮物。」〔註 13〕可見，元初統治者及臣民崇尚和喜愛白色，白色的衣物作為吉利的象徵，美好的祝福寓意，這與中原崇尚紅色為喜慶之色、白色為晦氣顏色的習俗有極大不同之處。

「大汗曾選出一萬二千名男爵，即稱為科序幹者，賞賜他們每人十三套衣服，每一套都不相同。每套一萬二千件都是同一顏色，而十三套的顏色，即有十三種。這種衣服上面嵌有珍珠、寶石和其他寶物，十分富麗和名貴。皇帝自己和他的男爵一樣，也有十三套這樣的衣服，不過，更加華麗和名貴而已。」〔註 14〕衣服的耗費不計成本，設計奢侈華麗，不僅反映出統治者的

〔註 11〕 （意）馬可波羅口述，魯思梯謙筆錄，陳開俊等譯，馬可波羅遊記〔M〕，福建：科學技術出版社，1981，頁 100。

〔註 12〕 （意）馬可波羅口述，魯思梯謙筆錄，陳開俊等譯，馬可波羅遊記〔M〕，福建：科學技術出版社，1981，頁 130。

〔註 13〕 （意）馬可波羅口述，魯思梯謙筆錄，陳開俊等譯，馬可波羅遊記〔M〕，福建：科學技術出版社，1981，頁 102。

〔註 14〕 （意）馬可波羅口述，魯思梯謙筆錄，陳開俊等譯，馬可波羅遊記〔M〕，福建：科學技術出版社，1981，頁 103～104。

奢靡之風，也反映出當時汗八里繁華富足。「大汗陛下又同樣為貧民提供衣服。這是他從自己所得的羊皮、絲綢和大麻的什一稅中提取出來的。他命令人，將這些材料在皇家的工廠中織成不同品種的布。……用這種材料織成的布料裁製成衣服，施捨給上述的貧民家庭。」〔註15〕這反映出貧苦家庭還是以粗糙布衣為主，造工繁雜和飾品點綴華麗的衣服只能限於達官貴族的身上，反映當時上層人士的穿著極為講究，華美不乏貴重，突顯出一個人的身份地位，服飾華美程度具有身份象徵的作用。

（三）汗八里的建築文化

「首先，是一個用城牆和深溝環繞著的廣場。廣場每邊長十三公里，中央有一大門，是各處來的人進出之所……緊貼著又是第二道牆，圍著縱橫十公里的廣場，南北兩面各有三個門，中央一門比兩旁的宏大。這道門除皇帝出入之外，長年關閉不開。兩旁的邊門則終日開著，以便常人進出。」〔註16〕元初的宮門「中央一門比兩旁的宏大」且只有皇帝可以從此門通過，可凸顯皇帝的主人地位，突出皇權至上，皇上獨尊，下級人士不容僭越。

「新都的整體是正方形。範圍三十八公里，每邊約為十公里。周圍環繞著土建的城牆，牆底寬約十步，向上遞減，頂寬不超過三步，所有的城垛都是白色。全城的設計都用直線規劃。大體上，所有街道全是筆直走向，直達牆根。一個人若登城站到城門上，朝正前方遠望，便可看見對面城牆的城門……整個城區按四方形布局，如同一塊棋盤。設計的精巧和美觀。」〔註17〕從記載中可以看出元初大都新城的設計沿襲了漢文化的方形建築風格，中軸線貫穿全城，街道與宮殿建設規劃整齊；宮殿為城市主體，突出皇宮的中心地位；「登城遠望，便可看見對面城牆的城門。」看出宮殿建築高臺化，體現皇宮的至高無上，反映一種皇權文化。

「在第二道圍牆裏面的中央有一排宏偉壯麗的建築物，共有八個，是皇家軍需庫。每座建築物只收藏一類東西……在這個圍牆內又套有另一個圍牆。城牆極厚，整整高達七米六。城垛和矮牆全是白色。這樣又構成了一個周長

〔註15〕（意）馬可波羅口述，魯思梯謙筆錄，陳開俊等譯，馬可波羅遊記〔M〕，福建：科學技術出版社，1981，頁125。

〔註16〕（意）馬可波羅口述，魯思梯謙筆錄，陳開俊等譯，馬可波羅遊記〔M〕，福建：科學技術出版社，1981，頁93。

〔註17〕（意）馬可波羅口述，魯思梯謙筆錄，陳開俊等譯，馬可波羅遊記〔M〕，福建：科學技術出版社，1981，頁96。

六公里半的方場，每邊一點六公里。和上述的方場一樣，南北兩方各有三道門。內中也同樣設置八個大建築物，作為皇帝藏衣室。」〔註18〕「在這個六公里半的圍牆裏，聳立著大汗巍峨的宮殿。其寬廣的程度，前所未聞。這座皇宮從北城一直延伸至南城，中間只留一個空院，作為貴人和禁衛軍往來通道。房屋只有一層，但屋頂高聳。屋基或者說平臺砌得高出地面約七尺，周圍有一堵大理石砌成的圍牆，約兩步寬。這牆也作為一種平臺，從外面可以看見平臺上面經過的人。」〔註19〕這不僅僅反映統治者追求皇宮建築極其宏偉壯麗，一種「面子」上的需求和自我享受的需求，還反映了統治者「重重皇宮之門及厚厚城牆之內」的一種封閉意識，力求自我安全的心理意識，反映中國傳統文化的影響至深。

「城牆的外邊裝有美麗的柱墩和欄杆，允許人們來往接近。大殿和房間的各方都飾以雕刻和鎦金的龍、各種飛禽走獸圖、武士雕像以及戰爭的藝術作品，屋頂和梁上雕樑畫棟，金碧輝煌，琳琅滿目。」〔註20〕可見，元初的雕刻技術非常高超，以及蒙古族對圖騰的崇拜和崇尚武力的文化。

「各城牆之間種許多美麗的樹木，還有草場，飼養各種野獸，如大鹿、麝、小鹿、黃鹿和同一類的其他動物。……這些草場牧草豐盛。草場上的道路高出草場地面九十釐米，路面經過鋪砌，使得污泥雨水不致淤積路面，相反的，而是向兩旁流去，有助於滋潤草木……屋頂的外邊飾以各種顏色，如紅、綠、蘭、紫，十分堅固，足以經受漫長歲月的考驗。窗上玻璃的裝置，也極為精緻，尤如透風的水晶……山頂上聳立著一個裝飾別有風味的亭子，亭身全部綠色。青山、翠樹、綠亭，渾然一體，形成一幅爽心悅目的園林奇景。在皇宮北面的地區，同樣在該管轄範圍之內有一個寬闊深邃的人工湖，構造十分精密。用這裡掘出的泥土堆成假山。……流經人工湖的溪水穿出青山山麓的溝渠，注入位於皇帝皇宮和皇太子宮之間的一個大而深的人工湖。」〔註21〕道路設計時分水而流，植種樹木，假山傍湖而造等等，這種建設風格不僅僅是統治者追求居住環

〔註18〕（意）馬可波羅口述，魯思梯謙筆錄，陳開俊等譯，馬可波羅遊記〔M〕，福建：科學技術出版社，1981，頁93。

〔註19〕（意）馬可波羅口述，魯思梯謙筆錄，陳開俊等譯，馬可波羅遊記〔M〕，福建：科學技術出版社，1981，頁94。

〔註20〕（意）馬可波羅口述，魯思梯謙筆錄，陳開俊等譯，馬可波羅遊記〔M〕，福建：科學技術出版社，1981，頁94。

〔註21〕（意）馬可波羅口述，魯思梯謙筆錄，陳開俊等譯，馬可波羅遊記〔M〕，福建：科學技術出版社，1981，頁94～95。

境的舒適，還體現了依山傍水的風水文化。

（四）汗八里的宗教文化

從元朝開始，羅馬教廷遣使孟高維諾等方濟各會士赴元大都，在這裡設立教堂，發展信徒，從此羅馬天主教傳入到中國內地，中西宗教交流進入一個新的階段。〔註22〕可見，天主教傳播得到統治者的鼓勵，在汗八里這個國際化的都市，天主教將扮演什麼樣角色？「在陛下萬壽日這天，所有的基督教徒、佛教徒、撒拉遜人和各色人等，都分別虔誠地禱告他們的上帝和偶像，祈求保祐皇上萬壽無疆，民富國強……一位大主教起身出來，高聲唱禮道：「俯伏敬拜……眾人全部下跪叩頭……禮畢，大主教登上一個陳設富麗的祭壇……大主教用全體朝會者的名義，用香對著牌位和祭壇畢恭畢敬地行禮。」〔註23〕這看出天主教徒主要為皇家祈福，主教則在祭祀中起到重要的指導作用，就如商周時巫師作用一般。

「在汗八里城的基督教徒、撒拉遜人和契丹人中，約有五千名星占學家和占卜家。他們的衣食由皇帝供給……如果有誰胸懷大志，想做一番轟轟烈烈的大事業，或者跋涉千里進行經商，或者擬就大展鴻圖的計劃，很希望知道將來的成敗利鈍。於是，他便求教於星占學家……詢問屆時的天意如何。」〔註24〕基督教徒可以把占卜作為養活自己的一種職業，也映像出汗八里流行占卜風氣，民眾相信占卜之說，並以占卜的措辭去衡量自己前途和事業是否會成功，迷信風氣較為嚴重。「詢問天意如何……在答覆這個問題之前，他應該先說出自己出生的年、月、日、時。」〔註25〕這種星占卜與中國道教「法卦」有極大的相似度，說明基督教徒中國化了星占卜。

「為了拜神，每個人都有一張神像圖，並將它高高貼在自己房間裏的牆壁上。在圖上寫著一個名字，是指在天上的高明的上帝。他們對這個上帝每天焚香禮拜。他們雙手合十高高舉起，然後拜倒在地，叩頭三次，祈求上帝

〔註22〕歐陽哲生，歐洲與中國文明對話的新開端──以西人在元大都「汗八里」的經驗為中心的考察〔J〕，北京大學學報，2013，（5）：141。

〔註23〕（意）馬可波羅口述，魯思梯謙筆錄，陳開俊等譯，馬可波羅遊記〔M〕，福建：科學技術出版社，1981，頁101～103。

〔註24〕（意）馬可波羅口述，魯思梯謙筆錄，陳開俊等譯，馬可波羅遊記〔M〕，福建：科學技術出版社，1981，頁126～127。

〔註25〕（意）馬可波羅口述，魯思梯謙筆錄，陳開俊等譯，馬可波羅遊記〔M〕，福建：科學技術出版社，1981，頁127。

賜給他們智慧和健康……在天神下面的地板上，他們立了一個叫納蒂蓋的雕像……他們替納蒂蓋配上妻子兒女，對他也一樣焚香、作揖、叩頭。向這位神祈求風調雨順，五穀豐登，添丁發財等諸如此類的事情……他們相信，靈魂是不滅的。當一個人一旦死去，他的靈魂立即就轉世投胎，並且這個人將來的狀況依照他生前的善惡也會變好或變壞。」〔註26〕可見，汗八里民眾主要信奉天主教，相信上帝的存在，同時民眾把神世俗如「為神匹配妻子兒女」，相信輪迴之說，這對於民眾遵守社會規則具有約束的作用，有利於統治者維護自身的統治地位。

（五）汗八里的風俗文化

「大汗的萬壽日是九月二十八日，全體韃靼人和大汗的其他臣民都必須進行慶祝……每逢大汗的萬壽日，他的所有韃靼臣民和他領域內的各王國和各省區的臣民，都要按照既定的慣例，獻出珍貴的禮物。有許多有資格請求封贈疆土的人，送上禮物的目的，乃是為了求得封贈。」〔註27〕大汗萬壽日是慶祝皇帝的一個節日，全城人民要為皇帝慶功頌祝，送禮獲得賜予官位的風氣也較為盛行。

「韃靼人是以西曆二月份作為新年的伊始。這一日，大汗和他的疆土上的所有的臣民，都依照慣例穿上自衣。按他們的觀念，這是吉祥的象徵。他們這種做法，是希望求得一年到頭在生活中都能夠萬事如意，快樂安康。」〔註28〕韃靼人把白色作為吉祥的顏色，也有自己的一套祈福習俗。白色節在汗八里是一個重要節日，慶祝方式隆重。

「屍體一律不許在城內各處掩埋。至於佛教徒，按它的風俗必須將死者火化，也應該將屍體運往郊外的一個亂葬崗上，這裡，也是公家的執行死刑的刑場。」〔註29〕可見，汗八里的城內沒有墓葬，死者主要以掩埋及火化為主，其主要根據死者的信仰。

〔註26〕（意）馬可波羅口述，魯思梯謙筆錄，陳開俊等譯，馬可波羅遊記〔M〕，福建：科學技術出版社，1981，頁128。

〔註27〕（意）馬可波羅口述，魯思梯謙筆錄，陳開俊等譯，馬可波羅遊記〔M〕，福建：科學技術出版社，1981，頁101。

〔註28〕（意）馬可波羅口述，魯思梯謙筆錄，陳開俊等譯，馬可波羅遊記〔M〕，福建：科學技術出版社，1981，頁102。

〔註29〕（意）馬可波羅口述，魯思梯謙筆錄，陳開俊等譯，馬可波羅遊記〔M〕，福建：科學技術出版社，1981，頁111。

「在圖上寫著一個名字，是指在天上高明的上帝。他們對這個上帝每天焚香禮拜。他們雙手合十高高舉起，然後拜倒在地，叩頭三次，祈求上帝賜給他們智慧和健康……他們相信，靈魂是不滅的。當一個人一旦死去，他的靈魂立即就轉世投胎，並且這個人將來的狀況依照他生前的善惡也會變好或變壞。」〔註30〕汗八里民眾相信輪迴轉世之說，靈魂說，具有祭拜上帝的習俗。

三、汗八里的商業經濟發展狀況

《馬可波羅遊記》裏記載了汗八里諸多的元初商業文化的內容，反映出當時的元帝國是一個商業繁榮的國度，這裡交通發達，市鎮林立，雖然其中有誇張之處，但大部分仍是與事實相符的。〔註31〕因此，可以通過遊記的相關記載探析元初汗八里商業發展狀況，汗八里作為元初屈指可數的大城市，其商業發展狀況又一定程度上反映元初的經濟繁榮的程度。

「在近郊，距都城也許有一點六公里遠的地方，建有許多旅館或招待駱駝商隊的大客棧，為來自各地的商人提供住宿。旅客按不同的人種，分別下榻在指定的彼此隔離的旅館……十二個近城居民之多，以及房屋的鱗次櫛比，真是非想像所能知其梗概的。近城的人口，比城區的人口更多。商人和來京城辦事的人都在郊區住宿。」〔註32〕可見，旅客按不同的人種安排住宿，側面反映了汗八里是一個國際化的城市，各地商人在此進行貨物交易，國際化程度較高，人口流動性高。

「城內的公共街道兩側，有各種各樣的商店和貨攤……凡世界上最為稀奇珍貴的東西，都能在這座城市找到，特別是印度的商品，如寶石、珍珠、藥材和香料。契丹各省和帝國其他各省，凡有貴重值錢的東西都運到這裡，供應那些被這個國家吸引、而在朝廷附近居住的大批群眾的需要。這裡出售的商品數量，比其他任何地方都多。根據登記表明，用馬車和馱馬載運生絲到京城的，每日不下一千輛次。絲織物和各種絲線，都在這裡大量生產。」〔註33〕可見，

〔註30〕（意）馬可波羅口述，魯思梯謙筆錄，陳開俊等譯，馬可波羅遊記〔M〕，福建：科學技術出版社，1981，頁128。
〔註31〕申友良，馬可波羅與元初商業文化〔J〕，社科縱橫，2015，（5）：115。
〔註32〕（意）馬可波羅口述，魯思梯謙筆錄，陳開俊等譯，馬可波羅遊記〔M〕，福建：科學技術出版社，1981，頁97。
〔註33〕（意）馬可波羅口述，魯思梯謙筆錄，陳開俊等譯，馬可波羅遊記〔M〕，福建：科學技術出版社，1981，頁111。

汗八里的商品流通性強，商品的種類繁多，「每日不下一千輛次」及「大量生產」之詞反映出商業貿易非常發達。

　　「其中有一隊喜劇演員和各種樂器的演奏者，還有一班翻筋斗和變戲法的人，在陛下面前殷勤獻技，使所有列席旁觀的人，皆大歡喜。」〔註34〕「那些以賣淫為生的婦女，除暗娼，人不知道以外，不許在城內開業，全部限制在郊區。正如我們前面所講到的，那裡有二萬五千名娼妓。無數商人和其他旅客為朝廷所吸引，不斷地來來往往，絡繹不絕。娼妓數目這樣龐大，還不夠滿足這樣大量商人和其他旅客的需要。」〔註35〕當時雜技戲法作為一種娛樂節目，可以豐富人們的生活。娼妓業的超常發展，說明當時政府沒有採取嚴格的措施禁止，而娼妓業得以迅速發展，又說明當時汗八里的人口流動量大，城市的經濟發達。

　　元祖忽必烈入主中原後，為了建立統一的大元帝國，決定統一幣制，發行代替金屬貨幣職能，不再兌換金銀，全國流通的紙幣中統鈔，取代形形色色的舊有紙幣，從而大大加強了王朝的政治、經濟力量。〔註36〕「汗八里這個城市裏，有一個大汗的造幣廠……最小的紙幣票面，為半個圖洛，略大一點的，就像一個威尼斯的銀幣，其他的分別是二個、五個和十個銀幣。還有的用作一個、二個、三個，直至十個拜占庭帝國的金幣……這種紙幣大量製造後，便流通於大汗所屬領域的各個地方。沒有人敢冒生命的危險，拒絕支付使用。他的所有臣民，都毫不猶豫地接受採用這種紙幣，因為無論他們到任何地方營業，都可用它購買他們所需的商品，如珍珠、寶石、金銀等等。」〔註37〕可見，汗八里作為紙幣的製造中心，紙幣的流通發源地，不僅適應當時汗八里商品經濟發展的需要，也為汗八里的經濟發展提供了資金來源。汗八里紙幣的流通範圍廣與流通性強，反映出當時貿易範圍廣，貨物交換量大，貨物交換率高。

　　元朝大都城在今北京城內，面積約 50 萬平方公里……人口將近百萬，商業繁榮，有「百萬輸入之眾，有如川流之息」之稱。〔註38〕的確，汗八里的商業

〔註34〕（意）馬可波羅口述，魯思梯謙筆錄，陳開俊等譯，馬可波羅遊記〔M〕，福建：科學技術出版社，1981，頁 100。

〔註35〕（意）馬可波羅口述，魯思梯謙筆錄，陳開俊等譯，馬可波羅遊記〔M〕，福建：科學技術出版社，1981，頁 111。

〔註36〕李幹，元代發行的紙幣及其歷史意義〔J〕，內蒙古社會科學，1985-08-29，頁 50。

〔註37〕（意）馬可波羅口述，魯思梯謙筆錄，陳開俊等譯，馬可波羅遊記〔M〕，福建：科學技術出版社，1981，頁 116。

〔註38〕藍勇，中國歷史地理〔M〕，北京：高等教育出版社，2015，頁 278。

經濟繁榮不禁為之感歎，從遊記「各種商品琳琅滿目，街道縱橫、商鋪貨攤各式各樣、商隊絡繹不絕、紙幣任意流通」等等的記載就可看出汗八里繁盛之景。

四、汗八里經濟文化繁榮的原因

汗八里在元初之時的經濟文化能夠迅速發展起來，其是由於多方面的因素共同作用下的結果。

（1）交通較為發達。「從汗八里城，有通往各省四通八達的道路……早晨在汗八里採下的果子，第二天晚上便運到了上都的大汗那裡。雖然，通常認為兩地相距要有十天的路程。」〔註39〕此外，汗八里的路旁還有驛站的設置，郵政機構，政府的政策支持，以至元初汗八里的道路交通基礎設施較為完備，交通便利減少時間的浪費和運費，從而有利於促進商人進行貿易活動。

（2）地理位置優越。「每逢大汗的萬壽日，他的所有轄輻臣民和他領域內的各王國和各省區的臣民，都要按照既定的慣例，獻出珍貴的禮物……在皇帝坐朝的幾個月間，這些人們從四面八方蜂擁而來，追求他們各自的目的。」〔註40〕許多重要節日在汗八里舉行以及作為重要的政治中心，其城內的人流動量大，各種稀罕寶貴之物聚集和各方之人匯聚此地，得益於統治者居住汗八里。除此之外，汗八里歷代以來經濟基礎較好，經濟一直較為繁華。

（3）紙幣的推廣和使用。汗八里在元初不僅作為紙幣的製造地，而且統治者積極向外推銷，同時各地商人在此使用紙幣進行商業活動，因此紙幣流通性強，促進了該地的商品流通。

（4）農牧業基礎好。「他們的土地，凡可耕種的都不讓它荒廢。各種牲畜十分繁衍興盛，所以當他們出征時，幾乎沒有人不隨身帶去六匹、八匹或更多的馬，供給自己使用……從這裡可以看出，他們人口眾多的原因，以及能夠給他們提供如此豐富的食物。」〔註41〕這裡反映元初的農業是比較發達的，能夠能滿足人民的糧食需求。牲畜繁衍興盛方便耕種、出行和滿足人民肉類的需求。農牧業又為汗八里商業及文化的發展奠定物質基礎。

〔註39〕（意）馬可波羅口述，魯思梯謙筆錄，陳開俊等譯，馬可波羅遊記〔M〕，福建：科學技術出版社，1981，頁118。

〔註40〕（意）馬可波羅口述，魯思梯謙筆錄，陳開俊等譯，馬可波羅遊記〔M〕，福建：科學技術出版社，1981，頁100～111。

〔註41〕（意）馬可波羅口述，魯思梯謙筆錄，陳開俊等譯，馬可波羅遊記〔M〕，福建：科學技術出版社，1981，頁120。

（5）社會救濟機構較為完善。「他對汗八里城貧民的慷慨賑濟。只要他一得到報告說，有哪個體面的家庭，因遭遇不幸，而由富裕陷入貧困，或有誰因孱弱衰老，無法謀生，或不能獲得食物，他便施捨給他們每年必須的消費品。大汗陛下的這部分經費，有一批官吏專職管理，並在宮中負責辦理這種事務。」〔註42〕設置專門的機構管理救濟物資，有利於維護汗八里的社會穩定，營造良好的商業環境。

（6）人口昌盛，物產豐富。「各城門外都有一個城郊，範圍廣大，和左右兩邊城門的近城，連成一片，所以它的長度延伸六、七公里之遠，因而近城居民的人數超過了都城的居民數……新都城和舊都近郊公開賣淫為生的娼妓達二萬五千餘人。每一百個和每一千個妓女，各有一個特別指派的宦官監督。」〔註43〕「娼妓數目這樣龐大，還不夠滿足這樣大量商人和其他旅客的需要。」〔註44〕和「凡世界上最為稀奇珍貴的東西，都能在這座城市找到……如寶石、珍珠、藥材和香料」〔註45〕的記載可以推敲出當時汗八里的居民、商人、官員、娼妓的人數量巨大，為城市的各行各業有序發展提供勞動力，商品多樣化、豐富化又為民眾提供了就業機會。

通過對《馬可波羅遊記》的解讀與分析，已經大概探析出汗八里經濟文化發展的因素。同時，汗八里當時的經濟文化如此繁華，與其地理位置、社會因素有著密不可分的聯繫，而汗八里經濟文化的繁榮又使其能夠成為當時的政治與經濟的中心之一，成為一個國際化的城市。

參考文獻

1. （意）馬可波羅口述，魯思梯謙筆錄，陳開俊等譯，馬可波羅遊記〔M〕，福建：科學技術出版社，1981。

2. 張星烺編注，朱傑勤校訂，中西交通史料彙編〔M〕，北京：中華書局，1977，（1）：320～321。

〔註42〕（意）馬可波羅口述，魯思梯謙筆錄，陳開俊等譯，馬可波羅遊記〔M〕，福建：科學技術出版社，1981，頁125。

〔註43〕（意）馬可波羅口述，魯思梯謙筆錄，陳開俊等譯，馬可波羅遊記〔M〕，福建：科學技術出版社，1981，頁97。

〔註44〕（意）馬可波羅口述，魯思梯謙筆錄，陳開俊等譯，馬可波羅遊記〔M〕，福建：科學技術出版社，1981，頁111。

〔註45〕（意）馬可波羅口述，魯思梯謙筆錄，陳開俊等譯，馬可波羅遊記〔M〕，福建：科學技術出版社，1981，頁111。

3. 雙金,元代宮廷飲食文化探秘——解讀忽思慧的《飲膳正要》〔J〕,西北民族研究,2011,(1):206。

4. 黃紹祖,盛席華宴之宴席座次禮儀〔J〕,美食,2015,(2):73。

5. 歐陽哲生,歐洲與中國文明對話的新開端——以西人在元大都「汗八里」的經驗為中心的考察〔J〕,北京大學學報,2013,(5):141。

6. 申友良,馬可波羅與元初商業文化〔J〕,社科縱橫,2015,(5):115。

7. 李幹,元代發行的紙幣及其歷史意義〔J〕,內蒙古社會科學,1985-08-29,50。

8. 藍勇,中國歷史地理〔M〕,北京:高等教育出版社,2015,278。

第五章 馬可波羅與元初太原府

　　《馬可波羅遊記》提供了許多關於元初太原府社會狀況的寶貴資料，特別是關於商業交流方面的記載，對於進一步探究元初太原府的工商業發展提供了寶貴的資料。透過《馬可波羅遊記》中有關元初太原府的經濟發展狀況的描寫，包括種植葡萄園，釀造葡萄酒，種桑養蠶和商人活動等多方面內容出發，結合相關意大利商人的馬可波羅的時代背景，探討太原府經濟發展的表現，原因以及影響。

一、《馬可波羅遊記》裏元初太原府的記載

　　太原，在《馬可波羅遊記》中稱為「太原府國」，位於中國山西省中北部的太原盆地，是現在山西省政治、經濟、文化、交通和國際交流中心。自古就有「錦繡太原城」的美譽，歷史上太原府歷來是北方軍事重鎮，其經濟文化的交流始終對外保持密切聯繫，元初太原府的經濟發展更顯繁榮多樣，這與忽必烈對商業的重視等因素有關。

　　與人們常常認為的元朝落後封閉恰恰相反的是，元朝重商，實行開明的經濟管理，對商人採取保護和鼓勵政策，還給予商賈一些特殊的優待。如給商賈以持璽書、佩虎符、乘驛馬的權利。在蒙元時期，傳統的重農抑商政策被放棄，商業貿易的發展得到統治者的重視，商人的社會地位有所提高，這主要表現在兩個方面：一是推行一系列的重商政策，如設置市舶司管理海外貿易，鼓勵和保護經商，重用商人等；二是元代統治階層間接經商。韓儒林在《元朝史》中寫道：「從成吉思汗起，蒙古大汗和后妃、諸王、公主、駙馬等貴族就開始進行商業和高利貸活動，由色目商人代為經營，他們則坐收其利。元世祖時，北方諸投下人戶常到江南經營商販。[註1]在統治階層的經商

〔註1〕韓儒林，元朝史〔M〕，北京：人民出版社，1986，頁430。

行商風氣的帶動下，傳統的社會風氣為之一變——重農抑商的傳統觀念受到衝擊，出現了全民皆商的現象。這是元代社會與傳統中原王朝的迥異之處。

自 1206 年鐵木真建立了蒙古汗國，五傳至忽必烈改國號為元。在此期間，成吉思汗及其繼承者不斷地向外擴張：向南，消滅了金朝和南宋，向西，曾發動三次西征，滅亡了西夏、西遼、花剌子模王朝和阿拉伯人建立的阿拔絲哈發帝國，征服了阿速、欽察、斡羅思諸部，建立了四大汗國。使亞洲大陸北部和中、西部都在蒙古的統治之下。〔註2〕國家統一，疆域遼闊，從多方面打通了中西交流的隔閡，首先是語言上的障礙，很難以想像在如此廣闊的領土上，只要熟悉蒙古語，即可通信無阻，這不僅在中國歷史，而且在世界歷史上也實屬罕見。其次是貿易壁壘的打通，各地區間的商業往來安全得到了保障，再次是關稅壁壘的打通，蒙古建立之後，消除了各地區林立不同的關稅，統一了關稅，降低了中西貿易交換的商業成本。「蠻子境內的白城的居民以商業和手工業為生，並出產大量的薑。商人將生薑運往契丹全省。元朝時全國共設驛站 1519 處，加上西域、西藏等邊遠地區的驛站，則超過 1600 處。」〔註3〕雖然一開始驛站的設立是為政治、軍事服務，但驛站所形成的四通八達的交通網絡，極大地便利了人民的出行，商人更是沿著這些驛站奔走於全國各地。到忽必烈時期，這些驛站已經開始考慮到行人的需要，如立路標和專給商旅鋪石路，都反映出驛站功能的變化，那就是增加了經濟功能。所以元朝自建立之初起，到其成長發展的各個階段，都為商業經濟的發展提供了便捷條件。楊軍琴認為：「上至王公大臣，下至貧苦百姓，舍本農，趨商賈的風氣很盛，對此，時人深有感觸，馬祖常云：『近年工商淫侈，游手眾多，驅壟畝之業，就市井之末。』經商致富已成為多數人追求的夢想。」〔註4〕也是不無道理。

事實上從 1250 年到 1350 年間東西方經濟文化交流較為頻繁，民間交流是由例如一些商人、旅行家、傳教士作為東西方信息交流者和攜帶者為傳播媒介的，他們通過記錄自己的所見所聞並加以傳播，推動著中西方文化交流。高彥婷認為：「十三世紀中西文化和貿易交流頻繁的背後蘊含著其特殊社會結

〔註2〕李雲泉，略論元代驛站的職能〔J〕，山東師大學報：社會科學版，1996，（2）：35。

〔註3〕楊志玖，馬可波羅在中國〔M〕，天津：南開大學出版社，1999，頁 79。

〔註4〕楊軍琴，元代商人社會地位的變化〔J〕，齊齊哈爾師範高等專科學校學報，2008，（1）：121。

構變動的深意。」〔註5〕馬可波羅是他們之中的典型代表。

在這種濃厚的商業氣氛下，意大利商人馬可波羅來到了中國。馬可波羅初到太原府，太原府在當時是為一國，對此城的印象是「城甚壯麗」，「工商頗盛」。〔註6〕此城不僅廣大，還很繁榮，是名副其實的商業之都。在他的《馬可波羅遊記》中載：「自涿州首途，行此乃十日畢，抵一國，名太原府。所處之都城甚壯麗，與國同名，工商頗盛，蓋君主軍隊必要之武裝多在此城製造也。其地種植不少之葡萄園，釀葡萄酒甚饒。契丹全境只有此地出產葡萄酒，亦種養蠶桑，產絲甚多。自此太原府城，可至州中全境。向西騎行七日，沿途風景甚麗，見有不少城村，環以城垣，其中商業及數種工業繁盛，有大商數人自此地發足，前往印度等地經商牟利…」〔註7〕從馬可波羅的記載中可以看出來，當時的太原，城市建設恢宏壯麗，葡萄釀酒業高度發達，國際貿易形成了規模，是蒙古汗國最重要的中心城市。元初太原府的商業經濟相當繁榮，可謂萬商朝華，是中國封建社會時期的一道亮麗風景。之所以會出現這種狀況，形成龐大的國際化商人隊伍是比較重要的因素，由於蒙元重商，賞識善於經商者，正如倪建中指出：「蒙古人是重商主義者，這也是其他少數民族的特點。因為，他們所居之處，往往不利於農耕，資源也相對缺乏，要想得到糧食、食鹽和工具，就必須發展貿易。」〔註8〕經商與游牧民族熱衷於商業有異曲同工之妙，二者都是不用精耕細作就能獲得溫飽和財富，區別在於前者是相對文明的，後者是暴力的。元朝通過武力征服各國後，為了能細水長流，長久統治，於是，實行了一系列鼓勵和保護商業發展的措施，這種有意提高商人社會地位的做法，不僅吸引了國內商人，更是引得國外商人紛至沓來。馬可波羅自吹他頗受大汗忽必烈的喜愛和重視，大概與此政策有關。

因其特殊的地理環境，太原府的釀葡萄酒業極為發達。對此，馬可波羅在書中提到：「其地種植不少之葡萄園，釀葡萄酒甚饒。契丹全境只有此地出產葡萄酒。」〔註9〕由此可知太原府不僅是商業發達，商品種類繁多，而且還

〔註5〕高彥婷，李曦珍，全球新聞傳播視域下的《馬可波羅遊記》〔J〕，新聞春秋，2017，（1）：31。

〔註6〕馮承鈞譯，馬可波羅行記〔M〕，上海：上海書店出版社，2006，頁262。

〔註7〕馮承鈞譯，馬可波羅行記〔M〕，上海：上海書店出版社，2006，頁262。

〔註8〕倪健中，風暴帝國〔M〕，北京：中國國際廣播公司出版社，1997，頁1033。

〔註9〕馮承鈞譯，馬可波羅行記〔M〕，上海：上海書店出版社，2006，頁262。

是國內的重要貨物集散地，經濟位置十分重要。不得不說，釀葡萄酒業的發展帶動當地整個區域的繁榮，然而這又與統治者的喜好關係甚密。

　　元朝立國雖然只有九十餘年，卻是我國古代社會葡萄酒業和葡萄酒文化的鼎盛時期。元朝的統治者十分喜愛馬奶酒和葡萄酒。據《元史・卷七十四》記載，元世祖忽必烈至元年間，祭宗廟時，所用的牲齊庶品中，酒採用「乳、葡萄酒，以國禮割奠，皆列室用之」。「乳」即馬奶酒。這無疑提高了馬奶酒和葡萄酒的地位。至元二十八年五月（1291 年），元世祖在「宮城中建葡萄酒室」（《故宮遺跡》），格外促進了葡萄酒業的發展。在當時元大都宮城制高點的萬歲山廣寒殿內，還放著一口可「貯酒三十餘石」的黑玉酒缸，名為「瀆山大玉海」。此缸至今尚存於北海團城，是元朝帝后嗜飲葡萄酒、馬奶酒的歷史見證。

　　考慮到糧食短缺等原因，元世祖十分重視農桑，要求朝廷專管農桑、水利的部門「司農司」編纂農桑方面的書籍，用於指導地方官員和百姓發展農業生產。至元十年（1273 年），《農桑輯要》刻頒，全書共有六萬五千多字，分作七卷。主要內容為典訓、耕墾、播種、栽桑、養蠶、瓜菜、果實、竹木、藥草、畜、禽魚、蜜蜂等。該書是現存最早的官修農書，被頒發到各級勸農官，以指導農業生產。書中對「蒲萄」是這樣寫的：「蒲萄：蔓延，性緣不能自舉，作架以承之。葉密陰厚，可以避熱（十月中，去根一步許，掘作坑收捲蒲萄悉埋之。近枝莖薄實黍穰彌佳，無穰，直安土亦得。不宜濕，濕則冰凍。二月中還出，舒而上架。性不耐寒，不埋則死。其歲久根莖粗大者，宜遠根作坑，勿令莖折。其坑外處，亦掘土並穰培覆之。《博聞錄》：「蒲萄，宜載棗樹邊。春間，鑽棗樹作一竅，引蒲萄技從竅中過。蒲萄枝長，塞滿竅子；去蒲萄根，托棗根以生。其肉實如棗。北地皆如此種。」可見，在元朝葡萄栽培不僅政府重視，確也達到了相當的栽培水平。

　　此外，為了保證官用葡萄酒的供應和質量，據明朝人葉子奇撰《草木子》記載，元政府還在太原與南京等地開闢官方葡萄園，並就地釀造葡萄酒。其質量檢驗的方法也很奇特，每年農曆八月，將各地官釀的葡萄酒取樣「至太行山辯其偽。真者下水即流，偽者得水即冰凍矣。」在政府重視、各級官員身體力行、農業技術指導具備、官方示範種植的情況下，元朝的葡萄栽培與葡萄酒釀製有了很大的發展。葡萄種植業的空前發展和飲用葡萄酒的普及，在元朝的文學作品中得到反映。我們可以從元代的詩歌、散曲中得知，元朝的特殊社會環境醞釀出濃郁的葡萄酒文化，而葡萄酒文化又浸潤著整個社會生

活，其影響幾乎遍及社會生活的方方面面。正是因為在統治者興趣愛好引導下，葡萄酒業至元朝時期達到鼎盛階段。

　　除了釀葡萄酒業的發達，太原府的種蠶養桑業也頗為繁盛。《馬可波羅遊記》中有這樣的記載：「亦種蠶養桑，產絲甚多。」〔註10〕反映了產絲業的興盛，以及太原府商業經濟的多樣化。在看似完全不相聯繫的兩個產業，為何在同一地方相繼發展起來，而且就地理環境、土壤性質等要素分析，產絲業的黃金地段不應在北方，南方溫暖潮濕之地，更易於養蠶種桑。由此推斷當時元朝統治者對絲織業的重視程度。

　　由於在最高統治者的重視下，元朝的一些重要官員也身體力行，發展農業。史稱「連領六郡，五為監一為守」，政績顯赫，聲震朝野的魯明善就在安豐路（今安徽壽縣）任職時撰寫了《農桑衣食撮要》。該書以月令體形式，以農桑為主，還包括林、牧、副、漁各業，凡氣象、水利、畜牧、園藝、農產品加工等各種農事項目，以及衣、食、住等方面應有盡有，當時被稱為「最好的農家月令書之一」。從這裡的史料引入可以證明當時農業、絲織業的發展狀況。

二、《馬可波羅遊記》裏元初太原府商業經濟繁榮的原因

　　《馬可波羅遊記》裏元初太原府的商業經濟是相當繁榮的，除了忽必烈採取的重商政策以外，還有兩個最重要的原因。第一，元初太原府的經濟基礎好，這裡的一切生活必需的糧食足夠多，能養活除太原府當地的居民外的更多人。第二，交通繁忙。太原府的地理位置優越，位於元朝疆域內的北部，是陸上絲綢之路上的重要城市，是發展對外貿易的絕佳之地。

　　陸上絲綢之路起源於西漢，漢武帝派張騫出使西域開闢的以首都長安（今西安）為起點，經甘肅、新疆，到中亞、西亞，並連接地中海各國的陸上通道。它的最初作用是運輸中國古代出產的絲綢。蒙元時期，蒙古發動了三次西征及南征，版圖大大擴展，加之驛路的設立、歐亞交通網絡的恢復，使歐亞廣大地域範圍內國際商隊長途販運活動再度興盛起來。據史料記載，當時在漫長的東西方陸路商道上從事商隊販運貿易的，有歐洲商人、有西亞、中亞地區的商人以及中國色目商人等。歐州和中、西亞商人一般都攜帶大量金銀、珠寶、藥物、奇禽異獸、香料、竹布等商品來中國或在沿途出售，他們所購買的主要是中國的緞匹、繡彩、金錦、絲綢、茶葉、瓷器、藥材等商品。元

〔註10〕馮承鈞譯，馬可波羅行記〔M〕，上海：上海書店出版社，2006，頁262。

代來中國的外國商人、商隊為數之眾，在外國史料中多有印證。《馬可波羅遊記》中幾處寫道：元大都外城常有「無數商人」、「大量商人」來往止息，「建有許多旅館和招待駱駝商隊的大客棧，……旅客按不同的人種，分別下榻在指定的彼此隔離的旅館」。既為不同人種，無疑為外國客商。《通商指南》也指出，「……汗八里都城商務最盛。各國商賈輻輳於此，百貨雲集」。

在蒙元時期絲路暢通、歐亞大陸各種層次的經濟交流駸駸興旺之際，作為東西方國際貿易樞紐或與國際貿易有密切關係的地區性，民族性商品市場和物資集散地的一批貿易中心相應形成和發展。元代中外史籍幾乎都記述了元大都作為東方國際貿易中心的無可爭議的地位。這裡「各國商賈輻輳，百貨雲集」。《馬可波羅遊記》曾以一章的篇幅介紹元大都國際貿易的盛況：「凡世界上最為珍奇寶貴的東西，都能在這座城市找到，……這裡出售的商品數量，比其他任何地方都多」。元朝中國境內絲路重要商鎮還有可失哈耳（喀什噶爾），這裡的紡織品「由國內的商人運銷世界各地」。河西走廊的肅州，這裡附近「山上出產的一種質量非常好的大黃。別處的商人都來這裡採購，然後行銷世界各地」。另外還有別失八里、哈喇火州等。在當時那種技術條件下，地理位置對於經濟的發展至關重要，正是由於太原府處於陸上絲綢之路的重要地點，客觀上推動了太原府商業經濟的持續發展。

三、《馬可波羅遊記》裏元初太原府經濟繁榮的影響

第一，太原府的商業繁榮，為元初統治者提供穩定且數額龐大的商業稅。稅收是維持政府正常運行和皇家奢侈生活的必備品。太原府作為重要的貿易城市，其發展必然受到統治者的重視和鼓勵，正如《馬可波羅遊記》中載：「其中商業及數種工業頗見繁盛，有大商數人自此地發足前往印度等地經商謀利。」〔註11〕可見在馬可波羅看來，太原府是大型的國際貿易活動的場所。各地商人雲集於此地，既有從全國而來的商人，又有「發足前往印度等地經商謀利」的國際商販，還有像馬可波羅一樣的色目商人。此外元政府積極推行官本船制政策，《元史》中的《食貨志》載：「官自具船給本，選人入番，貿易諸貨，其所獲之息，以十分為率，官取其七，所易人得其三。」〔註12〕這種政策實為雙贏，政府與商人合作，前者出錢，後者出力，最後各取所需。陳

〔註11〕馮承鈞譯，馬可波羅行記〔M〕，上海：上海書店出版社，2006，頁262。
〔註12〕宋濂，元史〔M〕，北京：中華書局，1976，頁2403。

高華在《元代商稅初探》中通過列數據和論證分析說明「商稅在財政收入中占重要地位。……商稅收入在財政收入的錢鈔部分中佔有重要地位，其重要性僅次於鹽課。」〔註13〕說明元初政府的財政收入中稅收佔了重大比例，而太原府的商業經濟又不能與此無關。

　　第二，如上所述大量外商來華和元朝商人出海，密切和促進了中外經濟文化交流和發展。如此，太原府特殊地理位置，為外國商人往返兩地，促進了中外的經濟交流，帶動了當地經濟的發展，也傳播了中國文化。

　　馬可波羅是一名色目商人，《馬可波羅遊記》關於太原府的記載，基本上以外來觀察者的身份，介紹了太原府工商業的商業信息、發展狀況，突出了太原府商業的興盛，見證了當年的輝煌，其中雖不乏溢美誇張之辭，但也反映當時太原府的經濟發展情況，為研究元初太原府的經濟發展提供了真實的史料。元政府視此為重要貿易發展地區，中外商人的活躍的貿易活動一定程度促進了中外經濟文化交流和太原府的發展。

參考文獻

1. 韓儒林，元朝史〔M〕，北京：人民出版社，1986，430。

2. 李雲泉，略論元代驛站的職能〔J〕，山東師大學報：社會科學版，1996，（2）35。

3. 楊志玖，馬可波羅在中國〔M〕，天津：南開大學出版社，1999，79。

4. 楊軍琴，元代商人社會地位的變化〔J〕，齊齊哈爾師範高等專科學校學報，2008，（1）：121。

5. 高彥婷，李曦珍，全球新聞傳播視域下的《馬可波羅遊記》〔J〕，新聞春秋，2017，（1）：31。

6. 馮承鈞譯，馬可波羅行記〔M〕，上海：上海書店出版社，2006，262。

7. 倪健中，風暴帝國〔M〕，北京：中國國際廣播公司出版社，1997，1033。

8. 宋濂，元史〔M〕，北京：中華書局，1976，2403。

9. 陳高華，元代商品初探〔J〕，中國社會科學院研究生院學報，1997，（1）：15。

〔註13〕陳高華，元代商品初探〔J〕，中國社會科學院研究生院學報，1997，（1）：15。

第六章　馬可波羅與元初成都

　　成都在《馬可波羅遊記》中稱為「Sin-din-fu」即成都府，位於今天四川盆地的西部。成都府境內地勢平坦、河網縱橫、自然環境優越，因此自古就有「天府之國」的美譽，是古代中國西部政治經濟中心。除此之外，成都府還是古代南方絲綢之路的起點，是一個商業和農業發展水平都非常高的城市。《馬可波羅遊記》中對成都府的記載是現存少有的反映元初成都的外國名著，目前學術界對《馬可波羅遊記》中元初成都府經濟的專門性研究較少，下面就元初成都府經濟繁榮的具體表現、原因和影響方面的內容做具體的論述。

一、《馬可波羅遊記》裏元初成都府的記載

　　南宋末年，由於四川成為支撐東南偏安朝廷重要的財賦之區，蒙古軍因此將攻取四川作為滅宋首要手段。自端平二年（1235 年）開始，到寶祐六年（1258 年）曾三次攻打成都府，造成「郡城焚蕩」的千古屠城之禍，這使得成都府的經濟和文化從兩宋時代的極盛，開始墜入元代的衰退期。由於戰爭的蹂躪，馬可波羅所見到的成都府，其整個城市水平已不復往昔。雖然如此，優越的自然資源和深厚的傳統人文底蘊，使得成都府仍然很快就從廢墟中恢復過來，馬可波羅仍可領略宋代成都府的流風餘韻。成都府的經濟發展狀況依然可觀，其盛況具體可以體現在以下幾個方面：

（一）繁榮的商業貿易

　　第一，成都府城市間貿易往來頻繁。據《馬可波羅遊記》記載：「有一大川，經此大城（成都府）。川中多魚，川流甚深，廣半里，長延至於海洋，其

距離有八十日或百日程，其名曰江水。水上船舶甚眾，未聞未見者，必不信其有之也。商人運送商貨往來上下游，世界上之人無有能想像其盛者。此川之寬，不類河流，竟似一海。」〔註1〕「商人運送商貨往來上下游」〔註2〕，說明當時成都府與其他城市之間的貿易往來十分頻繁，而且主要是通過水路運送貨物，連馬可波羅都感歎道：「世界上之人無有能想像其盛者」。〔註3〕從馬可波羅的描述我們可以得知，成都府和其他城市的貿易往來頻繁，盛況非凡。

第二，成都府市集商業繁榮。《馬可波羅遊記》寫道：「城內川上有一大橋，用石建築，寬八步，長半里。橋上兩旁列有大理石柱，上承橋頂。蓋自此端達彼端，有一木製橋頂，甚堅，繪畫顏色鮮明。橋上有房屋不少，商賈工匠列肆執藝於其中。橋上尚有大汗徵稅之所，每日稅收不下精金千兩。」〔註4〕馬可波羅所描述的橋正是錦江大橋，其建築風格是大西南典型的風雨橋。兩邊有大理石柱，一木製橋頂貫穿橋上，顏色鮮明，氣勢恢弘，與馬可波羅在蘇州見到的小橋截然不同。這座橋還是一個繁華的集市，橋上一字排開許多木製房屋，都是商賈、工匠經商的商肆，能「朝構夕折（拆）」，而且在這座橋上還能看到元朝統治者的徵稅之所，從書中「每日稅收不下精金千兩。」〔註5〕的描述來看，當時成都府的市集上的商業非常繁榮，甚至能給統治者帶來非常可觀的稅收。

（二）農業發展水平較高

在《馬可波羅遊記》關於成都府的記載中，雖然對農業的記載很少，只有簡單的一句「居民以耕種為活」，〔註6〕但我們可以從中推斷出在元初成都府的經濟結構仍然以農業為主。雖說受宋蒙戰爭的影響，四川地區的農業受到了極大的損害，產量驟降，到了元初才逐漸恢復了生機。但即使成都府此時已經失去了「天府之國」的盛譽，但成都府有著堅實的農業發展的基礎和

〔註1〕沙海昂，馮承鈞譯，馬可波羅行記〔M〕，北京：商務印書館，2015，頁248～249。

〔註2〕沙海昂，馮承鈞譯，馬可波羅行記〔M〕，北京：商務印書館，2015，頁248～249。

〔註3〕沙海昂，馮承鈞譯，馬可波羅行記〔M〕，北京：商務印書館，2015，頁249。

〔註4〕沙海昂，馮承鈞譯，馬可波羅行記〔M〕，北京：商務印書館，2015，頁249。

〔註5〕沙海昂，馮承鈞譯，馬可波羅行記〔M〕，北京：商務印書館，2015，頁249。

〔註6〕沙海昂，馮承鈞譯，馬可波羅行記〔M〕，北京：商務印書館，2015，頁249。

優越的自然環境,因此它的農業發展水平仍然可以達到人們自給自足的水平,保障了農民生活上的需求,而我們從成都府繁榮的商業經濟可以推斷出當時他的農業生產水平也是比較高的。

（三）紡織業繁榮

關於手工業,馬可波羅在書中這樣寫道「見有城村甚眾,皆有牆垣。其中紡織數種絲絹,居民以耕種為活。」〔註7〕說明在成都府,農民能織出美麗的布匹、縐紗及薄綢,家庭紡織業繁榮。自戰國以來,成都府的紡織業就開始獲得了繁榮的發展,蜀錦行銷全國乃至世界各地。在北宋時期,成都府建「成都府錦院」,主要生產皇室用錦、貿易用錦,品種有八達暈錦、燈籠錦、曲水錦等。但隨著南宋後期政治中心的南移,成都府的紡織業的生產規模已不及以前,但是蜀地的紡織業在全國佔有重要的地位。

二、元初成都府經濟繁榮的原因

關於成都府的經濟繁榮的原因,一方面可以從成都的自身的因素,如自然條件等尋找原因,另一方面,可以從元初當時的社會條件,如統治者的政策等進行分析:

（一）當時成都府社會生產力得到恢復

蒙古人的鐵騎所到之處,必定慘遭戰亂之苦。在滅金的戰爭中,北方地區的社會生產遭到了極大的破壞,人口銳減,蒙古軍隊所到之處只要稍有抵抗,城破之後就要大肆殺戮,除工匠之外全部被處死。「近臣別迭等言:漢人無補於國,可悉空其人以為牧地。」〔註8〕從1211年成吉思汗大規模地伐金到1234年金朝滅亡,雖然1217年成吉思汗將伐金之事交於木華黎經營而將主要精力放在西征上,戰爭規模有所縮小,但是此時北方的戰爭仍在繼續,蒙古、金等地方的割據軍閥互相攻伐,人口銳減。「丁亥,移鎮保州。保自兵火之餘,荒廢者十五年,盜自出沒其間。柔為之畫市井,定民居,置官廨,引泉入城,疏通溝渠以瀉卑濕,通商惠工,遂致殷富;遷廟學於城東南,增其舊制。」〔註9〕從保州一地可以看出當時北方地區在戰爭中受到了重創,千里土地,荒無人煙,野草蔽野。北方地區在經歷了長期的戰爭和社會動盪之後,

---

〔註7〕沙海昂,馮承鈞譯,馬可波羅行記〔M〕,北京:商務印書館,2015,頁249。
〔註8〕宋濂,元史〔M〕,北京:中華書局,1976,頁3548。
〔註9〕宋濂,元史〔M〕,北京:中華書局,1976,頁3473。

生產力出現了極大的衰退，生靈塗炭，戰禍連連，人口銳減，盜賊橫生，這種局面在滅金後特別是忽必烈登上帝位以後得到了改變。

第一，勸農政策的實施。1260 年，忽必烈即位，採用中原紀年方式，標誌著其採取「漢法」的開始。「忽必烈即位之初，首詔天下，國以民為本，民以衣食為本，衣食以農桑為本。於是頒農桑輯要之書於民，俾民崇本抑末。」〔註 10〕「中統元年，命各路宣撫司擇通曉農事者，充隨處勸農官。二年，立勸農司，以陳邃、崔斌等八人為使。至元七年，立司農司，以左丞張文謙為卿。司農司之設，專掌農桑水利。仍分布勸農官及知水利者巡行郡邑，察舉勤惰。」〔註 11〕元朝統治者以游牧民族的身份入主中國卻能對農業如此重視實在是難能可貴，勸農政策的推行收到了很大的成效，「凡先農之遺功，陂澤之伏利，崇山翳野，前人所未盡者，靡不興舉。」〔註 12〕

第二，屯田制的實行。除了積極地鼓勵和發展農業外，元朝建立後還廣泛地設置屯田。元代的屯田主要設在江淮地區、陝西、四川和雲南，屯田為元朝進行統一戰爭提供了充足的物質基礎。元朝官修的政書說：「國家平中原，下江南，遇堅城大敵，曠日不能下，則困兵屯田，耕且戰，為居久計。」元人王惲說：「南北之勢，我可以取彼，此必然理也。然饋餉轉輸，古無良法，正有屯田待以歲月，為古今上策耳。」〔註 13〕這兩段話說明了屯田和統一戰爭的關係，一方面，屯田所得為軍隊提供了物質保障；另一方面，屯田對於北方農業生產以及整個社會經濟的恢復，也是有力的推動。「從戶口變化上可以看出這一時期農業生產恢復、發展的情況，中統三年（1262 年），北方地區戶數為 1476146，以每戶五口計（下同），共 700 餘萬口，還不到金代人口數的 1/6。即使考慮到蒙古統治下貴族、將帥大量隱占私屬人口的因素，仍然明顯可以看出戰亂破壞的慘重。至元十三年（1276 年）平宋後，江南戶口變化不大，得戶 9370472，加上北方戶數 1967898，共有戶 11338370，口 5600 餘萬。到至元三十年（1293 年），全國見於統計的戶數已達 14002760，折約 7000 萬口。戶口增長的趨勢在元中期以下依然保持，估計元朝最高人口數字在 8000 到 9000 萬之間，與宋金對峙時期的口數相去不遠。」〔註 14〕

〔註 10〕宋濂，元史〔M〕，北京：中華書局，1976，頁 2354。
〔註 11〕宋濂，元史〔M〕，北京：中華書局，1976，頁 2355。
〔註 12〕王惲，秋澗集〔M〕，吉林：吉林出版社，2005，頁 678。
〔註 13〕王惲，秋澗集〔M〕，吉林：吉林出版社，2005，頁 678。
〔註 14〕郭成康，中國歷史〔M〕，北京：高等教育出版社，2001，頁 53。

由此可見，成都府社會生產的恢復和發展，不僅使人口增長而且也為社會提供了大量的物質資料，人們開始過上穩定有保障的生活，為發展經濟創造了和平穩定的環境，為元初成都府商業貿易的繁榮提供了物質上的可能性。

（二）優越的自然條件

第一，成都府水網稠密，地勢平坦，土地肥沃，發展農業有著得天獨厚的自然條件。元朝政府對這一地區的經濟開發也曾有所著力，屯墾及水利建設均取得了一定的成績。這些都為農業發展提供了便利，讓元初成都府的農業能在短時間內得到恢復和發展。

第二，水陸交通十分便利。陸路方面，蒙元時期，政府在陸路上建立了以大都為中心的四通八達的驛站。元代的驛站，既是通訊傳遞公文的據點，又是為來往行人提供食宿和安全保障的重要處所。自從設置了驛站，「四方往來之時，止則有館舍，頓則有貢帳，饑渴則有飲食。」〔註15〕

而在水路方面，錦江為成都府進行城市間的貿易提供了基礎。由於宋元時代長江流域發達的生產和交換以及建立在這一基礎上的繁榮內河貿易，錦江上「商人運載商貨往來上下游」，似乎是不足為奇的。不過，將錦江的寬闊比喻為「海」，往往會引起質疑，「必不信其有之」，這樣的形容過於誇張，在《馬可波羅行記》中有這樣的記載：「有不少重要川流，來自遠方山中，流經此城周圍，且常穿過城內。諸川有寬至半哩者，其似又寬二百步，然諸水皆深……諸川離此城後，匯而為一大川，其名曰江。」〔註16〕馬可波羅在長江三角洲眾多城市旅行時，似乎並沒有留意此間曠闊的水面和內河貿易，卻驚詫於成都府錦江的「寬闊」，或者可以理解為他一路先從旱路由北方過來，從未見過錦江這麼寬的河流。

總之，史料表明，馬可波羅的敘述雖然有過於誇張的地方，但結合史料可以發現：在元初成都府平原上，錦江源頭發源於此，匯流而成的錦江浩瀚寬廣，這是成都平原最適宜發展商業貿易的自然條件，錦江十分適宜於大型船舶航行，這就為成都的商業貿易商品提供了必要的交通運輸條件。

（三）交子等紙幣的出現和流通

元代，國內外商亞的發達，正是由於商品生產的發展，作為貿易媒介的全

〔註15〕宋濂，元史〔M〕，北京：中華書局，1976，頁2583。
〔註16〕沙海昂，馮承鈞譯，馬可波羅行記〔M〕，北京：商務印書館，2015，頁249。

國統一貨幣的使用，和全國水陸交通的暢通等諸多因素造成的。具有購買力的紙幣最早出現於北宋，稱「交子」，該紙幣僅流通於四川。經濟越是發達的地區，紙幣的流通便越廣泛，因為經濟發達地區，商品交換活動頻繁時，金銅銀的數量可能無法滿足需求。通行紙幣，標誌著元代紙幣制度的確立和以白銀為價值尺度的發展。紙幣與金銀有同樣的價值，民間完糧納稅，買賣物貨均以紙幣為準，商旅營運，咸稱方便。實質上，「不僅成都府，全國甚至外邦許多地區例如和林、畏吾兒、雲南等邊疆地區均設置紙幣管理機構，普遍行用紙幣。南洋如羅解、交趾、烏爹、朋加剌等地也通用中國紙幣。」[註17]

而紙幣的流通，又能促進商業經濟的發展。元初，政府發行「中統元寶交鈔」，規定一切交易、支付全部用鈔。馬可波羅在《馬可波羅遊記》中說到：「商人皆樂受之，蓋償價甚優，可立時得價，且得用此紙幣在所至之地易取所欲之物，加之此種紙幣最輕便可以攜帶也。」[註18]紙幣使用方便，且便於攜帶，商人都喜歡。張寧在《〈馬克波羅遊記〉中的大都文明》認為：「由於其時紙幣初行，印數限量，鈔庫銀根充實，幣值穩定，處於紙幣信譽的黃金時代，因此贏得了馬可波羅的贊許。」[註19]並且，大概是因為經商需要，每到一地，馬可波羅總是格外留心此地使用何種貨幣。遊至成都府他發現「居民使用紙幣而為偶像教徒。」[註20]成都府數量龐大的外國商人和元朝商人，彼此間的商品交換活動通過紙幣的流通完成。而紙幣的流通，又大大方便了商品交換活動，彌補現錢不足的缺點，掙脫阻礙經濟發展的束縛，為成都府的經濟發展提供更廣闊的空間，商人們紛紛從此地來回運送大宗商品，交子的流通為成都府的商業中充當了必要的貨幣媒介。

（四）元朝政府政治上的保障

第一，大一統的政治形勢，穩定的社會環境。我國元朝時期，是一個幅員廣闊的多民族國家，統治集團以蒙古貴族為核心，被統治的人民以漢族為主體。成都府的商業經濟得以繁榮，其中一個重要的原因是源於元初所形成

[註17] 李幹，元代的商品經濟〔J〕，中南民族學院學報，1985，（2）：68。
[註18] 陸國俊，中西文化交流先驅──馬可波羅〔M〕，北京：商務印書局，1995，頁262。
[註19] 陸國俊，中西文化交流先驅──馬可波羅〔M〕，北京：商務印書局，1995，頁103。
[註20] 陸國俊，中西文化交流先驅──馬可波羅〔M〕，北京：商務印書局，1995，頁424。

的大一統的社會環境。元滅南宋，結束了南宋時期的政治動盪的分裂格局，創造了安穩的政治局勢。中央集權政治形成的大一統的社會環境，為商業經濟的發展提供有力的政治保障以及安穩的政治環境，使大量的人口得以自由流動，加快商業以及貿易的發展。此外，還將減少參軍人數從而轉化為從事生產的勞動力，安穩的社會還是得出生率得以上升，因戰亂而造成的死亡率下降，使得勞動力得以不斷強大，為商業經濟的繁榮提供勞動力基礎。物質條件上，投入戰爭的物資減少，更多的物質資源與資金得以投入生產力以及經濟當中，成為商業經濟發展的雄厚物質條件。因此商業的發展需要一個安穩的壞境，而元初的成都府就具備了這樣的一個優勢，同時，一個較為安穩的社會環境，減少了成都府的商業運營的成本。

　　第二，忽必烈的經濟管理改革。忽必烈的經濟管理改革與他的統一戰爭大業基本上在步伐上是協調一致的。在穩定北方的過程中，他對政治、軍事、經濟管理改革同時抓。此間，他與眾臣籌劃的中原經濟管理制度也隨其統一戰爭鋪展施實，且燦然有成。伯顏將軍所率的平宋大軍攻佔臨安後，他又力排漢族開國元勳姚樞等老臣的阻止向南宋故地推行統一紙幣制度，以中統鈔取代了名存實亡的南宋會子，適時地完成了金融體制的全國性改革，把江南廣大地區無遺漏地納入了統一的新王朝金融網絡中。在財政制度方面，伴隨統一戰爭的進程，較準確地分析全國各類經濟制度差異較大和全國民族成份空前增多等特點，實行了對各族各地區分別對待、因俗而治的財政制度。除此之外，元初時期的政府還大力推行重商主義政策，這為成都府的商業經濟繁榮發展創造了一個很好的氛圍。

三、元初成都府經濟繁榮的影響

　　成都府經濟的繁榮不僅增加了元朝政府國庫的收入，而且加強了南北方經濟科技文化的交流，更加強了成都府與世界文化的交流，主要影響有以下幾點：

（一）成都府經濟的繁榮，增加了元朝統治者稅收來源

　　成都府商業的繁榮，為元初統治者提供穩定且數額龐大的商業稅。稅收是維持政府正常運行和皇家奢侈生活的必備品。「元代商稅總額，天曆間年達七十六萬餘錠。元代銀錠的法定重量是五十兩，所以鈔以一百貫為一錠」[註21]

〔註21〕宋濂，元史〔M〕，北京：中華書局，1976，頁476。

《元史》所稱鈔若干錠，就是指若干個一百貫而言。則七十六萬餘錠就是七千六百餘萬貫。元代商稅稅率是三十分取一，可以推知，元代國內貿易總額約在二十三億貫左右。當時全國人口總數除「山澤溪洞之民」外，為一千一百多萬戶（這當然有隱漏），大約每戶平均每年購買二十一貫多的商品，較之北宋商稅總額，神宗時年達八百萬貫〔註22〕，商稅銳率值百萬，其國內貿易總額、約在三億二千萬貫以上，當時全國的主客戶一千五百多萬，則每戶平均每年只購買商品二十一貫多錢，則元代比宋代多到將及十倍。在元初的成都府，馬可波羅看到城市的商人還把生意做到了廊橋上：「橋上有房屋不少，商賈工匠列肆執藝於其中。橋上尚有大汗徵稅之所，每日稅收不下精金千兩。」〔註23〕精金，即是指羅馬帝國時期的黃金，其份額是很重的，我們可以推斷出，日收精金千兩，可見元初成都府商業貿易的繁榮為蒙古皇帝帶來了巨額的財政收入不比任何當時的其他港口城市要差。

（二）成都府經濟的繁榮維護了元朝政治的穩定

「政治上，高郵商品經濟的繁榮發展，得益於元朝的大一統政治。同時也對元朝的社會環境產生一定的影響。」〔註24〕正所謂「衣食足而知榮辱，倉廩實而知禮節」，成都府商業的繁榮使市民得以能夠獲取自己的經濟來源，提高生活水平，過上幸福的生活，人們不會因為生存不下去而揭竿起義，其擾亂社會秩序，從而危機統治。所以高郵的商業經濟繁榮發展一定程度上有益於社會的穩定，從而促進元朝社會的穩定，鞏固統治者的統治。

（三）成都府經濟的繁榮加強了南北方的經濟技術文化交流

因為商品生產的發達，使南方和北方更緊密地聯繫在一起了。例如北方氣候宜於植棉，且地廣人稀，是適宜產棉的區域。但紡織業不發達，一般是依靠南方棉布的輸入。南方以松江為中心的棉紡織業，紡織技術高，其原料棉花卻是依靠北方供應。這樣一來，南北方的先進技術文化也得到互相傳播，這就形成了原料和成品南北的交流，從而加強了南北方經濟技術文化交流。同時，成都府在與其他城市的貿易交流中，不僅僅是商品得到了交流，它的技術和文化都與其他城市有一個交融的現象出現。

〔註22〕王元恭，至正四明續志〔M〕，臺灣：成文出版社，1983，頁79。
〔註23〕沙海昂，馮承鈞譯，馬可波羅行記〔M〕，北京：商務印書館，2015，頁49。
〔註24〕陳高華，《元史》纂修考〔J〕，北京：歷史研究，1990，（4），頁240。

（四）加強了成都府與世界經濟文化的交流

南方絲綢之路，也稱蜀身毒道，是一條起於現今中國四川成都府，經雲南到達印度的通商孔道。其總長有大約 2000 公里，是中國最古老的國際通道之一。早在距今兩千多年的西漢時期就已開發。它以四川成都府為起點，經雅安、蘆山、西昌、攀枝花到雲南的昭通、曲靖、大理、保山、騰沖，從德宏出境；進人緬甸、泰國，最後到達印度和中東。與西北「絲綢之路」一樣，「南方絲路」對世界文明做出了偉大的貢獻。像馬可波羅這般到成都府的商人，大都來自於上述地區，主要是從事紡織品交換。在一定意義上說，絲綢之路也是一條民族融合的道路。在這條商貿通道上，人們交流的不只是商品、思想，還包括生活習慣、生活藝術等各種民族文化。成批的遣唐使和留學生來自海外，又分散向四面八方，進行文化交流。西域藝術也通過絲綢之路源源不斷地傳入中原，大大豐富了中國的傳統藝術，不論是藝術種類、藝術形式還是藝術思想，對中原文化都有所影響。西來的文化藝術與中國固有的本土藝術相結合，形成了獨具特色的藝術形式與文化內涵。在這條道路上，成都府是重要的起點，可以說成都府在其中功不可沒，因此我們說成都府繁榮的經濟對中國和世界的交流做出了極其重要的貢獻。

《馬可波羅遊記》對元初成都府的經濟發展狀況做了非常具有參考性的描述，我們可以從中瞭解到成都府當時商業、農業和紡織業的發展的盛況，究其原因，我們可以得出成都府在元初的生產力得到了恢復，其自身優越的自然地理環境、交子的流通和使用以及其穩定的政治環境等結論，而成都府繁榮的經濟發展狀況也增加了元朝政府的稅收、保證了人們的生活的基本條件從而促進了社會的穩定，而成都府繁榮的對外貿易也促進了它和其他城市以及世界的經濟文化交流。總的來說，對元初成都府經濟發展狀況的研究有利於我們瞭解古代中國的商業發展狀況，而且值得我們進一步去考究。

參考文獻

1. 沙海昂，馮承鈞譯，馬可波羅行記〔M〕，北京：商務印書館，2015。
2. 宋濂，元史〔M〕，北京：中華書局，1976。
3. 王惲，秋澗集〔M〕，吉林：吉林出版社，2005。
4. 郭成康，中國歷史〔M〕，北京：高等教育出版社，2001，53。

5. 李幹，元代的商品經濟〔J〕，中南民族學院學報，1985，（2）：69。

6. 陸國俊，中西文化交流先驅——馬可波羅〔M〕，北京：商務印書局，1995。

7. 王元恭，至正四明續志〔M〕，臺灣：成文出版社，1983，79。

8. 陳高華，《元史》纂修考〔J〕，北京：歷史研究，1990，（4）。

第七章　馬可波羅與元初哈喇章州

　　《馬可波羅遊記》裏的哈喇章州，即今雲南大理地區。這裡宗教文化信仰多樣。《馬可波羅遊記》中對哈喇章州的記載是現存少有的反映元初雲南大理地區的外國名著，但國內外學者對這一問題研究甚少，而雲南地區作為元朝的邊陲地帶，其宗教文化的多樣性對當時社會發展與穩定具有重要的意義。下面根據《馬可波羅行紀》的相關記載，對雲南宗教文化的基本情況，多樣的原因和對當時的影響進行簡要的探討。

一、《馬可波羅遊記》裏哈喇章州的記載

　　關於哈喇章州是指今日的我國哪裏，我國學者對其進行了一定的考究：此所言之城，沙海昂氏注為之今之大理城，果如其說，則「哈喇章」又為其城之名矣。自來種族之名稱，往往與其所居住之地名混用，馬氏之稱今雲南省為哈喇章州，稱大理為哈喇章城，均源於蒙古人之稱東爨烏蠻為哈喇章，蓋無可疑。〔註1〕據《馬可波羅行紀》記載，哈喇章州以偶像教徒居多，但是在押赤這個地方也存在其他宗教，「州甚大，境內有七國，地延至西，居民是偶像教徒，而臣屬大汗……行此五日畢，抵一主城，是為國都，名稱押赤。城大而名貴，商工甚重。人有數種，有回教徒、偶像教徒及若干聶思脫里派之基督教徒。」〔註2〕雲南一直作為中國各個朝代的邊陲地帶，居民多樣，與其他國家的往來比較密切，宗教信仰的情況也比較多樣，不僅有《馬

〔註1〕余士雄，馬可波羅介紹餘研究〔M〕，北京：書目文獻出版社，1983，頁87～90。
〔註2〕馮承鈞譯，馬可波羅行記〔M〕，上海：上海書店出版社，2006，頁283。

可波羅行紀》記載的回教，基督教，還流行佛教、道教以及一些其他的原始宗教。

二、元初哈喇章州宗教信仰情況

　　雲南宗教最大的一個特點就是教派齊全，信仰呈現多元化的格局。應該說，在雲南存在著人類社會發展史上不同歷史階段的不同形式、不同層次的宗教信仰，各民族宗教信仰情況包羅萬象，既有現代宗教，又有原始宗教和民族民間信仰。表現之一就是世界性的五大宗教，即佛教、道教、伊斯蘭教、基督教、天主教俱全；表現之二就是佛教三大部派（漢傳佛教、藏傳佛教、南傳上座部佛教）集於一省，為雲南獨有。表現之三就是形形色色的原始宗教和民族民間信仰繁多，包括自然崇拜、祖先崇拜乃至圖騰崇拜的原始信仰或原始宗教以及白族的本主、彝族的土主等民族民間信仰，還有納西族原有的原始宗教與傳入的西藏苯教相結合形成的東巴教。

　　據《馬可波羅行紀》記載，（押赤）人有數種，有回教徒、偶像教徒及若干聶思脫里派之基督教徒。〔註3〕歷史上，五大宗教（佛教、道教、伊斯蘭教、天主教和基督教）在哈喇章州均有傳播，對當地的文化結構產生了廣泛而深刻的影響。例如，傣族、藏族等少數民族的思想觀念、生活方式和行為方式就深受佛教的影響，雲南西北部的回回民族幾乎全部信奉伊斯蘭教。

　　魏晉南北朝期間，道教傳入雲南地區並產生了深刻的影響。道教在雲南地區最初的傳播過程中，不僅對一些少數民族的宗教信仰產生重要影響，還與這些民族的原始宗教信仰相交融，形成了巫道融合的特點。在以後的發展演變中，雲南地區的道教又與儒、釋混雜相融。

　　佛教在雲南地區的傳播發展也具有多元化的特點。公元7世紀，佛教的不同派別從不同的方向、路線傳入雲南。經過長時間的傳播和發展，藏傳佛教逐漸融合了藏族的苯教、納西族的東巴教、摩梭人的達巴教、普米族的漢歸教等原始宗教。佛教三大部派雖然在雲南不同地區傳播，但都能與各個少數民族的原始宗教相融合，呈現出若干巫化特色。

　　伊斯蘭教第一次大規模傳入雲南，是在元明時期。1253年，忽必烈率蒙回大軍10萬人攻入大理城，隨後又多次派軍戍守和屯墾，大批「回回」軍士、工匠落籍雲南。隨著穆斯林的大量入雲南落籍，雲南成為了較大的一個回族

〔註3〕馮承鈞譯，馬可波羅行記〔M〕，上海：上海書店出版社，2006，頁284。

聚居區，伊斯蘭教得以持續和發展，其傳播主要是在回族中。

　　基督教在雲南的傳播，最早可以追溯到唐朝。基督教在雲南的傳播不是在城鎮地區，對邊疆少數民族村鎮產生了重要影響。信仰基督教的少數民族接受了一神論的觀念，不僅改變了原有的多神觀念和自然崇拜，也改變了原有的一些傳統習俗。

　　在雲南多元宗教先後傳入、相互融合的過程中，一種重要的現象是原始宗教與後來傳入的道教、佛教的融合，這個融合為雲南多元宗教相融合併存奠定了重要的基礎。雲南各個民族的原始宗教信仰，實質上是泛神論和多神信仰的思想觀念，與崇拜多神的道教非常容易融合。因此，東漢末年創立的道教很快就傳入雲南，並且與各民族的宗教信仰相融合而產生了重要影響。佛教在創立早期為一神教，但在大乘佛教興起後建立了多佛、眾多羅漢和菩薩崇拜的信仰體系，也具備了多神信仰的特點。因而佛教不同部派傳入雲南後，也能與各個少數民族宗教信仰融合在一起，使佛教在雲南的傳播出現「佛巫交融」的本土化特色。正是在這樣的宗教生態和信仰的基礎上，人們才有可能去接受後來傳入的其他宗教。作為亞伯拉罕一神教系統的伊斯蘭教、基督教和天主教，本身就具有強烈的排他性，但在雲南多元文化的環境中，也出現了一定程度的改變。這就是伊斯蘭教、基督教、天主教傳入雲南後，出現的民族化和本土化特徵，這也使得雲南地區的宗教信仰越來越多樣和繁榮。

　　這種教派在雲南地區蓬勃發展的現象與此前統治者實行的宗教政策不無關係，尤其是對於元朝這個少數民族政權來說，實行寬鬆的宗教政策更加有利於他們的統治，在廣大的征服地區，他們基本上採取因俗而治的措施，對宗教也採取兼容並蓄的優禮政策。〔註4〕

三、元初哈喇章州宗教信仰多樣的原因

（一）地理位置因素

　　哈喇章州（今雲南）的疆域很廣，按照《馬可波羅行紀》的描述，包括今雲南一省的大部，將其與南詔國疆域對比會發現，與此前的南詔國疆域有很多重合之部分。據《新唐書·南蠻傳》載，南詔的疆域為「東距爨，東南屬交趾，西摸假託，西北與吐蕃接，南女王，西南驃，北抵益州，東北際黔

────────────

〔註4〕申友良，馬可波羅時代〔M〕，北京：中國社會科學出版社，2001，頁130。

巫。」〔註 5〕這一獨特的地理位置也使得雲南地區與其他地區來往密切，而且云南的政治、經濟、文化中心主要是洱海區域，這裡是「蜀身毒道」的樞紐，「蜀身毒道」是指連接我國西南地區與中印半島諸國之間的古老通道，其路線從成都出發，穿過川西平原，度過金沙江進入雲南西部，又跨越瀾滄江，越過博南山，經保山、騰沖進入緬甸、印度，從而溝通了巴、蜀、滇與中印半島的聯繫。洱海地區在古道上的樞紐地位，促成了滇西乃至雲南各民族接受來自巴蜀地區的漢文化影響，同時古道也帶來了南亞、中亞的經濟、文化、宗教。在經濟的往來和軍事的碰撞下，客觀上加速了各種文化在雲南地區的交流，這就有利於各類宗教紛紛湧入雲南地區，從而使雲南文化與自身本土、中原、西域以及境外異邦文化的交流與融合，大大加強了。正是在這種文化的交流中，雲南地區文化變得更加開放、多元。宗教文化也打破了前期以巫為主，以道為輔的舊格局，在佛、巫、道諸教的交融、互攝中形成了多元並存的新格局。

（二）元朝的寬鬆的宗教政策

宗教的社會作用決定了統治者對於宗教這一社會問題不得不重視起來，有的君主為了加強專制統治，不惜以暴力的手段進行打擊、取締外來宗教。例如，北魏太武帝拓跋燾、北周武帝宇文邕、唐武宗李炎、後周世宗柴榮等，都曾動用國家機器毀寺殺僧，嚴厲鎮壓佛教、景教、摩尼教、祆教等外來宗教，有些統治者則通過大舉抬高某一宗教的地位從而鞏固其專制統治，如武則天大力倡導佛教。在元朝，雖然元朝統治者信仰薩滿教，但是在元朝，任何宗教都受法律的保護。忽必烈往往親自參加基督教、伊斯蘭教的重要宗教活動。蒙古統治者在元代建國前期聰明地採取了「主內兼外」的宗教政策。所謂「主內」，就是蒙古人堅守本民族的原始宗教信仰——薩滿教。而「兼外」則指蒙古人對薩滿教以外的其他宗教，如道教、佛教、基督教和伊斯蘭教等，採取因俗而治、兼容撫納的立場。〔註 6〕征服後期，道教興起，元朝統治者轉而支持道教的發展。元太祖對丘處機非常賞識，待為上賓。成吉思汗敬稱丘處機為「神仙」，賜號「長春真人」令他「掌管天下的出家人」，使全真門下道士獲得蠲免差役賦稅的特權〔註 7〕。隨著征服地區的擴大，元朝的建

〔註 5〕歐陽修，新唐書〔M〕，北京：中華書局，1976，頁 6267。
〔註 6〕任宜敏，元代宗教政策略論〔J〕，文史哲，2007，（4）：96～102。
〔註 7〕周爽，元代國家宗教政策初探〔D〕，遼寧：遼寧師範大學，2011。

立，統治者意識到佛教的利用價值已明顯高於道教，元代建國後的宗教政策
（1260～1368）便自然而然由重視道教逐漸向佛教傾斜，這都是處於鞏固其
統治的需要出發的。元朝統治者對待其他教派亦同樣寬容，正如志費尼在其
《世界征服者史》中寫道：成吉思汗「因為不信宗教，不崇奉教義，所以他沒
有偏見，不捨一種而取另一種，也不尊此而抑彼，……他一面優禮相待穆斯
林，一面極為敬重基督徒和偶像教徒（佛教徒）。他的子孫中，好些已各按所
好，選擇一種宗教：有皈依伊斯蘭教的，有歸奉基督教的，有崇拜偶像的，也
有仍然恪守父輩、祖先的舊法，不信仰任何宗教的；……他們雖然選擇一種
宗教，但大多不露任何宗教狂熱，不違背成吉思汗的札撒，也就是說，對各
教一視同仁，不分彼此」〔註8〕來中國傳教的天主教安德魯主教在寄給羅馬教
皇克勒門五世的信中講到：「在此大帝國境內，天下各國人民，各種宗教，皆
依其信仰，自由居住。蓋彼等以為凡為宗教，皆可救護人民。」〔註9〕這位歐
洲的傳教士，在瞭解了中國人的宗教心理後，總結出了元朝宗教政策的特點。
即在元朝統治者眼裏，無論是什麼宗教，只要能感化和號召百姓安分守己的
服從統治，便大力的倡導，並給予某些適當地優渥。如在元世祖忽必烈時期，
就注重保護回回人的宗教信仰。對回回中的上層人士，給予穆斯林以科舉等
方面的優待，讓他們在統治機構中擔任重要職位。元代政府還給予伊斯蘭教
宗教人員以賦稅等方面的優惠。元朝統治者也十分優待也里可溫，經常豁免
租稅、徭役和兵役。統治者還常常賞賜傳教士。寬鬆的宗教政策也使得雲南
共存著很多不同的宗教。

　　由此可見，元朝的宗教政策是十分寬容的，從成吉思汗起，蒙古的歷代
統治者對各種宗教都採取了兼容並包的政策，佛教、道教、也里可溫（基督
教）、答失蠻（伊斯蘭教）、薩滿教等各種宗教都得到政府的保護和支持。蒙
古人宗教信仰的多元化現象在歷史上諸民族中是十分罕見的。元代中央政府
中還設置了專門管理各種宗教的機構——設宣政院管理佛教，集賢院管理道
教，崇福司管理也里可溫教，哈的司管理伊斯蘭教等，體現了元政權對宗教
問題的重視。〔註10〕

〔註8〕（伊朗）志費尼，何高濟譯，世界征服者史〔M〕，內蒙古：內蒙古出版社，
　　　　1980，頁98。
〔註9〕江文漢，中國古代基督教及開封猶太人〔M〕，北京：知識出版社，1982，頁137。
〔註10〕寶貴貞，元代蒙古人宗教信仰的多元化問題〔J〕，中央民族大學學報（哲學
　　　　社會科版），2005，（5）：77。

（三）宗教的作用

宗教在古代中國社會中所起到的作用非常大：首先，宗教有社會控制功能。在階級社會裏，居於統治地位的傳統宗教，利用超自然的神靈力量，或通過宣揚天命論或宿命論，使現存社會秩序合法化和神聖化。皇權宣揚自己「君權神授」，充分發揮了維護和穩定社會秩序的功能。古代宗教宣揚天命論或宿命論，就是要人們安於被剝削的現狀，而不要作非分之想；其次，宗教具有教化的功能，中國古代專制集權源於人們現實需要，中華民族「家天下」的歷史傳統和「君統」觀念，使各種群體、個人和社會集團形成一個整體。尤其對於元朝這一少數民族政權來說，宗教的整合力量顯得更為重要了；最後，宗教有慰藉功能，尤其是元初戰爭頻發，尤其是雲南地區位於元朝疆域的邊界，這就使得人民的生活在恐懼之中，而這個時候寬鬆的宗教環境可以使人們信仰各種不同的宗教，從而得到心靈的慰藉，從而有利於社會的穩定，有利於加強元朝統治者的統治。

四、元初哈喇章州宗教信仰多樣的影響

（一）促進與外來宗教文化的交流

元初，哈喇章州的宗教多元化是在蒙古統治者實行的宗教信仰自由政策形成的，這種多元化的宗教局面以宗教信仰自由為號召，在一定程度上給民族關係的和平發展注入了一線生機。並且恰恰由於特殊的民族和宗教政策在一定程度上促進了與其他不同民族和宗教的交流和往來。如 1246 年，基督教多美尼迪派和弗朗西斯派組成的兩個使團經金帳汗國來到哈喇和林，他們宣傳基督教義，勸說蒙古貴族信仰基督教，雖然沒有成功，但蒙古帝國通過基督教教義和教士瞭解到歐洲基督教世界的狀況，歐洲的傳教士們也耳聞目睹了蒙古帝國政治、經濟、軍事及文化發展狀況，其中一位名叫普蘭迦爾賓的教士把此次蒙古之行寫成《普蘭迦爾賓行記》向西方基督教民族介紹了蒙古帝國概況，從而促進了歐洲各民族與蒙古帝國各民族的瞭解和認識。蒙哥繼位後，歐洲基督教教士二人奉法蘭西國王書入覲蒙哥，其中魯不魯乞教士把在蒙古帝國境內的見聞寫成《魯不魯乞行記》。他曾在哈喇和林居住過一個月，然後帶著蒙哥汗致法西蘭國王的信件返回。蒙古人通過此次基督教使團的訪問進一步瞭解了歐洲。歐洲也從《魯不魯乞行記》中加強了對蒙古的進一步認識。如果蒙古統治者不實行宗教信仰自由政策，歐洲基督教勢力恐怕

不會輕易地來到蒙古。因為在西方人眼中，蒙古人是世界上最善於軍事征服的民族。同樣，宗教信仰自由政策也為蒙古帝國境內不同宗教信仰的民族交往提供了良好的條件。如，中亞的穆斯林由這種政策的鼓勵和地理交通的暢通，他們經常來到蒙古首都及其他地區進行經商活動。而漢族、蒙古族以及其他民族也不斷前去中亞等地進行經濟文化交流，如宋朝發明的火藥、指南針就是在蒙元時期傳入中亞和歐州的。總之，從蒙元時期宗教政策的影響來看，如果宗教政策正確，不論對政權或民族都會產生促進作用，反之則對政權或民族產生消極影響。蒙古帝國時期制定和執行的宗教信仰自由政策經過元朝以後的歷史證明是完全正確的。某一政權統治範圍內獨尊某一宗教為國教的政策雖然能起到促進民族的融合，但它卻不利於世界各民族的友好發展。

（二）緩和階級矛盾並增強民族文化交流

　　蒙古社會階級劃分明確，從大汗到奴隸有許多嚴格的界定。蒙古實行的是以維護蒙古貴族的特權為特點的統治。蒙古西征過程中擄掠回來大批的伊斯蘭教徒被作為奴隸遭受壓迫和奴役。但蒙古統治者卻巧妙地利用宗教手段，讓受奴役者心裏產生皈依感和使命感，給予他們心靈上的安慰，這在一定程度上起到了緩和社會階級矛盾的作用。雖然多神主義的薩滿教本身就有利於其他宗教的互相接納和融合，但歸根結底還是統治者出於維護統治和為征服戰爭的考慮而為的一種宗教政策。到了蒙哥執政時期，回回街、契丹漢人街和各種宗教場所都出現在其都城哈喇和林。回回禮拜寺、基督教教堂、佛教寺院等也都建起了各種工匠和集市的場所。各民族人員的聚集、交往，極大地促進了各民族文化的交流，提高了科學技術的水平，為元朝建立後逐步接受漢族文化奠定了基礎。利用宗教教義維護社會秩序，《大札撒》在內容上對蒙古社會的政治體制、經濟發展、社會習慣以及統治秩序等各個方面均加以明確規範。這種規範得到當時人們的普遍的認可，並且取得了很大範圍的效力。一個宗教的教義必然會涵蓋並要求遵守其推崇的道德準則，這些準則大多具備很強的倫理性，而對這些本身就與法律達成一定默契的宗教性道德準則加以利用往往發揮出意想不到的作用。比如，伊斯蘭教教義規定的本教教徒必須相互友愛、禁止兇殺、犯罪、酗酒等敗壞德行的行為，這與很多統治者推行法律和維護社會秩序不謀而合。統一蒙古各部後的蒙古族統治者與之前不同，將宗教性道德準則與法律相結合發揮了巨大作用。統治者們通過

對宗教的把握和利用，麻痺人民精神，使順從自己的統治，維護自己的統治。例如宣揚佛教的宿命論、輪迴轉生論等來讓人們安於現實，做「順民」這仍然是蒙古統治者「以佛治心」政策的延續。成吉思汗進行了大規模的擴張戰爭，統一了戰亂紛飛的蒙古取得了巨大的成就。深謀遠慮用兵如神自不必說，但融法於教的明智之舉更顯智慧。

（三）容易造成民族衝突

自由、多樣化的宗教態勢也會帶來一些不利的影響。蒙元時期宗教政策甚至也不利於元朝境內的民族和所屬四大汗國各國國民之間的和平友好發展。從蒙古帝國分裂後的各種宗教信仰分布範圍來看，伊斯蘭教範圍正好與佛教範圍從新疆西部分開，而這條分界線正好與元朝和西方四大汗國政權分界線相似，這種現象絕不是歷史的巧合，而是由許多原因造成的。其中宗教信仰的不同成為原因之一。佛教和伊斯蘭教雖都擁有一大批信徒，但佛教徒和伊斯蘭教徒在飲食、意識等方面完全不同。如在飲食方面佛經規定佛教徒吃素、不殺生等，古蘭經則規定禁食豬肉和不潔淨的東西。在對人生的態度上佛經教導佛教徒說人生皆苦，苦的根源在於有欲望，要消除欲望，必須修行，最終達到涅槃境界。但古蘭經在要求伊斯蘭教徒「謹守拜功、完納天課」的同時，主張對異教徒和迫害他們的人進行聖戰。故可以說，儘管元朝和西域四汗國中民族眾多，但佛教和伊斯蘭教是當時的主要宗教，宗教信仰的不同，使元朝的民族和西域各汗國中的民族之間缺乏共識，從而彼此不願交流和往來。如在元朝與窩闊台汗國、察合臺汗國處於敵對狀態時，雙方的民族很少交往。又如元王朝和金帳汗國關係的逐漸疏遠時，他們的民族關係也隨之疏遠和單薄。所以可以說，蒙元時期宗教政策的演變不利於元王朝和所屬各汗國國民間和民族間的和平友好發展。另一方面，元朝宗教政策的極端性造成了法律上的不公正、不公平，庇護僧侶，導致破壞法度；政治上官場腐敗、統治黑暗；經濟上，國家財政空虛，商業倒退。也可以說，用這種本身存在缺陷的民族宗教政策也是其統治走向失敗的誘因。

綜上所述，哈喇章州的宗教信仰多元與元朝統治者實行的宗教寬容政策有很大的關係。哈喇章州多元的宗教信仰在某種程度上雖然有利於為元朝統治者所利用來鞏固其統治，但是多元的宗教信仰也為元朝後來的混亂埋下了禍根。通過研究元朝時期哈喇章州的宗教政策可以為現在如何應對雲南地區宗教信仰多元提供一定的參考。

參考文獻

1. 余士雄，馬可波羅介紹餘研究〔M〕，北京：書目文獻出版社，1983，87～90。

2. 馮承鈞譯，馬可波羅行記〔M〕，上海：上海書店出版社，2006，283。

3. 申友良，馬可波羅時代〔M〕，北京：中國社會科學出版社，2001，130。

4. 歐陽修，新唐書〔M〕，北京：中華書局，1976，6267。

5. 任宜敏，元代宗教政策略論〔J〕，文史哲，2007，(4)：96～102。

6. 周爽，元代國家宗教政策初探〔D〕，遼寧：遼寧師範大學，2011。

7. （伊朗）志費尼，何高濟譯，世界征服者史〔M〕，內蒙古：內蒙古出版社，1980，98。

8. 江文漢，中國古代基督教及開封猶太人〔M〕，北京：知識出版社，1982。

9. 寶貴貞，元代蒙古人宗教信仰的多元化問題〔J〕，中央民族大學學報（哲學社會科版），2005，(5)：77。

第八章 馬可波羅與濟南

　　濟南，又稱「泉城」，是中國歷史文化古城。《馬可波羅遊記》中對濟南的記載是現存少有的反映元初濟南的外國名著，它詳細記載了濟南以絲綢業為主的商品貿易而聞名，這對探究元初濟南的商業經濟有著重要的指導意義。雖然關於研究《馬可波羅遊記》學術論文層出不窮，但以《馬可波羅遊記》的獨特視角去研究元初濟南的學術成果卻鳳毛麟角。根據《馬可波羅遊記》一書關於元初濟南的描述，來探討元朝初期山東濟南的商業經濟表現、原因分析以及其影響來談談個人的看法。

一、《馬可波羅遊記》裏對元初濟南的記載

（一）商業貿易

　　元初濟南的商業貿易呈現繁華景象，貨幣交換頻繁，商品流通廣泛，其中以絲綢業和鹽業的迅速發展尤為突出。

1. 絲綢業

　　元代重商，商業經濟發達。濟南商業貿易繁榮，以絲綢業為主的商品貿易最為明顯。《馬可波羅遊記》裏就提到過濟南：「他們以工商業為生，各種食物都十分豐富，絲的產量也非常大……這裡有無數花園環繞四周，並且到處都是美麗的樹林和優美的果園，實在是居住的好地方。這座城市在司法上管轄著帝國十一個城市和大市鎮。這些都是商業發達、盛產絲的地方。」〔註1〕在元代

〔註1〕陳開俊等，馬可波羅遊記〔Ｍ〕，福州：福建科學技術出版社，1981，頁160～161。

濟南的絲綢業，實為繁榮。這一點在京杭大運河區域遊歷和居住的意大利旅行家鄂多立克的遊記《鄂多立克東遊錄》也提到「濟寧當時是絲織業的商埠，盛產絲織品，還有許多其他商品。也許比世上任何其他地方都生產更多的絲，因為那裡的絲在最貴時，你仍花不了八銀幣就能買到四十磅。該地還有大量各類商貨，尚有麵食和酒及其他種種好東西。」〔註2〕濟寧的皮毛加工業即興起於元朝。源於蒙古大軍在西征過程中帶回一批居住在西北地區的回族皮匠，這些人部分定居在濟寧南關一帶，仍操習皮業。因回族人民喜歡群居，遂聚眾而成業。運河工商市鎮的繁榮從元政府的商業稅收中也能得到間接反映。「元朝全國共有185路，在元末商稅超過1萬錠銀的只有七路，其中濟寧路的商稅額為12403餘錠，居全國第四位，可見濟寧的發展規模。東平、東昌、濟寧三路直隸於中書省。」〔註3〕由此可見，元代濟南商業貿易的繁榮，以絲綢業為主，其他商品貿易為輔，並且促進了城市的興起與發展。

2. 鹽業

濟南曾是歷史上鹽法首施之地，是全國重要的鹽運集散地。元代初濟南設鹽司，當時山東境內劃分濟南、益都、東平、東昌、濟寧等路。其中元代建立之初就在濟南設轉運治所，以後就一直繼承下去並沒有多作修改。濟南路治所歷城，轄治內有永利場、寧海場、永阜場等鹽場。《山東鹽法志·援證九·歷代藝文》中就有記載說，「始克就緒，北海之濱，西極利津列十一場，濱樂三司主之。萊登東撤海隅遵海而南放於琅琊，其為場也，膠萊營密鹽司主之。」可見當初還設置了鹽司職務便於管理和運作鹽業，也反映了當時國家對鹽業發展的重視。

除了鹽司，官府還設有鹽倉，主要便於儲備鹽。《元史》記載至元四年八月山東鹽司於濟南歷城立濱洛鹽倉東西二場。鹽倉的出現可見當時鹽業的發展已是一種趨勢，對鹽的供求需要用到鹽倉，便於補給。

當時山東鹽的運銷主要是依靠大清河和小清河，兩者均為濟水的支流。在元初是主要是靠政府所推行的食鹽法來銷售的。當時還規定每戶每月樁配食鹽三斤，也就是每戶樁配食鹽的平均數，而在實際操作過程中食鹽法則是

〔註2〕何高濟，海屯行紀、鄂多立克東遊錄、沙哈魯遣使中國紀〔M〕，北京：中華書局，1981，頁78。

〔註3〕朱年志，元代山東運河的開闢與沿岸社會經濟發展〔J〕，華北水利水電大學學報，2014，（3）：3。

按戶等的高下實行攤派。以商運商銷為主，由商人買引赴場支鹽然後發賣。河間運司除部分供應大都食用外，大都周圍還實行鹽折草法和鹽折粟法。

（二）外來商人的出現

商業貿易除了國內之間，還需要國內外貿易，把貿易市場擴大方能更好地促進當地的貨物交換，而外來商人的出現便很好地解決國內商業的狹隘性。它的出現不但印證了山東半島在東方海上絲綢之路中的重要性，更重要的是促進了當地的商業繁華，尤其是對元初的濟南。「山東半島是元代處理高麗和日本事務的戰略要地。」〔註4〕元代，高麗經常派人到山東半島來做生意，除了官方經常到山東半島做生意外，高麗商人也利用海上交通便捷的條件，經常往返濟南做生意。高麗人抵達山東半島來做易貨貿易大多是為了收購綿絹帶回國內銷售。《老乞大諺解》卷上記載：高麗商人「從年時正月裏，將馬和布子，到京裏賣了。五月裏到高唐收起綿絹，到直沽里上船過海。十月到王京，投到年終，貨物都賣了。」〔註5〕從這些論述中都可以斷定在元初出現了外來商人高麗人，而山東便是他們頻繁來的首選。

除了高麗商人，元初濟南的外國商客還有日本商人的出現。《元史》記載：「倭人寇蓬州，守將劉暹擊敗之。」〔註6〕這裡說的蓬州並不是廣東蓬州而是特指山東，說明當時山東半島活躍著一部分日本商人，並且在這一帶經商。

二、元初濟南商業經濟發展繁榮的原因

（一）國家的重商政策

元代統一以後，經商的風氣席捲全國，下至平民百姓上到達官貴人都爭相從事商業活動，甚至皇室貴族也將錢物交由斡脫商人代理經營，一派「天下熙熙，皆為利來；天下攘攘，皆為利往」的景象。倪建中指出：「蒙古人是重商主義者，這也是其他少數民族的特點。因為，他們所居之處，往往不利於農耕，資源也相對缺乏，要想得到糧食、食鹽和工具，就必須發展貿易。」〔註7〕

元朝重商，官府實行開明的經濟管理，對商人採取保護和鼓勵政策，還給予商賈一些特殊的優待。如給商賈以持璽書、佩虎符、乘驛馬的權利。以收稅

〔註4〕劉鳳鳴，山東半島東方海上絲綢之路〔M〕，北京：人民出版，2007，頁231。
〔註5〕劉鳳鳴，山東半島東方海上絲綢之路〔M〕，北京：人民出版，2007，頁237。
〔註6〕宋濂等，元史〔M〕，北京：中華書局，1976.964，頁243。
〔註7〕倪健中，風暴帝國〔M〕，北京：中國國際廣播公司出版社，1997，頁1033。

為條件，貴族官僚經商不存在任何限制。蒙古貴族還直接利用斡脫放債營利，並設立專門機構，制訂一系列條例，保護斡脫的運營。對外貿易，陸道早已通暢無阻，對海外各國，早在征服南宋的前一年，便以「往來互市，各從所欲」的開放姿態，積極招徠，後來又實行「官本船」，選人出海，直接參與海外貿易；作為專門從事海外貿易的「舶商」、「梢水」人等。楊軍琴認為：「上至王公大臣，下至貧苦百姓，舍本農，趨商賈的風氣很盛，對此，時人深有感觸，馬祖常云：『近年工商淫侈，游手眾多，驅壟畝之業，就市井之末。』經商致富已成為多數人追求的夢想。」〔註8〕在這種濃厚的商業氣氛下，意大利商人馬可波羅來到了中國。處於統治地位的蒙古游牧貴族和色目上層向來注重商品交換。這種「重商」觀念對中原地區「重農抑商」傳統形成了一次強大衝擊。劉政認為：重商主義的浪潮衝擊著中國傳統的思想，農本商末的思想在元代被改變，商人獲得了較高的地位，連那些封建士大夫們也常常對商人進行謳歌稱讚，士與商出現了相互融合的現象。〔註9〕這些都表明了元代統治者對商業的重視。

除此之外，當時國家為了促進當地的經濟發展，為此還頒布了一些相關法規，譬如食鹽法、鹽折草法和鹽折粟法。魏初的《青崖集》卷四部分的《奏議‧論鹽貨樁配》就有詳細的記載，其中食鹽法「司鹽鐵者以青地多瀉鹵，鹽所易出，乃比原計口配鹽，入其值以防民私，謂之食鹽」。〔註10〕其中規定「每戶每月樁配食鹽三斤」〔註11〕即為每戶樁配食鹽的平均數，而在實際操作過程中食鹽法則是按戶等的高下實行攤派的。據劉敏中的《中庵集》卷十四《益都路總管李公去思碑》記載：「近卜戶計每年不下樁配三百斤，每斤價鈔四分」，且「絲絹麻布並不收受。」〔註12〕百姓要在規定的時間內赴州縣官局關買。官府這種政策在一定程度上拉動了當地的農民對鹽的消費從而促進了經濟的發展。

元代統治者為了更好地管理官營工商業，當時還制定了一系列的法律制度，其中就有勞役制，元代勞役制冶場內部都設置了嚴密、周備的監視、鎮壓系統。《萊蕪文物》碑刻和《濟南萊蕪等處鐵冶都提舉司公署記碑》的碑文上都有相關的記載，山東濟南萊蕪鐵冶都提舉司內部「勾稽案牘有所，鬻鐵有

〔註8〕楊軍琴，元代商人社會地位的變化〔J〕，齊齊哈爾師範高等專科學校學報，2008，（1）：121。

〔註9〕劉政，元代商業繁榮及其原因〔J〕，南京林業大學學報，2010，（3）：67～68。

〔註10〕魏初，青崖集〔M〕，瀋陽：瀋陽出版社，2002，頁10～11。

〔註11〕魏初，青崖集〔M〕，瀋陽：瀋陽出版社，2002，頁10～11。

〔註12〕劉敏中，中庵集〔M〕，北京：北京圖書館藏鈔本，頁8～9。

庫，下迨廚廄獄舍，各以序為一。」〔註13〕可看出當時濟南為了更好地發展工商業而規定相關法律，讓其得到合法的保護和能夠完成生產任務。當時為了調劑和穩定國家糧食價格，元初還專門設定了常平倉法，世祖中統元年（1260）十一月，「發常平倉賑益都、濟南、濱棣饑民。」〔註14〕可看出當時元初濟南已經出現了常平倉，而國家也重視對當地的管理。元代常平倉效法漢、唐之制，為官方出資建立，設立於城市，「豐年米賤，官為增價糴之；歉年米貴，官為減價糶之。」〔註15〕除穩定糧食價格的功能外，還有備荒救災之效。

（二）便利的交通

1. 京杭大運河的開鑿

京杭大運河是舉世聞名的水利工程，有著悠久的歷史。「其中最早的邗溝河段開鑿於公元前486年，最後貫通的山東河段完成於1293年（至元三十年）山東河段即元代的濟州河、會通河。為了解決南糧北運問題，元朝統治者先後開挖了濟州河與會通河，山東運河成為國家水路運輸的交通大動脈。運河的貫通帶動了沿岸商品經濟的發展與城鎮建設，促進了國內外經濟文化的交流。」〔註16〕隨著運河航運業的興起，這些路及其府州縣規模不斷擴大，其行政設置以及名稱、疆界的確立，對確定後世山東沿運地區的基本行政規模，具有深遠的歷史意義。運河不僅直接影響或決定了沿運城鎮的建置與規模，更帶來了工商經濟的繁榮。這一時期，運河區域作為一條重要的商業經濟帶獲得了長足的發展。運河商業的發展主要得益於幾個因素：一是運河地區人口的積聚與增長，特別是城鎮人口的增長；二是運河地區商業性農業的發展，經濟作物種植的擴大提供了更多的商品；三是運河手工業的發展。此外，運河本身的開拓更直接帶來商業運輸的便利。正是在這些因素的影響與作用下，運河商業經濟呈現出前所未有的繁榮。「商品流通從農村集市向市鎮擴展，又從市鎮向城市發展。原來較為封閉的區域市場向整個運河區域市場推進。」〔註17〕

朱年志在《元代山東運河的開闢與沿岸社會經濟發展》中提到：運河航

〔註13〕萊蕪市政協文史資料委員會編，萊蕪文物〔M〕，齊魯書社，1998，頁35。
〔註14〕宋濂等，元史〔M〕，北京：中華書局，1976，頁68。
〔註15〕宋濂等，元史〔M〕，北京：中華書局，1976，頁2467。
〔註16〕朱年志，元代山東運河的開闢與沿岸社會經濟發展〔J〕，華北水利水電大學學報，2014，（3）：160～161。
〔註17〕朱年志，元代山東運河的開闢與沿岸社會經濟發展〔J〕，華北水利水電大學學報，2014，（3）：3。

運的開通，促使運河城鎮進一步發展繁榮。每當漕運季節，運河上舳艫相接、檣桅高聳、白帆點點、百里不絕，十分壯觀。除了糧船以外，航行在運河上的還有許多官船、商船和民船，南方生產的絲綢、茶葉、瓷器和北方生產的豆、麥、梨、棗等特產，都通過大運河進行交易。這一時期新興的商業城市，十分之八九都分布在大運河沿岸。運河兩岸商賈雲集，貨堆如山，店鋪林立。「隨著濟州河、會通河的相繼開通，岸邊的濟寧、東平、東昌、臨清等城市逐漸崛起為元代重要的工商業城市。這些城市宛若一串鑲嵌在濟州河、會通河上的明珠，璀璨輝映，耀人眼目。」〔註18〕元朝對外貿易發達使得大運河成為對外交流和貿易的重要通道，大量的絲織品、陶瓷、各種金屬及茶葉等由大運河再經海路運至國外，同時也帶動了沿運地區經濟的發展和商業的繁榮。「此時中國的近鄰國家和地區，遠至西亞、歐洲以及東非各國皆紛紛派遣使團或商隊來到中國，在各沿海港口泊岸，沿運河到達京師及各地。伴隨著日益頻繁和規模擴大的中外經濟文化交流，運河作為內外交往的橋樑與通道，所發揮的作用日顯重要。」〔註19〕

2. 濟南海運的發達

海道是元朝在滅亡南宋以後開闢的，最初伯顏平定江南時，曾把南宋庫藏圖籍，從海道運至京師。元朝開闢海道也主要是為了南糧北運，其由海道運糧的海運要比陸運及河運省費很多，所以有元一代，海運始終不廢。到至元十九年（1282年），伯顏又請命於朝，造平底海船六十艘，載糧四萬六千餘石，由海道運至京師。〔註20〕此後，忽必烈用朱清、張瑄二人主持海運，將東南糧食不斷輸送京師，海運事業日益興盛。海道自平江（今江蘇蘇州市）劉家港入海，北上繞過山東半島，抵達直沽（今天津）。忽必烈還令人開鑿會通河和通惠河，與原有運河連通，開闢了從長江口的劉家港經黃海、渤海到達直沽的海運航線。高麗忠烈王二十一年（公元1295年）四月二十六日，「遣中郎將趙琛如元進濟州方物苧布一百匹、木衣四十葉、脯六籠、獾皮七十六領、野貓皮八十三領、麂皮四百領、鞍韉五副。」〔註21〕可以說，元代濟南

〔註18〕朱年志，元代山東運河的開闢與沿岸社會經濟發展〔J〕，華北水利水電大學學報，2014，（3）：3。

〔註19〕朱年志，元代山東運河的開闢與沿岸社會經濟發展〔J〕，華北水利水電大學學報，2014，（3）：3。

〔註20〕宋濂等，元史〔M〕，北京：中華書局，1976，頁2364。

〔註21〕金渭顯，高麗史中中韓關係史料彙編〔M〕，臺北：食貨出版社，1983，頁610。

海運的發達促進了對外貿易的繁榮。

3. 其他交通工具的出現

如何突破陸路與水路之間的阻礙，而除了造船技術發達以致船的使用廣泛外還有更為方便的一種工具，就是橋的建立。濟南三德範村古橋東段按橋型定位為元代建築，這個呈東西走向的古橋與上面南北走向的甕城形成十字交叉，成為最早的元代立交橋。這在很大程度上解決了濟南三德範村的三片居住區因河道來往不便的問題。這種立交橋的設計在很大程度上反映元代前人的智慧和當時商業往來的頻繁。

（三）貨幣的流通

貨幣的流通使商品得以消費和再生產，其中紙幣在全國的推廣尤為突出。雖然宋朝的時候已經出現了紙幣，但在當時並沒有出現全國性統一，只是在局部地區出現和使用，管理比較混亂，不利於地區間的商業交往。而到了元代，開始推廣和使用了全國性的紙幣。它的發行突破了區域狹隘性。它的出現是商業發展的必然產物，交易量越大對貨幣的需求必定會是越多的，而且攜帶方便的紙幣的推廣有利於商品的交易。還有它的製造簡單，材料充足，不會影響交易，能夠很好地穩定物價，也解決了貨幣缺乏的現象。

（四）外來商路商人和對外貿易的頻繁

劉鳳鳴的《山東半島與海上絲綢之路》一書中就說到「朝鮮運務必由（天）津海抵登（州）而後入（朝）鮮，……由（天）津入（朝）鮮，以登州為半途。」〔註22〕「元代，高麗國王經常派人到山東半島來做生意，「又遣中郎將宋英等航海往益都府」，易貨貿易。高麗商人也越海到山東半島西部做生意，「到高唐收起錦絹，到直沽里上船過海。」〔註23〕由於元代的航海技術、運輸能力、商品的種類較前朝都有大大改進，因此元代山東一帶與日本、朝鮮有密切的貿易關係，這大大促進了元代濟南商業的繁榮。

（五）政治穩定

元代商業繁榮還有賴於元朝統治者採取強硬的軍事手段鎮壓人民反抗以保證政治上的穩定。元朝統治階級實行民族分化政策和階級壓迫政策，終於爆發了元末紅巾軍起義，濟南人民積極響應。當時，毛貴是紅巾軍領袖劉福

〔註22〕劉鳳鳴，山東半島東方海上絲綢之路〔M〕，北京：人民出版，2007，頁391。
〔註23〕劉鳳鳴，山東半島東方海上絲綢之路〔M〕，北京：人民出版，2007，頁236。

通手下的一員名將。1358 年，毛貴奪取了濟南之後，率軍僅僅打到大都附近，便致使元朝想遷都逃遁。但在 1359 年，紅巾軍內部出了叛徒趙君用，毛貴不幸被殺害，濟南又落入元朝手中。《馬可波羅遊記》裏也有記載，當一二七三年，大汗任命一個高級的軍官名叫李璮的，來管理這座城市，並命令他統率十萬駐軍來守衛該城。李璮看見自己統治著一個如此富裕的地區，又擁有如此強大的軍事力量，頓生驕矜之心，並企圖叛變大汗。他懷著這個目的，誘使城內的主要人物來參加逆反的陰謀，使這個省的一切市鎮杜要塞都起來造反。大汗聽到叛亂的消息，立即命兩個貴族統率十萬大軍前往鎮壓。這兩個長官一個是阿術，一個是兀臺。當李璮聽到這個消息後，立即召集數目不少於敵人的軍隊，並且迅速地開始反擊。經過一番血戰，雙方死傷慘重，李璮最終被殺，他的軍隊也逃散了。逃兵中有些在追擊中被殺，有些被俘。俘虜們被押到大汗的面前，大汗將反叛首領處以死刑，其他的人給予赦免，並令其繼續為他服役。從此以後，他們對大汗忠誠不渝。〔註 24〕

（六）科學技術的發展

科學技術的創新和成熟都能大大地提高生產力，從而能夠讓商品供求滿足，這樣方能更好地促進商業經濟的發展。彭少輝所寫的《元代的科學技術與社會》中就講到馬可波羅視野中的中國科技，無論是從中國的天文學和醫學，還是關於元代的工藝技術，都可以看出當時元代在科學技術方面都取得很好的成就，甚至可視為中國傳統科技發展之巔峰。天文學的發展帶動了農業耕作制度的革新，在一定程度上地解決糧食方面的問題。醫學的發達能夠讓疾病最大程度上得到控制和治療，人民生活水平有所提高。〔註 25〕

三、元初濟南商業繁榮所帶來的影響

（一）促進文化的發展

1. 元初濟南商業經濟的繁榮加速了民族大融合與不同宗教之間的交流

「元時回回遍天下」，「近而京城，外而諸路，其寺萬餘。」〔註 26〕因為元代大批回回隨蒙古軍進入中原，其中大批中亞信仰伊斯蘭教的色目人隨蒙

〔註 24〕陳開俊等，馬可波羅遊記〔M〕，福州：福建科學技術出版社，1981，頁 161。
〔註 25〕彭少輝，元代的科學技術與社會〔M〕，開封：河南大學出版社，2010，頁 105。
〔註 26〕孫貫文，重建禮拜寺記碑跋〔J〕，文物，1961，（8）：36～39。

古忽必烈征戰，分駐各地。他們到中原後仍信仰伊斯蘭，山東濟南一帶的回回人多是元朝從西域東來的「回回」（元朝色目人組成部分）自西往東或從南到北遷徙而來。元朝統治者對各種宗教採取兼收並蓄的政策，基督教亦隨之傳入，教廷派遣傳教士在中國傳教，並在運河區域建立了許多教堂。蒙古統治者對於羅馬教廷和歐洲君王紛紛派來的傳教士給予熱情禮遇，並渴望與之建立聯繫。除了外來宗教以外，濟南本土的道教——丘處機的全真教，這些宗教間相互交流與融合文化的發展。此外，這些外來傳教士多與商人結伴行，在進入中國後從揚州等地進入運河，經江淮運河、會通河、御河、通惠河抵達元大都。他們一路傳播了歐洲的宗教與文化，促進了運河區域文化的發展。

2. 商業的繁榮也促進了平民文化的發展與人才的培養

作為孔子的故鄉，山東地區歷來就有濃厚的曲阜文化底蘊。元仁宗即位後第二年，中斷 78 年的科舉制度得以恢復，舉行元代開國以來首次開科取士。「章丘，章丘人張起岩即高中左榜狀元……章丘文化取得較為顯著的成就，為祖國的文化發展做出了重要的貢獻。」〔註27〕由於濟南商業的發展，元代山東的曲阜文化得以繼承與繁榮，也出現了如王禎一樣出身一般的人家通過科舉考試得以入仕。同時，由於運河區域社會經濟的繁榮與發展，使得大運河成為這一時期擴大中外經濟文化交流的前沿地區，在元代山東地區形成了它自身獨特的元雜劇劇作。朱年志認為：南北大運河的貫通，在地理上把華北、中原與江淮等幾個文化重心區域聯為一體，極大地促進了整個運河區域文化事業的蓬勃發展，使這裡成為人才薈萃、文風昌盛之區。從南至北，運河區域書院林立，官學普遍設立。比如會通河沿岸的東平，便成為當時雜劇創作的中心。東平因雜劇家、散曲家輩出，而形成了典型的「東平雜劇」，深深影響了元代的雜劇創作。其中元代散曲家張養浩的《山坡羊‧潼關懷古》、《普天樂‧大明湖泛舟》就是最好的例證，也印證了元初濟南古代文壇的地位。〔註28〕另外，「運河沿岸地區的教育蓬勃發展，東平府學為世人矚目，一時成為人才濟濟、文化發達之地。」〔註29〕

〔註27〕陳先運，章丘歷史與文化〔M〕，濟南：齊魯書社，2006，頁118。
〔註28〕朱年志，元代山東運河的開闢與沿岸社會經濟發展〔J〕，華北水利水電大學學報，2014，（3）：3。
〔註29〕朱年志，元代山東運河的開闢與沿岸社會經濟發展〔J〕，華北水利水電大學學報，2014，（3）：3。

3. 商業的繁華還推動了濟南文化的發展

商業的繁華還促進了濟南文化的發展，其中具有代表性的標誌就是舜井。《迎祥宮碑》對此有比較詳細的記載，該碑是由元代狀元、著名史學家張起岩所撰。該碑講述，金朝晚期戰亂之後的六十年間，舜祠下的舜泉「淹洌不常」。1295 年，濟南府尹幹赤重修舜祠，同時「又濬泉，甃其四周，壓以文石，繚以朱楯，中為畫橋達歲陛」。〔註30〕碑文還大贊舜井，可看出他把舜泉視為大舜的遺澤，這也說明當時舜泉確實有致雨的功效。〔註31〕也正是當時元代對舜井的重視，以及商業經濟發展繁華，資金充沛，才得以將它保存修復，也讓這種濟南文化以更為豐富的形象得以流傳至今。

4. 促進了中日文化交流

山東作為中日間交往的重要通道，在當時出現這樣一種情況，就是有許多日本僧人多次駐足山東。其中不得不提的就是元代來華的日本著名僧人邵元，「他為長清靈巖寺（今在濟南市長清區）撰寫的碑文，見證了元朝時期山東佛教文化對中日文化交流的貢獻。」〔註32〕據查證，這是日本僧人在中國撰寫的最早的碑文，也已成為元代中日文化交流的象徵了。

（二）提高當地人民的生活水平，為整個元朝社會發展和後世濟南的繁華奠定了基礎

由於商業經濟的繁華，人民基本上解決了溫飽問題。商品的流通和商品的互補，也得以讓人民的生活需求得到滿足。生產技術的成熟和創新也大大提高人民的生活水平，國家的政策在一定程度上促進了人民的生產積極性，這為整個元朝社會發展和後世濟南的繁華奠定了基礎。

《馬可波羅遊記》中關於濟南的商業經濟方面的記載是屬實的，以《馬可波羅遊記》為切入點，並輔以各類史料，基本展現了元初濟南的商業經濟發展概況。元初時期的濟南商品經濟繁榮，貿易範圍廣闊，商品種類豐富。其中絲綢行業發達，與鹽業並進，促成元初濟南商業經濟發展的繁盛。當時人們的生產積極性也隨著元朝的政策和水路交通設施的完善不斷提高，官民

〔註30〕張華松，濟南舜井舜祠考——兼談今濟南舜井街一帶舜文化景觀的恢復〔J〕，齊魯文化研究總第五輯，2006，頁 231。

〔註31〕張華松，濟南舜井舜祠考——兼談今濟南舜井街‧帶舜文化景觀的恢復〔J〕，齊魯文化研究總第五輯，2006，頁 231。

〔註32〕劉鳳鳴，山東半島東方海上絲綢之路〔M〕，北京：人民出版，2007，頁 245。

大興絲綢業和鹽業以及對外貿易，在學術文化方面也得到一定的發展，濟南文化在該時期得到了傳承與弘揚，競爭思想，創新意識等等猶如雨後春筍般紛紛湧現，為國家的強大和繁榮添磚加瓦，給世人展示獨樹一幟、獨領風騷的元朝，而這些都是有史實依據的。

參考文獻

1. 陳開俊等，馬可波羅遊記〔M〕，福州：福建科學技術出版社，1981，160～161。

2. 何高濟，海屯行紀、鄂多立克東遊錄、沙哈魯遣使中國紀〔M〕，北京：中華書局，1981，78。

3. 朱年志，元代山東運河的開闢與沿岸社會經濟發展〔J〕，華北水利水電大學學報，2014，（3）：3。

4. 劉鳳鳴，山東半島東方海上絲綢之路〔M〕，北京：人民出版，2007，231。

5. 宋濂等，元史〔M〕，北京：中華書局，1976，964。

6. 倪健中，風暴帝國〔M〕，北京：中國國際廣播公司出版社，1997，1033。

7. 楊軍琴，元代商人社會地位的變化〔J〕，齊齊哈爾師範高等專科學校學報，2008，（1）：121。

8. 劉政，元代商業繁榮及其原因〔J〕，南京林業大學學報，2010，（3）：67～68。

9. 魏初，青崖集〔M〕，瀋陽：瀋陽出版社，2002，10～11。

10. 劉敏中，中庵集〔M〕，北京：北京圖書館藏鈔本，8～9。

11. 萊蕪市政協文史資料委員會編，萊蕪文物〔M〕，齊魯書社，1998，35。

12. 金渭顯，高麗史中中韓關係史料彙編〔M〕，臺北：食貨出版社，1983，610。

13. 彭少輝，元代的科學技術與社會〔M〕，開封：河南大學出版社，2010，105。

14. 孫貫文，重建禮拜寺記碑跋〔J〕，文物，1961，（8）：36～39。

15. 陳先運，章丘歷史與文化〔M〕，濟南：齊魯書社，2006，118。

16. 張華松，濟南舜井舜祠考——兼談今濟南舜井街一帶舜文化景觀的恢復〔J〕，齊魯文化研究總第五輯，2006，231。

第九章　馬可波羅與元初東平州

　　東平州，元代稱為東平路，即今泰安市東平縣城，在《馬可波羅遊記》中稱為 Singuimatu。歷史上是我國北方重鎮，知名發達的大都市，魯西南名勝之地，曾為國、路、府、州、縣駐地，是山東省唯一的一座千年古城，京杭大運河在這裡過境，更使這裡人靈地傑，才人輩出，迅速繁榮。《馬可波羅遊記》中對東平州的記載是現存少有的反映元初東平的外國名著，它對東平州的商品和製造品有簡單的記載，為研究元初的東平州提供了重要文獻。但學術界迄今從來沒有從《馬可波羅遊記》的視覺，來研究元初東平州繁榮的經濟文化及其原因、影響。本文將從《馬可波羅遊記》中關於元初東平州的描述來探討元初東平州政治、經濟、文化等盛況以及背後的原因及其影響。

一、《馬可波羅遊記》裏元初東平州的記載

　　歷史上的東平州最繁華的時期是元明之際。東平自唐宋開始就已經成為北方漕運「貢道」的要衝。元明清時期，京杭大運河皆過境東平，將其納入南北航運大動脈的懷抱中。因此，東平州的發展可以說是離不開運河的發展的。借助運河之利，東平州的商品經濟從自然經濟中孕育出來，經濟文化愈加繁榮，主要表現為：交通運輸、商品貿易興旺發達；城鎮碼頭的市井生活豐富繁華；元雜劇的繁榮地；佛教興盛；流通紙幣；信息豐富，傳播快捷；首次進入馬可波羅等西方人的視野當中。

　　十三世紀，意大利旅行家馬可波羅從元大都出發，順運河南下，至東平州遊覽後，感到驚歎不已。面對東平州，他的第一印象是「這是一個雄偉美麗的大城。」〔註1〕在《馬可波羅遊記》中，還記載了東平州「商品與製造品

〔註 1〕陳開俊等譯，馬可波羅遊記〔M〕，福建：福州人民出版社，1981，頁 162。

十分豐盛。所有的居民都是佛教徒，都是大汗的百姓。使用大汗的紙幣……大河上千帆競發，舟楫如織，數目之多，簡直令人難以置信。這條河正好供給兩個省區的航運便利。只要觀察河上的船舶穿梭似的往返不斷，運載著最有價值的商品的船隻的數量和噸位，確實就會使人驚訝不已。」〔註2〕從航運業繁忙情況、紙幣使用、商品和製造品豐盛和商人眾多可看出，元初東平州的商業經濟相當發達，航運業尤為繁榮，可謂東平州的一道亮麗風景。

（一）航運業發達

《東平縣志·交通志》載：「東平北翊燕趙，南控江淮，黃（河）、運（河）經緯其間，在昔為水路南北咽喉，陸路往來孔道。」〔註3〕《東平縣志·運河航線》記：「此線在昔漕運暢行之時，商務發達，帆檣林立。」〔註4〕在古代，水路占很重要的地位，從「咽喉」、「孔道」這些詞中，足見東平在南北、東西交通中的重要地位。更可以知道，每當漕運季節，就會看到運河上舳艫相接、檣檝高聳、白帆點點、百里不絕，十分壯觀。除了糧船以外，航行在運河上的還有許多官船、商船和民船。南方生產的絲綢、茶葉、瓷器和北方生產的豆、麥、梨、棗等特產，都通過大運河進行交易。當時運河邊日間舳艫相連，夜來檝燈似火，岸邊車馬喧囂，貨物堆積如山。

《東平州志·澹渠考》記：「自開會通以後，東平為漕運要樞。」〔註5〕由此可見，會通河的開通，使東平一時之間便成為南北大運河的重要交通樞紐，來往的舟船，過往的客商營販，晝夜不息，東平由此成為元代中原地區最大的繁華城市之一。在意大利旅行家馬可波羅的眼中，東平簡直是一個令人驚歎的城市。他在《馬可波羅遊記》中說到：「有一條深水大河流過城南，居民將河分成兩條支流（運河），一支向東，流過契丹；另一支向西，流向蠻子省。大河上千帆競發，舟楫如織，數目之多，簡直令人難以置信。這條河正好供給兩個省區的航運便利。只要觀察河上的船舶穿梭似地往返不斷，運載著最有價值的商品的數量和噸位，確實就會使人驚訝不已。」〔註6〕

元初京杭大運河航路暢通，且元朝統治者重視陸路的建設，故商品能從

〔註2〕陳開俊等譯，馬可波羅遊記〔M〕，福建：福州人民出版社，1981，頁162。
〔註3〕中國方志叢書·東平縣志〔M〕，臺北：成文出版社，1968，頁65。
〔註4〕中國方志叢書·東平縣志〔M〕，臺北：成文出版社，1968，頁65。
〔註5〕中國方志叢書·東平縣志〔M〕，臺北：成文出版社，1968，頁89。
〔註6〕陳開俊等譯，馬可波羅遊記〔M〕，福建：福州人民出版社，1981，頁162。

東平州順利地運往國內各地，促進了東平州與其他城鎮的經濟交流以及自身商業經濟的發展。

　　由此可看出元初東平州的航運業十分發達，是促進東平州經濟繁榮發展的一大動力。

（二）商品經濟發達，紙幣廣泛流通

　　元初的東平州是一個盛極一時的大都市，馬可波羅來到東平州的第一印象便是「這是一個雄偉壯麗的大城市，商品與製造品十分豐盛。」〔註7〕

　　元初東平州的盛景在《錢塘遺事》中也得到佐證：南宋太后等降元後北上，路過東平，曾說：「此處風俗甚好，商旅輻輳，絹、棉價極賤，一路經過，惟此為最。」〔註8〕

　　大詩人元好問也曾遊東平，寫有《出東平》一詩，其中有「高城回首一長嗟」、「市聲浩浩如欲佛」〔註9〕的詩句，說明在當時東平州這座「高城」中，是如何的繁華熱鬧。

　　在當時的東平州，「使用大汗的紙幣。」〔註10〕雖然紙幣是元朝法定的流通貨幣，但在元朝統治範圍內，因商業經濟不夠發達，處於自然經濟狀態下，很多地方用貝殼甚至鹽塊充當支付手段。如在金齒州，「其貨幣用金，然亦用海貝。」〔註11〕紙幣的流通多是在原南宋統治地，即經濟比較發達的地區，名盛一時的東平州自然是使用紙幣的，更可以反映出東平州商品經濟的繁榮發達的狀態。

　　經濟越發達的地區，紙幣的流通便越廣泛。具有購買力的紙幣最早出現於北宋，稱「交子」，僅僅流通於四川。因為在經濟發達的地區，商品交換活動頻繁時，金銅銀的數量可能無法滿足需求，而紙幣的流通，又能促進商業經濟的發展。元1260年，政府發行「中統元寶交鈔」，規定一切交易、支付全部用鈔。《馬可波羅遊記》中所說的東平州人民使用「大汗的紙幣」，〔註12〕就是「中統元寶交鈔」。馬可波羅在《馬可波羅遊記》中說到：「商人皆

〔註7〕陳開俊等譯，馬可波羅遊記〔M〕，福建：福州人民出版社，1981，頁162。
〔註8〕（元）劉一清，錢塘遺事〔M〕，上海：上海古籍出版社，1985，頁113。
〔註9〕（清）顧嗣立編，元詩選〔M〕，北京：中華書局，1987，頁156。
〔註10〕陳開俊等譯，馬可波羅遊記〔M〕，福建：福州人民出版社，1981，頁162。
〔註11〕陳開俊等譯，馬可波羅遊記〔M〕，福建：福州人民出版社，1981，頁148。
〔註12〕陳開俊等譯，馬可波羅遊記〔M〕，福建：福州人民出版社，1981，頁162。

樂受之，蓋償價甚優，可立時得價，且得用此紙幣在所至之地易取所欲之物，加之此種紙幣最輕便可以攜帶也。」〔註13〕可見紙幣使用方便，且便於攜帶，商人都很喜歡。此外，元朝重商，商人較多，彼此間通過紙幣的流通完成商品交換活動，而紙幣的流通，又大大方便了商品交換活動，彌補現錢不足的缺點，掙脫阻礙經濟發展的束縛，為東平州的經濟發展提供更廣闊的空間。

（三）文化藝術豐富多彩，尤以元雜劇為代表

東平州在元代是一個繁盛的雜劇活動中心，對於元代雜劇藝術的發展起了不可忽略的促進作用。

東平雜劇的繁盛首先表現在產生了一大批才華出眾的雜劇作家，在東平這塊雜劇藝術的肥沃土壤上，一代才華出眾的雜劇作家大量湧現。由於歷史的原因，元代曲家大多生平、居里不詳。但在可知的著名作家中，就有二十多個為東平人或在東平住過。其中包括高文秀、張時起、張壽卿、徐琰、趙良弼、李好古，杜善夫、張養浩，劉敏中、曹元用、梁進之等著名作家。他們或在東平從事戲曲創作，或從學、出仕於東平，對東平雜劇活動的繁榮，發揮了重要作用。〔註14〕其中高文秀是東平雜劇作家群裏的傑出代表，《錄鬼簿》中記載：「東平府學生員，早卒，者界下人號小漢卿，」〔註15〕可見高文秀有「小漢卿」之稱。高文秀成名的早，死的也早，是個天不假壽的早夭天才。雖然他年紀輕輕就死掉了，但所作雜劇卻數目驚人，如今所知道的就有 32 種，在數量上僅次於關漢卿。他也是元雜劇作家中寫水滸戲最多的一個，最著名的當然是《黑旋風李逵雙獻功》。著名元雜劇研究者吳梅先生稱讚他：「東平高氏，力追漢卿，畢生絕藝，雕繪梁山。」〔註16〕

另外，許多相鄰府縣的戲曲作家也曾和東平發生過聯繫：學習、任職或講學，進行戲劇創作。如：「獨擅才名四十年」的杜善甫；在東平做過學正的大戲曲家張養浩；曾被「追封東平郡公」的雜劇作家曹元用；劇作家劉敏中、章丘人，《元史·本傳》有：「鄉先生杜仁傑愛其文，亞稱之」的記載，也極有可能在東平住過。他們對東平雜劇活動的發展，都曾發揮了重要作用〔註17〕。

〔註13〕陳開俊等譯，馬可波羅遊記〔M〕，福建：福州人民出版社，1981，頁 116。
〔註14〕王志民，元代雜劇的中心之一〔J〕，文史知識，1987，（10）：106。
〔註15〕流馬，王瑰，東平府的繁華舊夢〔J〕，1 世界博覽，2007，（8）：45。
〔註16〕流馬，王瑰，東平府的繁華舊夢〔J〕，1 世界博覽，2007，（8）·45。
〔註17〕王志民，元雜劇活動中心之——東平府〔J〕，東嶽論叢，1985，（6）：74。

元代燕南芝庵《唱論》中曾提到：「凡唱曲有地所。東平唱《木蘭花慢》、大名唱《摸魚子》，南京唱《生查子》……」〔註18〕這說明，東平在當時，已成為聞名的戲曲中心，在選唱曲牌方面形成了自己的地方特色，為當時研究者所重視。由此推想，東平的戲曲演唱活動，一定很繁盛。

二、元初東平州經濟及文化繁榮的原因

（一）政府的重商政策

元朝採取重商主義政策，實行開明的經濟管理，通過制定一系列法律和政策去保護和鼓勵商業的發展。一時間，在社會上出現了重商主義的思潮，下至平民百姓上到中央王朝的官吏甚至是曾經最鄙視商人的儒士也都對商人另眼相看，「重商」的思想衝擊著中國傳統的「重農」思想。正是這種重商的思想促使元代的商業格外繁榮。

成吉思汗十分尊重商人，任命他們擔當高職。比如鎮海，他是成吉思汗時期的重要功臣，而且是富商出身。〔註19〕從《元史・武宗紀一》的記載中可以看到，「回回商人，持璽書，佩虎符，乘驛馬，名求珍異，既而以一豹上獻，復邀回賜，似此甚眾。」〔註20〕元朝統治者尊重商人，並給予商賈一些特殊的優待。在《黑韃事略》中記載：「國初盜賊充斥，商賈不能行。則下令，凡有失盜去處周歲不獲正賊令本路戶代償其物」。「回回或自轉貸與人，或多方賈販，或詐稱被劫，而責償於州縣民戶」。〔註21〕以上材料說明，蒙古的皇帝王公大臣將商戶放在特殊的地位，任何人不能損害商人利益，而且即使商人謊報被偷，朝廷也要當回事，下令附近居民賠償所丟失的金銀。

此外，元朝用中央集權管理商業，這是成吉思汗發展商業採取的重要策略。更重要的是，在賦稅方面，很少有讓商人納稅，而且從鼓勵商人發展商業的角度來看，還會免徵賦稅。元政府對商業的控制和管理寬鬆，實行重利誘商賈政策，降低商業稅，貴族官僚經商，只要納稅，不做任何限制。在稅收上，元朝政府規定：太宗二年立徵收課稅所，凡倉庫院務官選有貲財及謹飭者充之，所辦課程每月赴課稅所輸納「諸路課稅，雜稅三十分取一」，額外課

〔註18〕中國戲曲研究院編，中國古典戲曲論著集成第一集〔M〕，北京：中國戲劇出版社，1980年，頁256。
〔註19〕宋濂等，元史〔M〕，北京：中華書局，1976，頁2964。
〔註20〕宋濂等，元史〔M〕，北京：中華書局，1976，頁505。
〔註21〕許全勝，黑韃事略校注〔M〕，蘭州：蘭州大學出版社，2014，頁83～86。

凡三十有二，其歲入之數。〔註22〕在種種政策的刺激下，元朝的商業才能如此繁榮。

（二）交通便利，尤其是運河的開通

東平縣境黃河襟帶，運河縱貫，在宋代已有漕渠。歷史上的東平縣最繁華的時期是元明之際，這都與東平的運河密切相關。大運河東平河段又稱會通河，俗稱運糧河。1283年，元統治者為鞏固集權統治，加強南北漕運，先後開鑿了濟州河、會通河（始稱永濟渠）。元代東平到臨清的運河貫通，使東平成了南北漕運必經之地。為了縮短水路距離，元代政府決定開挖新的運河，從北京通州挖到山東臨清，又從臨清挖到東平，再從東平挖到濟寧，就與原來的運河河道相連了。由此，東平成為這條運河上的一座重鎮，古濟水、汶水和運河交匯於此，成為南北水路的咽喉，所謂北通燕趙、南控江淮，盛極一時是也。東平成為大都和江南水路交通的樞紐。舟楫往還，商賈雲集，商業經濟迅速繁榮，東平發展成為大都以南重要的商業城市。

《元史・河渠志》中說：「舟楫萬里，振古所無。」〔註23〕這一時期新興的商業城市，十分之八九都分布在大運河沿岸。運河兩岸商賈雲集，貨堆如山，店鋪林立。城市以高大的城樓為中心，街道縱橫交錯，各種店鋪鱗次櫛比，有酒肆、茶館、公廨、寺觀等。街道中乘騎、轎夫、挑夫、商販等各色人等，熙熙攘攘。

（三）軍閥嚴實的管治

東平在金元之際，經濟和文化的繁榮，和一個叫做嚴實的軍閥不無關係。嚴實為泰安長清（今屬山東濟南）人，金末乘亂而起，先歸降南宋，以濟南為中心，擴大自己的勢力範圍，先後佔據了今河北、山東和河南的五十多個州縣，後又降元，在東平建立地方政權。在他死後，其子忠濟、忠範相繼嗣位，嚴氏父子盤踞東平一帶近半個世紀。嚴實喜歡招攬文人學士，金元之交，嚴實父子統治東平，敬賢禮士，大量延攬人才。那些在兵荒馬亂中無處棲身的文人學者，蜂擁而至。光緒五年重修《東平州志》所載《宦績志》、《人物列傳》中，記述了元代數十個著名文人學者在東平的事蹟，幾乎全是這一段時間來到東平的。《宦績志》記載潞州長子人宋子貞，「金末走趙魏間，率眾歸

〔註22〕宋濂等，元史〔M〕，北京：中華書局，1976，頁30。
〔註23〕宋濂等，元史〔M〕，北京：中華書局，1976，頁1658。

東平，嚴實素聞其名，招置幕府……金士之流寓者，悉引見周給，且薦用之，拔名儒張特立、劉肅、李爬輩樸羈旅，與之同列，四方之士，聞風而至，故東平一時人才多於他鎮。」〔註24〕以上材料，清楚說明：由於政策的適宜和環境的安定，元代東平的府學教育相當興旺發達，且當時東平人才濟濟，「人物之盛，為諸道最。」〔註25〕

王志民認為，嚴實死後，其子繼承父業，大辦教育，不僅廣招生徒，而且在州治東北擴建校舍，「周圍數里規模閎敞」，「閎麗甲於齊魯」，府學日臻興盛發達。〔註26〕

（四）相對和平的環境

此外，元朝的統一為商業的發展帶來了便利的條件：「大一統」加強了南北經濟之間的聯繫和交往，以及為商業的發展創造了和平穩定的環境。金末元初，戰亂頻發，但東平卻在嚴實父子的相繼統治下，保持著現對的穩定和繁榮。

（五）元初東平州的經濟和文化基礎較好

東平州經濟文化發展繁榮還因為元初東平州本身的經濟基礎較好，馬可波羅從濟南府離開，南行三天，到達東平州，他也說道：「路經許多工商業興盛的大城鎮和設防的要塞，這一帶地方，飛禽走獸的獵物非常豐富。日常生活必需品的生產和供應也很充裕。」〔註27〕因此，東平州有能力養活更多外來人口。且東平州「使用大汗的紙幣」，〔註28〕經濟越發達的地區，紙幣的流通便越廣泛。紙幣的流通更是有利於經濟的發展。

而東平州的文化基礎更是優越。早在金代，東平的府學就相當發達。《金史·選舉志》記載：在金章宗時，「府學二十有四，學生九百五人。」〔註29〕可見其昌盛。又加上嚴實父子禮賢下士、尊重文人，令東平人才濟濟，文化得以更加繁榮。此部分在上文有所說明，故在此不多加復述。

〔註24〕中國方志叢書·東平縣志〔M〕，臺北：成文出版社，1968，頁315。
〔註25〕中國方志叢書·東平縣志〔M〕，臺北：成文出版社，1968，頁367。
〔註26〕王志民，元雜劇活動中心之——東平府〔J〕，東嶽論叢，1985，（6）：70。
〔註27〕陳開俊等譯，馬可波羅遊記〔M〕，福建：福州人民出版社，1981，頁161～162。
〔註28〕陳開俊等譯，馬可波羅遊記〔M〕，福建：福州人民出版社，1981，頁162。
〔註29〕（元）脫脫，金史〔M〕，北京：中華書局，1975，頁1133。

三、元初東平州經濟及文化繁榮的影響

（一）經濟

　　元初東平州繁榮的經濟，對整個元朝社會發展是有一定的影響。首先，能給當時的政府提供更多賦稅。其次，東平州自身繁榮的文化及經濟，有利於帶動周邊城鎮的發展，從《馬可波羅遊記》的記載中，也可以看到亦是如此的。《馬可波羅遊記》中寫道，「路經許多工商業興盛的大城鎮和設防要塞。」〔註30〕那麼，東平州的發展必然可以與周圍的城鎮的發展互惠互利，大小城市之間互相帶動，更能促進元朝的經濟發展。另外，東平州的商品經濟發達，其手工業，生產製造業、農業等行業的發展能夠更好地滿足國內的市場需求，行業的良性競爭也能夠促進商業的發展以及產品質量的不斷提高和價格的合理化。其商品經濟的繁榮，在一定程度上加快了其城市職能的轉變。

　　經濟的發展、政治的穩定使人民安定下來，南北經濟互通有無，經濟繁榮、百業俱興，人民生活水平普遍提高。

（二）政治

　　東平州經濟的繁榮發展，必然給政府帶來更多的稅收。而龐大的稅收為元初統治者鞏固政權提供了物質基礎。從《馬可波羅遊記》中我們知道途徑東平州的商人商船商貨規模是極為龐大的，故而在東平州商業稅是東平政府重要的財政收入之一。由於元初實行的包稅制度，目的在於減少稅收，但其主要實施對象是蒙古人、色目人，政府在這裡的商業稅的減少，故然對其他重要的商業城市稅收更為倚重。我們知道北方的蒙古族和其他少數民族主要是游牧民族，多從事畜牧業，居無定所，造成牧民收入少且不穩定，不能為政府提供大量且穩定的稅收。〔註31〕這個時候，經濟相對發達、商業繁榮的城市就顯得尤為重要了。那作為商業經濟較繁盛的東平州，則為維持元朝的統治做出貢獻了。

　　此外，商品經濟的發展，對個人的發展也產生了影響。主要表現為使市民得以能夠獲取自己的經濟來源，有益於社會的穩定，從而促進元朝社會的穩定，鞏固元朝的統治。

〔註30〕陳開俊等譯，馬可波羅遊記〔M〕，福建：福州人民出版社，1981，頁161。
〔註31〕申友良，從《馬可波羅遊記》看元初泉州的商業經濟〔J〕，社科縱橫，2015，
　　　　（7）：122。

（三）文化

戲曲是一種群眾性的文學藝術活動，必須具備相對繁榮的社會經濟為基礎。早在明代李開先就指出：「元不戍邊，賦稅輕而衣食足，衣食足而歌詠作，樂於心而聲於口，長之為套，短之為令，傳奇戲文，於是乎侈而可準矣。」〔註32〕近百年來，絕大多數研究者都肯定元代城鎮經濟的相對繁榮是元雜劇興盛的物質基礎。在滿足了物質的追求之上，市民都對精神文化的追求大大提高，因此促進市民文化的發展，從而為元雜劇的發展提供了經濟基礎。

劉振江認為，元朝是我國歷史上的一個實行統一少數民族政權的朝代。中央集權為其經濟繁榮提供了政治上的保障，在繼承蒙古帝國的傳統政治經濟體制之上，加深了封建化，促進民族融合，使得北方少數民族文化與中原農耕文化有機的結合。〔註33〕

（四）對外交流

東平州的戰略位置十分有利，位於大都和江南水路交通的樞紐中，商品經濟繁榮，以及對外貿易的頻繁，可吸引大批的國內外商人到來，促進了元朝各地間的以及與國外的交往，並且各地促進了商品交流以及文化交流，各地商人的經濟往來導致了不同的文化的碰撞，尤其與東平州當地的文化交融，促進了當地文化的發展。

其經濟的愈加繁榮，為元朝統治者擴大版圖提供的更有力的物質基礎。成吉思汗的西征擴大了中國對世界的影響，增進了世界對中國的瞭解和認識。在元代，國際交流的範圍和深度進一步加強，包括陸路與海路運輸的發展，東西方物資文化的互通，不僅增加了各地商品的種類，也豐富了各地人民的物質文化生活，與世界多國進行商貿往來。

《馬可波羅遊記》關於東平州的記載，基本上是航運業和商業方面繁榮的內容，介紹了東平州的宗教、紙幣、航運業、物資、商業等信息，展現了當時東平州繁榮商品經濟的面貌，體現出元初東平州商品經濟經營種類多、範圍廣，對外貿易繁榮的特點。讚美了東平州經濟和航運的繁榮，令人驚歎不已。東平州商業經濟得以繁榮，除了它本身所具有的優越地理位置以及自然條件外，還有元朝的政治環境以及多元化的經濟管理制度等外部因素，同時

〔註32〕（明）李開先，路工輯校，李開先集〔M〕，北京：中華書局，1959，頁335。
〔註33〕劉振江，淺談成吉思汗與忽必烈的「重商政策」〔J〕，前沿，2012，（1）：111～112。

其經濟文化的繁榮對元初時期的社會也具有深刻的影響，又反作用在其政治、經濟、文化、對外交流等方面。

參考文獻

1. 陳開俊等譯，馬可波羅遊記〔M〕，福建：福州人民出版社，1981，162。

2. 中國方志叢書·東平縣志〔M〕，臺北：成文出版社，1968，65。

3. （元）劉一清，錢塘遺事〔M〕，上海：，上海古籍出版社，1985，113。

4. （清）顧嗣立編，元詩選〔M〕，北京：中華書局，1987，156。

5. 王志民，元代雜劇的中心之一〔J〕，文史知識，1987，（10）：106。

6. 流馬，王瑰，東平府的繁華舊夢〔J〕，1 世界博覽，2007，（8）：45。

7. 王志民，元雜劇活動中心之——東平府〔J〕，東嶽論叢，1985，（6）：74。

8. 中國戲曲研究院編，中國古典戲曲論著集成第一集〔M〕，北京：中國戲劇出版社，1980，256。

9. 宋濂等，元史〔M〕，北京：中華書局，1976，2964。

10. 許全勝，黑韃事略校注〔M〕，蘭州：蘭州大學出版社，2014，83～86。

11. （元）脫脫，金史〔M〕，北京：中華書局，1975，1133。

12. 申友良，從《馬可波羅遊記》看元初泉州的商業經濟〔J〕，社科縱橫，2015，（7）：122。

13. （明）李開先，路工輯校，李開先集〔M〕，北京：中華書局，1959，335。

14. 劉振江，淺談成吉思汗與忽必烈的「重商政策」〔J〕，前沿，2012，（1）：111～112。

第十章　馬可波羅與元初蠻子省

　　「楚，天下之強國也。大王，天下之賢王也。楚地西有黔中、巫郡，東有夏州、海陽，南有洞庭、蒼梧，北有汾陘之塞、郇陽。地方五千里，帶甲百萬，車千乘，騎萬匹，粟支十年，此霸王之資也。夫以楚之強與大王之賢，天下莫能當也。」〔註1〕這是最初的蠻子國，以驍勇善戰著稱，其他以北諸侯國後來蔑稱為蠻子國。古時南方的楚人被北方的中原王朝稱為蠻子，元初的蠻子省被忽必烈征服前是南宋的地域，對於北方來說經濟極度繁榮，盛產大米、小米等糧食作物，水陸交通便利；元朝興起於漠北，尊金朝為「中國」，而對南宋，則稱其為蠻子國，卻並不認為是污辱，元代的西方人，也都稱原南宋的地方為「蠻子國」。現在西方保存的中國古代地圖，都標注南宋和南宋的地方為「蠻子」。南蠻子就成了中原和北方對南方人的習慣性的蔑稱，到了宋金對峙時期，「蠻子」竟然成了南宋的通用代稱了，以至於當時的外國地圖上都用各種語言標注出「蠻子國」，沒有任何民族歧視之意。《馬可波羅遊記》中對蠻子省的記載是現存少有的反映元初南方地區的外國名著，它詳細記載了南方地區商品經濟的繁榮情況。根據《馬可波羅遊記》記載的蠻子省內四大城市商品經濟發展的狀況，來探討發展的原因以及對整個社會發展的影響。

一、《馬可波羅遊記》裏元初蠻子省的記載

　　蠻子省是前朝南宋地域，幅員遼闊，地理位置優越，地處中國南部濕潤半濕潤地區，有著充足的光照和降水條件，土壤適合大部分農作物和經濟作

〔註1〕王守謙等，戰國策全譯·楚策一〔M〕，貴陽：貴州人民出版社，1992，頁392。

物生長；水域遼闊，根據馬可波羅遊記的描述，蠻子王國都城周圍相當於一座水城，淮安是它的北大門，南北交通要道；〔註2〕蘇杭是其重要商業繁榮城市。〔註3〕四川成都之地是蠻子省內的富饒之地，在《馬可波羅行記》：「有不少重要川流，來自遠方山中，流經此城周圍，且常穿過城內。諸川有寬至半哩者，其似又寬二百步，然諸水皆深……諸川離此城後，匯而為一大川，其名曰江。」〔註4〕馬可波羅在長江三角洲眾多城市旅行時，似乎並沒有留意此間曠闊的水面和內河貿易，卻驚詫於成都錦江的「寬闊」，或者可以理解為他一路先從旱路由北方過來，從未見過錦江這麼寬的河流。航行在運河上的還有許多官船、商船和民船，南方生產的絲綢、茶葉、瓷器和北方生產的豆、麥、梨、棗等特產，都通過大運河進行交易。《元史·河渠志》中說：「舟楫萬里，振古所無。」〔註5〕這一時期新興的商業城市，十分之八九都分布在大運河沿岸。運河兩岸商賈雲集，貨堆如山，店鋪林立。城市以高大的城樓為中心。

二、元初蠻子省經濟發展繁榮表現

在忽必烈時期，強調「國以民為本，民以衣食為本，衣食以農桑為本」，〔註6〕並採取了一系列的措施以恢復和發展農業。這些措施包括：設立司農司等管理農業的政府機構，編寫《農桑輯要》指導農業生產，禁止毀農田為牧地，開荒屯田，興修水利。通過一系列的措施，到忽必烈統治後期，元代的農業已經超過前代。同時，由於產量的提高和生產技術的進步，需要從事農業生產的人也就可以更少，因此，更多的人投身於經濟作物的種植，特別是棉花、蠶桑、薑和水果，都成為重要的商品。這在遊記中也有反映：「到達大同府，沿途經過許多美麗的城市和要塞。這裡的製造業和商業十分興盛，並有許多葡萄園與耕地……這裡又有很多桑樹，桑葉可供居民養蠶並取得大量的絲。」〔註7〕「離開開昌府，向西走八日，連續看到許多城市和

〔註2〕陳開俊等，馬可波羅遊記，〔M〕，福建：福建科學技術出版社，1981，頁166。
〔註3〕陳開俊等，馬可波羅遊記，〔M〕，福建：福建科學技術出版社，1981，頁174～180。
〔註4〕陳開俊等，馬可波羅遊記，〔M〕，福建：福建科學技術出版社，1981，頁138－139。
〔註5〕宋濂等，元史〔M〕，北京：中華書局，1976，頁1658。
〔註6〕宋濂等，元史〔M〕，北京：中華書局，1976，頁2354。
〔註7〕陳開俊等，馬可波羅遊記，〔M〕，福建：福建科學技術出版社，1981，頁132。

商業市鎮，經過許多果園和耕地。這裡有大量的桑樹，十分有利於絲的生產。」〔註8〕「蠻子境內的白城的居民以商業和手工業為生，並出產大量的薑。商人將生薑運往契丹全省各 113 處，獲得豐厚的利潤。這裡還盛產小麥、米和其他穀類，價格也十分便宜。」〔註9〕「（建寧府）這裡盛產生絲，並且能將生絲織成各種花色的綢緞。棉布則是由各種顏色的棉紗織成的，行銷蠻子省各地……他們將大量的生薑運往外地。」〔註10〕手工業技術的提高，對商業的發展也起到了重要的作用。這主要體現在棉織技術方面。黃道婆從海南黎族帶回來了先進的棉紡織技術並加以改進，大大增加了棉織品的商品量；而絲織技術到元代時已經十分完善，出現花樣繁多的絲織品種類。如馬可波羅提到的金線織品；此外，曬鹽法的推行和製糖技術的傳播，都有利於手工業的發展，使手工業逐步脫離家庭副業的身份，演變為單獨的行業，其產品更多的流向市場。總的來說，農業生產的恢復和手工業技術的提高，創造出了更多的剩餘產品，為商業的發展提供了物質基礎和保障。

宋代是中國科學技術發展史上的一個高峰期，這個時期火藥技術進一步完善，指南針被發明並運用到航海事業中，活字印刷術也被發明。宋代的科學技術的發明對元朝來說，是一筆寶貴的物質技術財富。從陳高華、史衛民所著的《中國經濟通史·元代經濟卷》中可以得知，元代手工業在前代基礎上有不少新的進展。例如，在紡織業中，棉紡織的興起和迅速普及；在製瓷業中，青花瓷的製作；在製鹽業中，曬鹽法的推行；在軍器製造方面，火器的製造；在食品加工方面，蒸餾酒的引進和推廣、白砂糖的提煉；在印刷術方面，木活字和轉輪排字架的使用等等。有些是前代沒有的新事物，有的雖已在前代出現，但到了元代才得到推廣。這些新的進展，使元代手工業的許多部門得到了發展。

泉州是蠻子省內商品經濟繁榮的大城市之一，泉州港是相當國際化的，商品種類亦是繁多。馬可波羅多次停留在泉州港，甚為熟悉之，《馬可波羅遊記》載：「印度一切船舶運載香料及其他一切貴重貨物咸蒞此港。是亦為一切蠻子商

〔註 8〕陳開俊等，馬可波羅遊記，〔M〕，福建：福建科學技術出版社，1981，頁 135～136。

〔註 9〕陳開俊等，馬可波羅遊記，〔M〕，福建：福建科學技術出版社，1981，頁 137。

〔註 10〕陳開俊等，馬可波羅遊記，〔M〕，福建：福建科學技術出版社，1981，頁 190。

人常至之港，由是商貨寶石珍珠輸入之多竟至不可思議……則有船舶百餘……此處一切生活必需之食糧皆甚豐饒……製造碗及磁器，既多且美。」〔註11〕他提到運載貨物、往來不斷的商船，還有印度香料、商貨寶石珍珠、糧食、瓷器等商品，熱情洋溢地歌頌了泉州的繁華和富庶。再詳細系統一點考察商品的名目，則可引用莊景輝的《論元代泉州的繁榮及其原因》一章中：「其記元代泉州的外銷商品有九十多種，比宋代增加了不少。總的來看，輸出品係以衣料為最多，日用品和食用品等次之。衣料有錦、緞、絹……棉、苧、葛、麻……日用品有盤、瓷瓶……銀、鉛、錫、銅、鐵等各類金屬器，以及鹽、酒等食用品與漆器、黃油傘等雜貨。」〔註12〕聚集在泉州的商品各色各樣，大到昂貴的奢侈品，小到吃飯的鍋碗瓢盆，應有盡有，滿足了市場的需求。其中，運往泉州的銷往海內外的商品中，我們的絲織品「刺桐緞」便是馳譽海內外的名牌產品，深受歡迎。元朝著名文人吳澄：「泉，七閩之都會也，番貨遠物，異寶奇玩之所淵藪藪，殊方別域富巨賈之所窟也，號為天下最。」〔註13〕泉州商品種類齊全，經濟發達，是當之無愧的「東方第一大港」。在《馬可波羅遊記》裏元初泉州的商業經濟是相當繁榮的，除了忽必烈採取的重商政策以外，還有兩個最重要的原因。第一，元初泉州的經濟基礎好。《馬可波羅遊記》載：「居民使用紙幣而為偶像教徒，」〔註14〕「此處一切生活必需之食糧皆甚豐饒。」〔註15〕自北宋以來，泉州是使用紙幣的，這裡的一切生活必需的糧食足夠多，能養活除泉州居民外的更多人。馬可波羅曾多次到達泉州，對泉州甚為瞭解，見多識廣的他也驚歎於泉州的繁華，記載了泉州國際大都市的風範。在他的《馬可波羅遊記》中載：「船舶來往如織，轉載著各種貨物，使往蠻子省的各地出售。這裡的胡椒出口量非常大……刺桐是世界上最大的港口之一，大批商人雲集於此，貨物堆積如山，買賣的盛況令人難以想像。」〔註16〕從交通繁忙情況、紙幣的使用、商品種類、商業稅、商人數量和海外貿易的盛況可看出，元初泉州的商業經濟相當繁榮，可謂萬商朝華，是中國封建社會時期的一道亮麗風景。

〔註11〕陳開俊等，馬可波羅遊記，〔M〕，福建：福建科學技術出版社，1981，頁 192。
〔註12〕莊景輝，泉州港考古與海外交通史研究〔M〕，長沙：嶽麓書社，2006，頁 105。
〔註13〕吳澄，元人文集珍本叢刊三〔M〕，臺北：新文匯出版公司，1985，頁 121。
〔註14〕陳開俊等，馬可波羅遊記，〔M〕，福建：福建科學技術出版社，1981，頁 192。
〔註15〕陳開俊等，馬可波羅遊記，〔M〕，福建：福建科學技術出版社，1981，頁 192。
〔註16〕陳開俊等，馬可波羅遊記，〔M〕，福建：福建科學技術出版社，1981，頁 192。

在《馬可波羅遊記》中，蘇州最為知名的是絲綢。當地所生產的絲織品不僅僅提供當地市場，還大量銷往外地。〔註17〕馬可波羅對蘇州人有著獨特的評價，蘇州本地居民都膽子很小，他們只是從事工商業方面的工作，並表現出巨大的才能，接著他話鋒一轉：「如果在武勇和冒險上也像他們的機智一樣讓人敬佩，那麼他們那麼多的眾人，不僅可以征服全省，而且還可以征服更多的地方。」〔註18〕

蠻子省內的成都本身的紡織業也很發達，蜀錦行銷全國乃至世界各地。馬可波羅幾乎帶著激動描述了成都紡織業的繁榮，「彼等恃工業為活，蓋其紡織美麗「cendaux」，及其他布，且在成都府城紡織也！」也許，「cendaux」就是蜀錦或者蜀布的發音吧。〔註19〕元代費著憑藉《蜀錦譜》，不厭其煩地羅列了成都產錦的種類、花色、用工、數量等，「蜀以錦擅名天下，故城名以『錦官』，江名以『濯錦』……成都有九璧村，出美錦，歲充貢。」〔註20〕明代王士性在《廣志繹·西南諸省》關於成都的記載中，稱蜀錦為「古今以為奇產。錦一嫌五十金，厚數分，織作工致，然不可以衣服，僅充捆褥之用，只王宮可，非民間所宜也。故其制雖存，止蜀府中，而間閻不傳。」〔註21〕

由此可知，生產效率的不斷提高，使得商業貿易往來速度加快，受到的限制更少；例如棉、錦等大宗紡織品的出現，受到全國百姓的喜愛，需求量很大，而且行銷全國，在全範圍內形成市場貿易。這就符合馬可波羅遊記所反映的情況了。手工業的工藝改進和發達，使得處於「黃金水帶」上的成都成為西部地區貨物的中轉站，為成都大宗貿易的繁榮提供了貨物條件。

三、元初蠻子省經濟發展繁榮的原因

《馬可波羅遊記》裏蠻子國商業繁榮的表現在元朝重商，實行開明的經濟管理，對商人採取保護和鼓勵政策，還給予商賈一些特殊的優待。如給商賈以持璽書、佩虎符、乘驛馬的權利。〔註22〕楊軍琴認為：「上至王公大臣，

〔註17〕陳開俊等，馬可波羅遊記〔M〕，福建：福建科學技術出版社，1981，頁174。
〔註18〕陳開俊等，馬可波羅遊記〔M〕，福建：福建科學技術出版社，1981，頁174。
〔註19〕李伯重，楚材晉用：中國水轉大紡車與英國阿克萊水力紡紗機〔J〕，歷史研究，2002，（2）：66。
〔註20〕（元）費著，蜀錦譜〔M/OL〕，https://max.book118.com/html/2017/0808/1266 26707.shtm。
〔註21〕陳娟娟，明代的絲綢藝術〔J〕，故宮博物院院刊，1992，（4）：61。
〔註22〕宋濂等，元史〔M〕，北京：中華書局，1976，頁505。

下至貧苦百姓，舍本農，趨商賈的風氣很盛，對此，時人深有感觸，馬祖常云：『近年工商淫侈，游手眾多，驅壟畝之業，就市井之末。』〔註23〕經商致富已成為多數人追求的夢想。」〔註24〕在這種濃厚的商業氣氛下，意大利商人馬可波羅來到了中國。馬可波羅初到蠻子省，對此其地區城的印象是「城甚廣大」。〔註25〕此城不僅廣大，還很繁榮，是名副其實的富庶之地。

（ ）統治者施政政策

第一有元朝商人有可觀數量的回回海商，當然還有來自朝鮮、日本和東南亞等地的商人。這種狀況出現的原因有兩個：一是元統治者重商，二是元統治者賞識善於經商者。

倪建中指出：蒙古人是重商主義者，這也是其他少數民族的特點。因為，他們所居之處，往往不利於農耕，資源也相對缺乏，要想得到糧食、食鹽和工具，就必須發展貿易。〔註26〕經商與游牧民族熱衷於搶劫有異曲同工之妙，二者都是不用體力勞動就能獲得溫飽和財富，區別在於前者是文明的，後者是暴力的。元朝通過武力征服各國後，為了能細水長流，用錢生錢，於是，實行了一系列鼓勵和保護商業發展的措施，「這種保護和鼓勵，主要表現在四個方面：一是保護財產安全，二是積極鼓勵通商，三是免除西域商賈雜泛差役，四是許多貴族和寺院僧侶經商有免稅特權。」〔註27〕帝國內出現一批逐利者。天下熙熙，皆為利來；天下攘攘，皆為利去。「由於蒙古貴族不善於經商和理財，『只是撒花，無一人理會得賣販』，因此對那些善於斂財的商人特別信任和重用，許多人被吸收到蒙古帝國和元朝政府中擔任重要職務。」〔註28〕這種有意提高商人政治地位的做法，不僅吸引了國內商人，更是引得國外商人紛至沓來。馬可波羅自吹他頗受大汗忽必烈的喜愛和重視。

第二屯田制的實行。除了積極地鼓勵和發展農業外，元朝建立後還廣泛地

〔註23〕馬祖常，石田先生文集〔M〕，鄭州：中州古籍出版社，1991，頁150。

〔註24〕楊軍琴，元代商人社會地位的變化〔J〕，齊齊哈爾師範高等專科學校學報，2008，（1）：121。

〔註25〕陳開俊等，馬可波羅遊記，〔M〕，福建：福建科學技術出版社，1981，頁168。

〔註26〕倪健中，風暴帝國〔M〕，北京：中國國際廣播公司出版社，1997，頁1033。

〔註27〕吳曉波，浩蕩兩千年：中國企業公元前7世紀——1869〔M〕，北京：中信出版社，2012，頁70～71。

〔註28〕吳曉波，浩蕩兩千年：中國企業公元前7世紀——1869〔M〕，北京：中信出版社，2012，頁120。

設置屯田。元代的屯田主要設在江淮地區、陝西、四川和雲南，屯田為元朝進行統一戰爭提供了充足的物質基礎。元朝官修的政書說：「國家平中原，下江南，遇堅城大敵，曠日不能下，則困兵屯田，耕且戰，為居久計。」〔註29〕元人王惲說：「南北之勢，我可以取彼，此必然理也。然饋餉轉輸，古無良法，正有屯田待以歲月，為古今上策耳。」〔註30〕這兩段話說明了屯田和統一戰爭的關係，一方面，屯田所得為軍隊提供了物質保障；另一方面，屯田對於北方農業生產以及整個社會經濟的恢復，也是有力的推動。「從戶口變化上可以看出這一時期農業生產恢復、發展的情況，中統三年（1262年），北方地區戶數為1476146，以每戶五口計（下同），共700餘萬口，還不到金代人口數的1/6。即使考慮到蒙古統治下貴族、將帥大量隱占私屬人口的因素，仍然明顯可以看出戰亂破壞的慘重。至元十三年（1276年）平宋後，江南戶口變化不大，得戶9370472，加上北方戶數1967898，共有戶11338370，口5600餘萬。到至元三十年（1293年），全國見於統計的戶數已達14002760，折約7000萬口。戶口增長的趨勢在元中期以下依然保持，估計元朝最高人口數字在8000到9000萬之間，與宋金對峙時期的口數相去不遠。」〔註31〕

（二）紙幣流通

元朝統一中國後，廢銅錢，改交子、會子，發行元寶鈔，民間稱中統鈔。元寶鈔當時通行全國各地包括漠北、畏兀兒地方和西藏，也曾流通於高麗和東南亞的一些國家。貨幣的統一為商業發展提供了方便，使得各地的商人在貿易時不再需要兌換錢幣。紙幣的發行也使得長途跋涉的商旅不必攜帶笨重的金銀或銅錢，只需一錠紙鈔即可，這也直接促進了商業的發展。

《馬可波羅遊記》中記載蠻子國內「都是大汗的百姓，使用大汗的紙幣。」〔註32〕紙幣最早出現於北宋，稱「交子」，經濟越發達的地區，紙幣的流通便越廣泛。元朝是中國古代史上紙幣的鼎盛時代。成吉思汗時代的蒙古國，以白銀為市貿流通，其後受宋、金影響，開始在佔領區內發行紙幣。中統元年（1260年）忽必烈登基後，發行以絲為本的交鈔，並在十月進一步推出「中統元寶交鈔」。這就是《馬可波羅遊記》中所說的「大汗的

〔註29〕劉政，元代商業繁榮及其原因〔J〕，南京林業大學學報，2010，（3）：69。
〔註30〕劉政，元代商業繁榮及其原因〔J〕，南京林業大學學報，2010，（3）：69。
〔註31〕郭成康等，中國歷史·元明清卷〔M〕，北京：高等教育出版社，2001，頁53。
〔註32〕陳開俊等，馬可波羅遊記，〔M〕，福建：福建科學技術出版社，1981，頁172。

紙幣」。這種鈔票發行之初，以白銀為本位，任何人持「中統元寶交鈔」都可按銀價到官庫兌換成白銀。至元二十二年（1285 年）起，全國禁用銀錢市貨，「中統元寶交鈔」成為國內唯一合法的流通貨幣。馬可波羅在《馬可波羅遊記》中說道：「商人皆樂受之，蓋償價甚優，可立時得價，且用此紙幣在所至之地易取所欲之物，加之此種紙幣最輕便可以攜帶也。」〔註 33〕這說明紙幣使用方便，且便於攜帶，商人都喜歡。東平州的外國商人和元朝商人較多，彼此間通過紙幣的流通完成商品交換活動，而紙幣的流通，又大大方便了商品交換活動，彌補現錢不足的缺點，掙脫阻礙經濟發展的束縛，為東平州的經濟發展提供更廣闊的空間。

（三）航運業發達

水路方面，由隋煬帝開鑿的大運河一直以來都是各朝的主要水路交通。忽必烈在原來大運河的基礎上，主持開鑿了多條新的運河，最主要的是會通河和通惠河。至此，南北大運河全線鑿成，我國黃河、淮河、長江和錢塘江四大流域真正連接到一起，更重要的是，經過這次的疏鑿，河道大都取直，改變了過去迂迴曲折的航線，使得航程大大縮短，便利了南北經濟的聯繫和交往，一系列沿河沿海的商業市鎮相繼出現。航行在運河上的還有許多官船、商船和民船，南方生產的絲綢、茶葉、瓷器和北方生產的豆、麥、梨、棗等特產，都通過大運河進行交易。《元史‧河渠志》中說：「舟楫萬里，振古所無。」〔註 34〕一時期新興的商業城市，十分之八九都分布在大運河沿岸。運河兩岸商賈雲集，貨堆如山，店鋪林立。城市以區域之中高大的城樓為中心，街道縱橫交錯，各種店鋪鱗次櫛比，有酒肆、茶館、公廨、寺觀等。街道中乘騎、轎夫、挑夫、商販等各色人等，熙熙攘攘。比如，元代東平到臨清的運河貫通，使東平成了南北漕運必經之地。由於地勢低窪平坦，早年間城內多水塘，多種葦、蒲、蓮藕，州志上有記載說：「至夏秋之交，荷花半城，漁舟唱晚，風景清幽，不亞於江南。」〔註 35〕就是這座當年不亞於江南的城市，因水而勃興。隋代開鑿的大運河是從洛陽到杭州的，北京若走水路到南方，還必須繞道洛陽。為了縮短水路距離，元代政府決定開挖新的運河，從北京通州挖到山東臨清，又從臨清挖到東平，再從東平挖到濟寧，就與原來的運河河道相連了。

〔註 33〕陳開俊等，馬可波羅遊記，〔M〕，福建：福建科學技術出版社，1981，頁 116。
〔註 34〕宋濂等，元史〔M〕，北京：中華書局，1976，頁 1658。
〔註 35〕中國方志叢書‧東平縣志〔M〕，臺北：成文出版社，1968，頁 76。

四、元初蠻子省商業經濟的繁榮對元的影響

蠻子省商業經濟的繁榮，為元統治階層提供穩定且數額龐大的商業稅。古時代的稅收是維持政府正常運行和皇家奢侈生活的必備品。「元初實行的包稅制度，目的在於減少稅收，鼓勵商業發展，對象主要是蒙古人、色目人，政府在北方的商業稅較少，故對南方城市的商業稅較為倚重。並且，在北方的蒙古族和少數民族主要是游牧民族，多從事畜牧業，居無定所，常常遷徙，牛羊馬生長期較為漫長，牲畜死亡率也高，造成牧民收入少且不穩定，不能為政府提供大量且穩定的稅收。農業本是可以為政府稅收做貢獻，但是元統治者命令許多中原及中原以北的從事農業的地區轉為從事畜牧業，大片農田草原化，元政府的稅收來源就更少了，商業經濟相對發達的南方城市的稅收就顯得更為重要了。」〔註 36〕因而在元初時期，統治階層對南方的徵稅也比北方的要重，尤其是對商稅的徵收，記得陳高華在《元代商稅初探》中通過列數據和論證分析說明「商稅在財政收入中占重要地位。……商稅收入在財政收入的錢鈔部分中佔有重要地位，其重要性僅次於鹽課。」〔註 37〕作為元朝商業發達的最發達的地區，蠻子省為元初朝廷提供的稅務是非常巨大的。

運河縱貫，在宋代已有漕渠。這與省內各繁榮城市運河密切相關。大運河東平段又稱會通河，俗稱運糧河。1283 年，元統治者為鞏固集權統治，加強南北漕運，先後開鑿了濟州河、會通河（始稱永濟渠）。由此，東平縣則由這條運河上的一座重鎮，古濟水、汶水和運河交匯於此，成為南北水路的咽喉，所謂北通燕趙、南控江淮，盛極一時是也。會通河的開通，使東平一時之間便成為南北大運河的重要交通樞紐，來往的舟船，過往的客商營販，晝夜不息，成為蠻子國度的繁榮代表，加大了其內各大城市之間的經濟文化交流。

江南棉紡織業的繁榮使得棉紡織品成為商業貿易的商品，到了明代，江南許多市鎮的興起與繁榮都與經營棉布業有關，寶山、南匯、奉賢、崇明等地，無不有相當市鎮經營布業，這些市鎮以棉布也主幹，百業彙集，繁榮異常。不少商人也因此致富。〔註 38〕棉紡織業的繁榮又帶動了各行各業，直接

〔註 36〕申友良，從馬可波羅遊記看元初泉州的商業經濟〔J〕，科學縱橫，2015，30（7）：122。

〔註 37〕陳高華，元代商稅初探〔J〕，中國社會科學院研究生院學報，1997，（1）：14～15。

〔註 38〕李榮昌，元代棉紡織技術的進步及其對社會經濟的影響〔J〕，科學‧經濟‧社會，1984，（6）：239。

推動的有染布、踹布、藍靛等行業，此外還促進了牙行、銀錢、運輸、紡織工具製作、服務等行業。元統治者還把棉布當成一種商業稅，到了明清，江南成為明清政府榨取財政收入的最大富源。

文化上，經濟基礎決定上層建築，元朝蠻子省經濟得以繁榮，在如此宏厚的經濟基礎之上，其文化氣息亦日益濃厚。因其優越的地理環境其商業繁榮，提高的了市民的生活水平。在滿足了物質的追求之上，市民都對精神文化的追求大大提高，因此促進市民文化的發展，從而為元雜劇的發展提供了經濟基礎。相對繁榮安定的社會環境、良好的文化藝術氛圍、濃鬱的民間演出傳統、上層人士的喜賞和音樂文學人士的會集和培養，提供了豐沃的土壤和充足的養分，加之作家薈萃，使得一代文化之花盛開在了東平地區，成為元雜劇自大都至杭州南移過程中的一個重要轉移點，成為元雜劇活動的中心之一，並以特殊的地位決定著元雜劇的走勢。

同時由於政策的適宜和環境的安定，元代東平的府學教育相當興旺發達，並對齊魯學風產生了重大影響。府學的繁榮和人才輩出在提高自身聲望，重振儒學的同時，也更加引起統治者對東平人物的關注與聘用，從而加速了蒙古政權的漢化。東平人物漸漸地進入了元朝的統治集團，尤其在翰林院、秘書監、禮部和太常寺等機構取得了主導地位，成就了府學在元初的文化、政治諸多方面的強大影響力，而且延續到延祐二年元朝恢復科舉取士之後，成為關係元代政治學術走向的重要文化群體。

馬可波羅是一名色目商人，《馬可波羅遊記》關於蠻子省的記載，基本上是農業、手工業、商業和對外貿易等方面的內容，介紹了蠻子省的商品、居民生活和產品外銷等商業信息，肯定了蠻子省在中國元朝經濟恢復與發展、南北文化交流，促進了民族文化的融合。

參考文獻

1. 王守謙等，戰國策全譯·楚策一〔M〕，貴陽：貴州人民出版社，1992，392。
2. 陳開俊等，馬可波羅遊記〔M〕，福建：福建科學技術出版社，1981。
3. 宋濂等，元史〔M〕，北京：中華書局，1976，1658。
4. 莊景輝，泉州港考古與海外交通史研究〔M〕，長沙：嶽麓書社，2006，105。

5. 吳澄，元人文集珍本叢刊三〔M〕，臺北：新文匯出版公司，1985，121。

6. 李伯重，楚材晉用：中國水轉大紡車與英國阿克萊水力紡紗機〔J〕，歷史研究，2002，（2）：66。

7. （元）費著，蜀錦譜〔M/OL〕，https://max.book118.com/html/2017/0808/126626707.shtm。

8. 陳娟娟，明代的絲綢藝術〔J〕，故宮博物院院刊，1992，（4）：61。

9. 馬祖常，石田先生文集〔M〕，鄭州：中州古籍出版社，1991，150。

10. 楊軍琴，元代商人社會地位的變化〔J〕，齊齊哈爾師範高等專科學校學報，2008，（1）：121。

11. 倪健中，風暴帝國〔M〕，北京：中國國際廣播公司出版社，1997，1033。

12. 吳曉波，浩蕩兩千年：中國企業公元前 7 世紀──1869〔M〕，北京：中信出版社，2012，70～71。

13. 劉政，元代商業繁榮及其原因〔J〕，南京林業大學學報，2010，（3）：69。

14. 郭成康等，中國歷史‧元明清卷〔M〕，北京：高等教育出版社，2001，53。

15. 中國方志叢書‧東平縣志〔M〕，臺北：成文出版社，1968，76。

16. 申友良，從馬可波羅遊記看元初泉州的商業經濟〔J〕，科學縱橫，2015，30（7）：122。

17. 陳高華，元代商稅初探〔J〕，中國社會科學院研究生院學報，1997，（1）：14～15。

18. 李榮昌，元代棉紡織技術的進步及其對社會經濟的影響〔J〕，科學‧經濟‧社會，1984，（6）：239。

第十一章　馬可波羅與元初蘇州

　　蘇州，古稱吳，簡稱為蘇，又稱姑蘇、平江等。俗諺謂「上有天堂，下有蘇杭」，馬可波羅在遊歷蘇州、杭州時，稱蘇州為「地上的城市」。[註1]《馬可波羅遊記》中對元初蘇州的人文、民俗以及經濟都有涉及，對於研究元初蘇州的概況、瞭解元初社會經濟有一定的意義。目前學術界對《馬可波羅遊記》中的城市的研究集中在元大都、杭州、成都府這幾個書中篇幅較多的城市中，對蘇州的研究較少，能查找到的資料也很少。根據《馬可波羅遊記》中蘇州經濟與文化的記載，對元初蘇州經濟文化繁榮的原因及其對元初社會生活的影響等方面進行初步的探究。

一、《馬可波羅遊記》裏元初蘇州的記載

　　在《馬可波羅遊記》一書中，記載蘇州的經濟與文化的篇幅較少，但還是可以看出元初蘇州的經濟與文化的繁榮盛況。其中主要表現為蘇州的絲織業發達，人口眾多，蘇州的哲學家、教授、術士和巫醫等文化人士隨處可見。從這些方面可以看出當時蘇州是元朝一個十分重要的城市。

（一）經濟繁榮的表現

1. 絲織業發達

　　絲織業是一個古老的行業。早從晚唐時期開始，機織手工業已經開始脫離農戶而分立。到元以後，農戶向政府交納五戶絲，可見當時農民皆僅於務農的同時，養蠶繰絲。在元代，全國絲織業最發達的地區莫過於蘇杭地區了。

〔註 1〕王守謙等，戰國策全譯·楚策一〔M〕，貴陽：貴州人民出版社，1992，頁 174。

蘇州古代諸多手工產業在國內乃至世界居於領先的地位。其中，以絲織業為最。《馬可波羅遊記》是這樣記載蘇州的絲織業的：「蘇州城漂亮得驚人，方圓有三十二公里。居民生產大量的生絲製成的綢緞，不僅供給自己消費，使人人都穿上綢緞，而且還行銷其他市場。他們之中，有些人已成為富商大賈。」〔註2〕蘇州給馬可波羅留下的印象是富庶的。〔註3〕當時蘇州的居民生產的絲織品不僅供自己使用，還遠銷其他市場。他們當中的一些商人更是因為從事絲織業而發家致富，可見元初蘇州的絲織業相當的發達。

2. 人口眾多

人口數量和質量是衡量經濟發展程度的一個重要因素，很多時候我們看一個地方的人口數量和質量便可以知道它的經濟發展情況的高低。蘇州作為元朝經濟文化的中心之一，它吸引了全國的文人騷客、商業巨頭前來，元初蘇杭不僅人口數量龐大，而且人口質量高。《馬可波羅遊記》中記載蘇州的人口時提到：「城市居民之多，確實令人驚歎。不過，居民都十分膽小，他們只是從事工商業，並在這個方面表現出巨大的才能。如果他們在武勇和冒險上也像他們的機智一樣讓人敬佩，那麼他們那麼眾多的人，不僅可以征服全省，而且還可以征服更多的地方。」〔註4〕由此可見，當時的蘇州不僅人口稠密，人口質量也高。在馬可・波羅眼中，蘇州人善於經商，機智靈敏。如果他們的膽子再大一點的話，就可以征服很多地方。馬可波羅對蘇州人的評價可謂是相當的高。

（二）文化繁榮的表現

對一個地區或一個歷史時期的經濟和文化現象的研究不僅僅要看各種的統計數據，更要著眼於那些日常生活中的細節。每一種特定的經濟現象背後都有一定的文化積澱與精神理念，它們影響著而人們在經濟生中的這種取向，從而影響經濟的發展。馬可波羅畢竟是商人出身的，他的遊記明顯更偏重於經濟方面，對各地的物產和商貿情況相當注意，對文化多有忽略。但是，蘇州人文薈萃的氣象顯然使他有所感覺，因此《馬可波羅遊記》中寫道：「居民中間有許多醫道高明的醫生，善於查明病源，對症下藥。有一些人是學識淵博的著名教授或者我們應稱之為哲學家，還有一些人可稱為術

〔註2〕陳開俊等，馬可波羅遊記〔M〕，福建：福建科學技術出版社，1981，頁174。
〔註3〕陳開俊等，馬可波羅遊記〔M〕，福建：福建科學技術出版社，1981，頁174。
〔註4〕陳開俊等，馬可波羅遊記〔M〕，福建：福建科學技術出版社，1981，頁1/4。

士或巫師。」〔註5〕儘管《馬可波羅遊記》中蘇州文化的描寫篇幅有限，但還是能看出當時蘇州的醫學文化發展得很好，有許多善於對症下藥的醫生，並且隨處可見教授等學識淵博的文化人士。由此可見，元初蘇州的文化發展繁榮。

二、《馬可波羅遊記》中蘇州經濟與文化繁榮的原因

（一）水陸交通便利

1. 畫橋四百

一個地區的經濟的發展，通常是由便利的交通帶動起來的，蘇州也不例外。余士雄在其《〈馬可·波羅遊記〉中的中國歷史名城考釋》中提到：「整個蘇州的水鄉風貌、整齊劃一的棋盤式街道、美麗的亭臺樓閣，都刻畫的十分細緻。環城的運河猶如蘇州城的一條玉帶，城內、城外河流湖泊縱橫交錯，街道和河道並列媲美。為便利往來交通，橋樑星羅密布。從圖上就可以數出橋樑359座，實有近400座，故有蘇州『畫橋四百』之稱。」〔註6〕從這段描述中就可以看出，當時蘇州的水陸交通相當的便利。棋盤式的街道有利於居民和遊客的出行，從而帶動商業的發展。眾多的河流湖泊更是為擴展了蘇州的水路交通，有利於商人和文人墨客通過水路到達蘇州或者去到更多的陸路所不能到達的地區。蘇州便利的水陸交通，客觀上非常有利於蘇州的經濟與文化的交流以及發展。

2. 京杭大運河的開鑿

京杭大運河是舉世聞名的水利工程，有著悠久的歷史。大運河南起餘杭（今杭州），北到涿郡（今北京），途經今浙江、江蘇、山東、河北四省及天津、北京兩市，貫通海河、黃河、淮河、長江、錢塘江五大水系，全長約1797公里。運河對中國南北地區之間的經濟、文化發展與交流，特別是對沿線地區工農業經濟的發展起了巨大作用。朱年志在《元代山東運河的開闢與沿岸社會經濟發展》中說道：「此時中國的近鄰國家和地區，遠至西亞、歐洲以及東非各國皆紛紛派遣使團或商隊來到中國，在各沿海港口泊岸，沿運河到達京師及各地。伴隨著日益頻繁和規模擴大的中外經濟文化交流，運河作為內

〔註5〕陳開俊等，馬可波羅遊記〔M〕，福建：福建科學技術出版社，1981，頁174。
〔註6〕余士雄，《馬可波羅遊記》中的中國歷史名城考釋〔J〕，中國科技史雜誌，
　　　　1985，（5）：27～28。

外交往的橋樑與通道，所發揮的作用日顯重要。」〔註7〕元朝對外貿易發達使得大運河成為對外交流和貿易的重要通道，大量的絲織品、陶瓷、各種金屬及茶葉等由大運河再經海路運至國外，同時也帶動了沿運地區經濟的發展和商業的繁榮。蘇州作為京杭大運河的沿運地區之一，經濟與文化的發展深受其影響。

（二）元代統治者對商業的重視

在中國歷史上許多統治者把商業看作末業，嚴重的抑制商業的發展，但是元朝卻十分重視商業的發展。元初的商業文化如此繁榮，與當時統治階層的「重商主義」政策有很大的關係。統治階層對商業的重視促進了商業的繁榮，商業的繁榮客觀上又為蘇州文化的發展提供了物質基礎。

1. 推行重商政策

蒙元時期打破了傳統的抑商政策，統治者重視商業的發展。當時很多商人都得到了統治者的信任，不僅擔任重要的政治職位，有的甚至掌握著元朝的財政大權。「在蒙元時期，傳統的抑商政策被打破，商業得到統治者的重視，這主要表現在兩個方面：一是推行一系列的重商政策，設置市舶司管理海外貿易，鼓勵和保護經商，重用商人等。」〔註8〕例如在忽必烈時期的阿合馬、桑哥等人，他們都得到統治者的信任，佔據著重要的職位，控制著國家的財政大權，對元代經濟有著重大的影響力，而善於經商的色目人更是成為僅次於蒙古人的第二等人。我們還可以從當時的商業稅收中可以看出元朝統治者重視商業。《馬可波羅遊記》中是這樣記載當時元朝的商稅的：「整個橋面上有許多別致的小屋和鋪子，買賣眾多的商品，其中有一個較大的建築物是收稅官的居所。所有經過這座橋的人都要繳納一種通行稅，據說大汗每天僅從這座橋上的收入就有一百金幣。」〔註9〕

2. 元代統治階層間接經商

元初的商業得到統治者的重視還體現在元代統治階層間接經商。韓儒林在《元朝史》中寫道：「從成吉思汗起，蒙古大汗和后妃、諸王、公主、駙馬等貴

〔註7〕朱年志，元代山東運河的開鑿與沿岸社會經濟發展〔J〕，華北水利水電大學學報，2014，（3）：15。

〔註8〕申友良，《馬可波羅遊記》裏的元初商業文化〔J〕，社科縱橫，2015，（5）：113。

〔註9〕陳開俊等譯，馬可·波羅遊記〔M〕，福州：福建科學技術出版社，1981，頁138。

族就開始進行商業和高利貸活動，由色目商人代為經營，他們則坐收其利。元世祖時，北方諸投下人戶常到江南經營商販。」〔註10〕「在統治階層的經商風氣的影響下，傳統的社會風氣──重農抑商受到衝擊，出現了全民皆商的現象。」〔註11〕如阿合馬、桑哥等都是亦官亦商的代表，而民間也不乏富裕的大商人。元代統治者對商業的重視，起了帶頭和榜樣的作用，商業風氣席捲全國，人們爭相從事商業貿易，商人的身影遍布全國，出現了「全民皆商」的景象。

（三）元鈔的廣泛流通

元鈔的廣泛流通對元初蘇州經濟文化的發展有著重要的影響。北宋時期我國出現了世界上最早的紙幣──交子，但當時交子只流通使用於四川一帶，而到元代，元鈔則是中國歷史上首次在全國範圍內統一使用的紙幣。陳炳應在其《馬可波羅遊記中的元鈔》認為：「《遊記》記載的政府在用紙幣收購上述貴重物品時，是用高於市場價格的優惠價，以此推動紙幣的發行和鈔本的回收、集聚。」〔註12〕經濟越發達的地區，紙幣的流通便越廣泛，因為經濟發達地區的商品交換活動頻繁，金銅銀等金屬貨幣數量可能不能滿足其需求，而造價低廉又方便攜帶的紙幣就能在這些地方順利流通。貨幣以金銀條塊形式流通不便，而且在使用中易磨損。紙幣成本低且易於保管、運輸，避免了金銀貨幣在流通中的磨損。紙幣也比金屬貨幣容易攜帶，可以在較大範圍內使用，有利於商品的流通，促進了商品經濟的發展。

（四）國家的統一，為蘇州經濟與文化的發展提供了良好的環境

蘇州的經濟文化的發展離不開當時穩定的社會環境的影響。國家統一的政治條件，為蘇州的經濟和文化的發展提供了極其良好的社會環境。鐵木真在1206年建立蒙古漢國，經過多年的南征北戰，到了忽必烈統治時期，基本使亞洲大陸北部和中、西部都在蒙古的統治之下。元朝的統一，結束了國內分裂割據和幾個政權並立的政治局面，促進了國內各族人民之間經濟文化的交流和邊疆地區的開發，進一步促進了我國統一的多民族國家的鞏固和發展，還加強了中外文化交流和中西交通的發展。統一的政治條件，還使得國與國

〔註10〕韓儒林，元朝史〔M〕，北京：人民出版社，2008，頁430。
〔註11〕申友良，《馬可波羅遊記》裏的元初商業文化〔J〕，社科縱橫，2015，（5）：114。
〔註12〕陳炳應，《馬可波羅遊記》中的元鈔〔J〕，甘肅金融·錢幣研究，1998，（5）：75～76。

之間的障礙不復存在，有利於統治者各種政策措施的頒布實施，打通了中西交通的路線，便利了商品的交換。

（五）農業生產的恢復和手工業技術的提高，為商品交換提供了物質保證

在忽必烈時期，強調「國以民為本，民以衣食為本，衣食以農桑為本。」〔註13〕並採取了一系列的措施以恢復和發展農業。這些措施包括：設立司農司管理農業的政府機構，編寫《農桑輯要》指導農業生產，禁止毀農田為牧地，開荒屯田，興修水利等。通過一系列的措施，到忽必烈統治後期，元代的農業已經超過前代。糧食產量的提高，在解決了溫飽的基礎上，仍有大量的剩餘產品，所以，一方面，全國各地遍設糧倉；另一方面，人民將這些剩餘產品進行市場交易，成為了商品的一部分。同時，由於產量的提高和生產技術的進步，需要從事農業生產的人也就可以更少，因此，更多的人投身於經濟作物的種植，特別是棉花，蠶桑、水果等，都成為重要的商品。手工業技術的提高，對商業的發展也起到了重要的作用。這主要體現在棉織技術方面。元代黃道婆從海南黎族帶回來了先進的棉紡織技術並加以改進，大大增加了棉織品的商品量。而絲織技術到元代時已經十分完善，出現花樣繁多的絲織品種類。總的來說，手工技術的提高，創造出了更多的剩餘產品，為商業的發展提供了物質基礎和保障。

三、《馬可波羅遊記》中蘇州經濟與文化繁榮的影響

（一）促進了蘇州傳統文化的發展

馬可波羅對中國傳統藝術不感興趣，在書中甚少提及。其實在元代，漢族知識分子因為在政治上無出路，許多人把時間和精力用到了戲曲、書畫和通俗文學等方面去，出了不少名家。

1. 繪畫藝術

元初蘇州經濟與文化的繁榮，為後來蘇州文化的發展提供了重要的前提條件，推動了黃公望等知名畫家的誕生。黃公望字子久，宋咸淳五年出生在常熟陸家。他常年流動於江南浙北地區，虞山、富春江等處的自然風光都成了他寫生的對象。五十歲左右開始創作山水畫，早期作品曾受到巨然等名家

〔註13〕宋濂，元史〔M〕，北京：中華書局，1976，頁 2354。

的影響，晚年變化後，筆墨自成一家。黃公望的代表作為《富春山居圖》，它的價值是難以衡量的。黃公望的畫風不僅影響了蘇州的畫派，還對後世的畫風產生了極其深遠的影響。王素美、楊洲在《黃公望在繪畫美學史上的地位與影響》中是這樣誇讚他的：「黃公望是元代中後期著名的山水畫家與繪畫理論家，在開啟了明清文人畫風的元四家中居於首位，在中國繪畫美學史上有著無可替代的顯赫地位。」〔註14〕黃公望開啟了有明一代和清代的文人畫風，給明清兩代的畫家帶來了深刻的影響。其他蘇州畫家有朱德潤、陸廣、顧安、及以畫蘭著稱的和尚普明等人。流寓於蘇州的畫家張觀、柯九思等人，他們又是極有眼力的書畫鑒賞家，經他們鑒定的古畫真蹟，就能賣大價錢。群英薈萃吳中，可見元代蘇州畫壇之盛。

2. 蘇州工藝

　　在元、明、清這三代，江南蘇州、常州、鎮江、湖州、杭州、南京的絲織業一直非常興旺。這期間的絲織技術是我國古代絲織技術達到最高水平的時期。我國古代的絲織生產，差不多都是通過兩個方面的經營：一是歷代王朝均曾設置過屬於官辦性質的絲織手工業，二是廣大的民間生產者。當時的官辦絲織業資金充足並且集聚了大批高水平的技術工人，因而都能織造各種極為高貴華美的絲織物。人們常常提到的元代大都織染局、成都綾錦局、蘇州織染局、杭州織染局、蘇州織造局、杭州織造局就屬於這一類的織作機構。由於有些地區社會經濟的繁榮，尤其是江南一帶民間絲織業的技術水平也有大幅度提高，也能織造出大量高水平的產品。馬可波羅對蘇州的文化說得比較簡略，但其實蘇州的工藝發展得非常好。元代蘇州的緙絲、宋錦繡品、玉琢等工藝均極其有名，蘇州的絲織業更是獨樹一幟。蘇州是中國「四大綢都」之一，自古絲織業發達，為中國絲織中心之一，被譽為「絲綢之府」，蘇州織造署就是一個歷史見證。時至今日，以刺繡、緙絲、裁剪等為代表的織造業經久不衰，從而衍生出龐大的絲綢從業隊伍。在元代至正年間，更是建織造局於平橋南。當時有名的蘇杭五色緞，行銷國外。

（二）促進了蘇州醫學的發展

　　元初蘇州良好的經濟與文化環境，客觀上有利於蘇州醫學的發展。馬可

〔註14〕王素美、楊洲，黃公望在繪畫美學史上的地位與影響〔J〕，河北青年管理幹部學院學報，2014，（1）：103。

波羅來華時期蘇州的醫學就已經發展得很好，良好的經濟與文化條件又促使蘇州出了很多名醫，推動了蘇州醫學進一步發展。蘇州不乏名醫，當時醫人如長洲葛應雷、葛應澤兄弟，出身儒醫家庭，技術都很高明。蘇州最出名的名醫當數葛應雷的兒子葛乾孫了，他是我國醫學史上治療肺結核的專家。據陳友新的《葛可久〈十藥神書〉探析》記載：「葛乾孫，字可久，江蘇長洲（今江蘇吳縣）人，是我國十四世紀前半葉一位傑出醫學家。葛氏世醫出生，岩稚之年隨父學醫，考察方脈，又卅餘年遍歷江湖，從事臨證，採用針藥、推拿等法治病，皆獲良效。對肺拼一病，診治尤為獨遭，其學術經驗載於《十藥神書》。」〔註15〕葛氏家族以及蘇州的其他名醫憑藉一身過硬的醫術，在蘇州逐漸形成了吳醫學派。這個學派不僅對蘇州產生了重大的影響，對整個中國醫學的發展更是影響深遠。

（三）促進了中外的經濟與文化交流

元初蘇杭地區是中外經濟與文化交流的重點地區。蘇杭地區密集的人口，興盛的商業，發達的交通，繁榮的貿易，古典的文化藝術，連經濟文化居歐洲城市前列的佛羅倫薩也自愧不如。從《馬可波羅遊記》的描述中我們可以看出，蘇州市民的社會生活內容豐富多彩，市民興趣廣泛，生活觀念開放自由，這些都充分體現了蘇州作為大商業城市的特點。〔註16〕蘇州作為元代重要的大城市之一，它吸引了來自世界各地的文人墨客以及商人的到來。這些文人和商人不僅帶來了國外先進的科學技術和文化，還把中國的傳統藝術帶了回去。元代蘇州的絲綢、醫術等傳統藝術也因此能夠流傳到國外。中外的經濟與文化的交流不僅有利於中外經濟與文化的傳播，而且有利於中外文化在碰撞中擦出新的藝術的火花，使得外國的文化帶有中國藝術的古典氣息，中國的傳統文化又帶有外國的新元素。

（四）為統治者提供商業稅收

稅收是國家組織財政收入的主要形式和工具，在保證和實現財政收人方面起著重要的作用。稅收有很多種，其中商業稅收尤為重要。蘇州商業經濟發展的繁榮，為元初統治者提供穩定且數額龐大的商業稅。古時代的稅收是

〔註15〕陳友新，葛可久《〈十藥神書〉》探析〔J〕，上海中醫藥雜誌，1993，（1）：35。
〔註16〕陳開俊等譯，馬可‧波羅遊記〔M〕，福州：福建科學技術出版社，1981，頁174。

維持政府正常運行和皇家奢侈生活的必備品。在元初時期，統治階層對南方的徵稅也比北方的要重，尤其是對商稅的徵收。作為元朝發達的蘇杭地區之一的南方城市蘇州，其商業稅甚巨，如果沒有經濟發展的繁榮，是無法進行徵稅的，而蘇州的經濟發展的繁榮，在又某種程度上為維持元朝的統治做了不少貢獻。

　　馬可波羅是元初前來中國的威尼斯商人，因此《馬可波羅遊記》中記載了大量關於商業經濟方面的內容。相比起元大都和杭州，《馬可波羅遊記》中對於蘇州的記載並不算多，但他對蘇州經濟與文化的繁榮大加讚賞，其中讚美了絲織業發達、人口眾多以及文化人士等。同時，元初蘇州經濟與文化的繁榮促進了蘇州傳統藝術和醫學的發展，促進了中外經濟與文化的交流，還為元朝統治者提供了很多的商業稅收。

參考文獻

1. 陳開俊等譯，馬可‧波羅遊記〔M〕，福州：福建科學技術出版社，1981，174。

2. 余士雄，《馬可波羅遊記》中的中國歷史名城考釋〔J〕，中國科技史雜誌，1985，（5）：27～28。

3. 朱年志，元代山東運河的開闢與沿岸社會經濟發展〔J〕，華北水利水電大學學報，2014，（3）：15。

4. 申友良，《馬可波羅遊記》裏的元初商業文化〔J〕，社科縱橫，2015，（5）：113。

5. 韓儒林，元朝史〔M〕，北京：人民出版社，2008，450。

6. 陳炳應，《馬可波羅遊記》中的元鈔〔J〕，甘肅金融‧錢幣研究，1998，（5）：75～76。

7. 宋濂，元史〔M〕，北京：中華書局，1976，2354。

8. 王素美、楊洲，黃公望在繪畫美學史上的地位與影響〔J〕，河北青年管理幹部學院學報，2014，（1）：103。

9. 陳友新，葛可久《〈十藥神書〉》探析〔J〕，上海中醫藥雜誌，1993，（1）：35。

第十二章 《馬可·波羅遊記》裏的
元初常州

　　常州，是一座具有 2500 多年的歷史文化古城，史稱「江東之地」、「江左名區」，是蘇南重要的文化、政治和商業中心之一，亦是中國古代唯一一個跨江而治、連通長江與太湖的城市。《馬可波羅遊記》中對常州的記載是現存少有的反映元初常州的外國名著，它對元初常州的人文、民俗以及經濟都有涉及，對於研究元初常州的概況、瞭解元初社會經濟有一定的意義。目前學術界對《馬可波羅遊記》中常州的研究相對較少，根據《馬可波羅遊記》記載元初常州的經濟發展狀況，來分析其經濟發展的原因和常州當地的文化對其經濟發展的影響。

一、《馬可波羅遊記》裏元初常州的記載
（一）《馬可波羅遊記》中常州商業的繁榮

　　在中國歷史上，元代以前的朝代基本上奉行「重本抑末」政策，致使商業的發展受到了很大程度上的限制，甚至為了貶低商人的地位，施行「賈人不得衣絲乘車，」〔註1〕強調「市井之子孫亦不得為官仕吏。」〔註2〕但是元朝卻與之不同，重視商業的發展。商品經濟包括商品生產與商業，商品是商業發展的開端，商業的發展又促進商品生產的發達。元朝重商，實行開明的經濟管理，對商人採取保護和鼓勵，還給予商賈一些特殊的優勢如給商賈以

〔註 1〕司馬遷，史記〔M〕，北京：中華書局，1959，頁 1418。
〔註 2〕司馬遷，史記〔M〕，北京：中華書局，1959，頁 1418。

持璽書、配虎符、乘驛馬的權利。〔註3〕楊軍琴認為：「上至王公大臣，下至貧苦百姓，舍本農，趨商賈的風氣很盛，對此，時人深有感觸，馬祖常云：『近年工商淫侈，游手眾多，驅壟畝之業，就市井之末。』〔註4〕經商致富已成為多數人追求的夢想。」〔註5〕

　　見多識廣的馬可波羅在經過常州時，記載了常州商業發展的情況，記載了常州的商業活動。在《馬可波羅遊記》中提到：「這裡的居民都是偶像崇拜者，以手工業和商業為主，是大汗的臣民，使用他發行的紙。這裡的生活必需品也十分豐富，各種獵物給人們提供了良好的遊獵機會。」〔註6〕由此可以看出元初常州的商業較為發達，商業發展較快，商品交換較多。常州居民因為有剩餘生活必需品，所以把剩餘的生活必需品進行交換，從而促進常州商業的發展。使用大漢發行的紙幣，在一定程度上體現了商業的繁榮。

（二）馬可波羅與常州手工業

　　馬可波羅在《馬可波羅遊記》中記載：「這裡的居民都是偶像崇拜者，以手工業和商業為主。」〔註7〕「這是一個美麗的大城市，盛產生絲，並且用它織成花色品種不同的綢緞。」〔註8〕可以看出，常州在元初手工業發達，除了滿足民眾生活需求外，還用作商品交易。在元代松江及其周邊地區形成了棉織業的專業市場。松江的烏泥涇就是靠著織造棉布，「轉貨他郡，家既就殷。」〔註9〕棉紡織業已經成為當地經濟的支柱。這樣的專業性市鎮的形成，可以說是江南地區棉織業興盛的一個重要標誌。棉紡織業的發展又促進了印染業的技術提高。手工業技術的改進推動著江南手工業的發展，同時也推動江南地區人民生活水平的提高。

（三）馬可波羅與常州對外貿易

　　常州港地處我國東部沿海，地理位置得天獨厚，是中國古老的天然良港之

〔註3〕宋濂等，元史〔M〕，北京：中華書局，1976，頁505。
〔註4〕馬祖常，石田先生文集〔M〕，鄭州：中州古籍出版社，1991，頁150。
〔註5〕楊軍琴，元代商人社會地位的變化〔J〕，齊齊哈爾師範高等專科學校學報，2008，(1)：121。
〔註6〕陳開俊等，馬可波羅遊記，〔M〕，福建：福建科學技術出版社，1981，頁173。
〔註7〕陳開俊等，馬可波羅遊記，〔M〕，福建：福建科學技術出版社，1981，頁173。
〔註8〕陳開俊等，馬可波羅遊記，〔M〕，福建：福建科學技術出版社，1981，頁173。
〔註9〕（元）陶宗儀，南村輟耕錄卷24〔M/OL〕，https://www.shicimingju.com/book/nancunchuogenglu/25.html。

一。雖然常州不是我國古代著名的港口城市，但是因為其處在我國東部沿海，所以在元代的對外貿易中常州起著重要的作用。在《馬可‧波羅遊記》沒有記載常州的對外貿易，但是書中有這樣的記載：「經過許多鄉鎮和要塞。」〔註10〕雖然記載不多，但是因為其離泉州港不遠，我們在一定程度上可以知道常州的對外貿易的繁榮，知道常州對外輸出了不少的絲織品、陶瓷、茶葉和一些其他的生活必需品。元初常州進口外地的商品也非常多，大致可分為兩類，一是布匹、藥物、食品、器皿、木材、皮貨等，民間日常需用之物；一是珍珠、玉石、犀角、象牙、翡翠、瑪瑙等珠寶和龍涎香、沉香、植香等各色香料。這些進口的貨物品類，都較前代豐富。運輸的數量，也是大大超過了以往。這些物品從東南亞等地運來常州進行銷售，大大豐富了常州的銷售市場。元代，宣徽院下轄有「常湖等處茶園都提舉司」，〔註11〕「掌常、湖二路茶園戶二萬三千有奇，採摘茶芽，以供內府。」〔註12〕另有「建寧北苑武夷茶場提領所，」〔註13〕直隸宣徽院。福建、常湖之茶都被列入貢茶的範圍，故而合法的茶葉貿易就多侷限於江東、江西、湖廣境內所產的茶葉。元初常州是茶葉的主要產地，生產的茶葉為「常茶」。這裡的茶葉除了一部分作為貢茶由「常湖等處茶園都提舉司」〔註14〕上貢給元朝中央政府外，還有部分茶葉作為商品茶銷往全國各地和海外。

（四）元初常州的農業

常州處在太湖之濱，早在宋代就是圍田極為發達的地方。宋元交替之際，常州遭受了殘酷的殺戮之禍。至元乙亥（1275）用師江南，常為兵衝，守臣以拒戰，破城之日，井湮木刊。但由於農業生產基礎好，再加上蒙元政府採取了一系列恢復和發展農業的措施，包括設立管理農業的政府機構，保護農田、限制抑良為奴，招集逃亡、鼓勵開荒，設置糧倉、常平倉以及興修水利等。在這些積極的農業措施的影響下，常州的農業取得了很大程度的恢復和發展，成為了元代糧食生產的中心。元末人鄭元祐眼中的常州已是「毗陵去家不百里，藹藹春雲盡桑梓」〔註15〕了。陳方說元末的常州「地接三吳口，人操眾楚音。樹迷晴漠漠，花亂夕森森。……鳥去蒼茫闊，帆歸逸儷深。……幽幽興

〔註10〕陳開俊等，馬可波羅遊記，〔M〕，福建：福建科學技術出版社，1981，頁173。
〔註11〕宋濂等，元史〔M〕，北京：中華書局，1976，頁2206。
〔註12〕宋濂等，元史〔M〕，北京：中華書局，1976，頁2206。
〔註13〕宋濂等，元史〔M〕，北京：中華書局，1976，頁2206。
〔註14〕宋濂等，元史〔M〕，北京：中華書局，1976，頁2206。
〔註15〕楊鐮，草堂雅集〔M〕，北京：中華書局，2008，頁118。

江海，冉冉市塵侵。」〔註16〕除了糧食生產好之外，常州的種茶業也得到了很大的發展。其中常州宜興茶生西南君山懸嶺北峰下，由於君山側有一小溪先後流經張諸、漁諸至宜興匯入荊溪後入太湖，因此這裡茶葉種植十分興盛。農業經濟的迅速恢復發展為元初常州的對外貿易提供了豐富的物質資料，元後期常州再一次成為寓居人口聚集的地方。

由以上的分析我們得知，元初常州經濟的發展仰賴於政府政策的扶植，其經濟的進一步發展更深受當地文化的影響。以下將分析元朝的政策及當地的文化。

二、元朝對經濟發展的政策

（一）推行重商政策

元朝政府積極推行重商政策，擴大貿易，發展商業，在律令上特設保護商業的條款，還給予商人減輕商稅，救濟商賈困難等優待和特權。太宗窩闊台即位之初，為了鼓勵商人貿易，他拿出國庫的資本交給幹脫，讓他們放手經營。商人在元朝是受到統治者重視的，他們的社會地位也較前代有所提高。在蒙元時期，傳統的抑商政策被打破，商業得到統治者的重視，這主要表現在兩個方面：一是推行一系列的重商政策，二是設置市舶司管理海外貿易，鼓勵和保護經商，重用商人等，同時元代統治階層間接經商。

（二）重視海外貿易

元朝在建國以前，成吉思汗已經重視和西域通商；元世祖即位後和南宋互市，優待越境犯禁的商人。元朝建國以後，更加重視海外貿易，制定了一系列的有關政策：（1）招徠外商互市，向外商宣布「往來互市，各從所欲」，歡迎各國商旅前來交易。同時整頓市舶吏治，提出「罷和買，禁重稅」的改革，不許貪官污吏強買和勒索，容許外商越訴，保護了外商權益。（2）公布《市舶則法》獎勵優待中國海商，認為「舶商、梢水人等，皆是趕辦課程之人，落後家小，合示優恤。所在州縣，並與除免雜役。」並且准許官僚和僧侶繳納稅款，從事海外貿易。（3）設置巡防弓手和海站，保護舶商安全。（4）整頓市舶制度，《市舶則法》二十三條對海上貿易的管理和課稅辦法作了周詳的規定。〔註17〕

〔註16〕（元）陳方，華彥清登常州玄妙閣有詩因同韻〔M/OL〕，https://www.taixiangla.com/gushi/305806.html。
〔註17〕李翰，周祉徵，略論元代的海外貿易，〔J〕，歷史教學，1983，（10）：4。

（三）水陸交通的便利

元帝國地跨歐亞，這在客觀上打通了其統治範圍內的各地交通線路。然而，元的統治者並不滿足於已有的交通現狀，在陸路方面，在全國範圍內設置驛站，在水路方面，溝通運河和海運。

在陸路方面上，元朝時全國共設驛站 1519 處，加上西域、西藏等邊遠地區的驛站，則超過 1600 處。四通八達的交通網絡，極大地便利了人民的出行，商人更是沿著這些驛站奔走於全國各地。

「水路方面，由隋煬帝開鑿的大運河一直以來都是各朝的主要水路交通。忽必烈在原來大運河的基礎上，主持開鑿了多條新的運河，最主要的是會通河和通惠河。至此，南北大運河全線鑿成，我國黃河、淮河、長江和錢塘江四大流域真正連接到一起，更重要的是，經過這次的疏鑿，河道大都取直，改變了過去迂迴曲折的航線，使得航程大大縮短，便利了南北經濟的聯繫和交往，一系列沿河沿海的商業市鎮相繼出現。」〔註18〕發達的水陸交通的開鑿，便利了商人運輸貨物，從而促進商業的發展。

（四）紙幣的發行和推廣

「元朝統一中國後，廢銅錢，改交子、會子，發行元寶鈔，民間稱中統鈔。元寶鈔當時通行全國各地包括漠北、畏兀兒地方和西藏，也曾流通於高麗和東南亞的一些國家。」〔註19〕貨幣的統一為商業發展提供了方便，使得各地的商人在貿易時不再需要兌換錢幣。紙幣的發行也使得長途跋涉的商旅不必攜帶笨重的金銀或銅錢，只需一錠紙鈔即可，這也直接促進了商業的發展。另一方面，元朝是使用元鈔，在海外貿易的過程中，元朝商人與其他國家的商人進行交易時，往往都是用元鈔來進行換算，從而使其他國家的商人認識元鈔和使用元鈔，從而使元鈔成為國際的貨幣。元朝沿襲金代鈔法並進一步完備，是中國古代紙幣制度最盛行時期。元廷統一發行紙幣（通稱「鈔」），不限年月，全國通行；元代大部分時期，不鑄造銅錢並禁止行用前代銅錢，除少數地區外，鈔是唯一通用的法定貨幣。元世祖中統元年（1260）七月，為了革除諸路行用鈔法之弊，詔統一印造通行交鈔，以絲為本，規定銀 50 兩易絲鈔一千兩，「千」疑為「百」之誤，見吳晗《元代之鈔法》。但通行交鈔（絲

〔註18〕申友良，馬可波羅與元初商業文化，〔J〕，科學縱橫，2015，（5）：114。
〔註19〕梁凌霄等，試論元朝商業繁榮的原因，〔J〕，隴東學院學報，2014，（2）：48。

鈔）大概並未廣為流通。同年十月，就改印造發行中統元寶交鈔（簡稱中統鈔），以銀為本，面額分 10 文、20 文、30 文、50 文、100 文、200 文、300 文、500 文、一貫文、二貫文十等，仍依宋、金舊制以錢數（貫、文）為單位。當時久已盛行用銀為價值尺度，故官私皆習慣以銀單位稱鈔一貫為一兩，100 文為一錢，10 文為一分，50 貫為一錠。法定銀、鈔比價為中統鈔兩貫同白銀一兩。同時又以文綾織造中統銀貨，分一兩、二兩、三兩、五兩、十兩五等，每兩同白銀一兩。但中統銀貨並未行用，而以中統鈔為唯一法定通貨。

（五）農業生產的恢復和手工業技術的提高

在忽必烈時期，強調「國以民為本，民以衣食為本，衣食以農桑為本」，並採取了一系列的措施以恢復和發展農業。「這些措施包括：設立司農司等管理農業的政府機構，編寫《農桑輯要》指導農業生產，禁止毀農田為牧地，開荒屯田，興修水利。」〔註 20〕通過一系列的措施，到忽必烈統治後期，元代的農業已經超過前代。同時，由於產量的提高和生產技術的進步，需要從事農業生產的人也就可以更少。因此，更多的人投身於經濟作物的種植，特別是棉花、蠶桑、薑和水果，都成為重要的商品。元朝統治者十分重視手工業的恢復和發展，並制定了「重農不抑商」的政策，因此常州地區的商業得到了發展。隨著商業的不斷發展，許多鄉村人家已經不再自己將絲織成段匹，而是拿到市場上去換取貨幣。家庭繅絲業已經部分地被納入了商品經濟的範圍。繅絲不是為了織絹蔽體，而是在追求它的交換價值。元末明初人舒頔（dí）的《繅絲歎》：「東家繅絲如蠟黃，西家繅絲白如霜。黃白絲，出蠶口。長短繅，出婦手。大姑停車愁解官，小姑剝繭愁冬寒。向來苦留二月賣，去年宿債今未還。手足皸皴事亦小，官府鞭笞何日了。吏青夜打門，稚耋生煩惱。」〔註 21〕許多人家絲繅成後並不立即出售，而是要等到次年二月市場緊俏時才出手，目的是謀求一個好價格。常州地區的麻織業中也出現了同樣的趨勢，種麻之後捨不得自己穿，而是要將它投入市場，追求交換價值，自己情願穿價位低一些的木棉粗布。「君不見江南人家種麻勝種田，臘月忍凍衣無邊，卻過廬州換木綿。」〔註 22〕常州地區的鄉村布、秧間的交易市場極端活躍：「農家祈社種良田，盡卜今年勝去年。抱布貿秧

〔註 20〕申友良，馬可波羅與元初商業文化，〔J〕，科學縱橫，2015，（5）：113～114。
〔註 21〕舒頔，繅絲歎〔M/OL〕，https://so.gushiwen.org/shiwenv_b557ebacc3e7.aspx。
〔註 22〕舒頔，繅絲歎〔M/OL〕，https://so.gushiwen.org/shiwenv_b557ebacc3e7.aspx。

都插遍，開門一夜水連天。」〔註23〕紡紗織布早已是該地人民維持日常生計的唯一手段，織布的直接生產目的就是向市場出售。以布貿秧，再植棉紡紗織布，生產者追求的顯然是產品的交換價值。在絲織行業中，逐漸地形成了地方特色，因而出現了絲織品的地域間甚至全國性、國際性的產品流通與貿易交換。可見，元初常州手工業的發展為其對外貿易提供了物質資料。手工業技術的提高，對商業的發展也起到了重要的作用。這主要體現在棉織技術方面。黃道婆從海南黎族帶回來了先進的棉紡織技術並加以改進，大大增加了棉織品的商品量；而絲織技術到元代時已經十分完善，出現花樣繁多的絲織品種類。如馬可波羅提到的金線織品；此外，曬鹽法的推行和製糖技術的傳播，都有利於手工業的發展，使手工業逐步脫離家庭副業的身份，演變為單獨的行業，其產品更多的流向市場。總的來說，農業生產的恢復和手工業技術的提高，創造出了更多的剩餘產品，為商業的發展提供了物質基礎和保障。

三、元初常州經濟繁榮對當地文化的影響

元初常州經濟的繁榮，促進了當地文化的發展，使其更加具有包容性和開放性。

（一）包容的文化

元朝疆域遼闊，由亞洲推廣到歐洲，在我國歷史上是空前的。元朝北至陰山以北，南至南海諸島，東北到今庫頁島，西北達到新疆、中亞地區。今天的新疆、西藏、雲南、東北地區、臺灣部分島嶼及南海諸島都在元朝統治範圍之內。在如此廣闊的領土上生活著眾多的民族，民族之間相互交往，出現一種融合之勢。作為一個港口城市的常州，更是如此。其獨特的地理位置——臨海，造成一種包容的文化。正因為是港口城市，其對外貿易相對發達，在與外商的交往上，逐漸接受不同的文化、不同的信仰，並尊重他們。由此形成了沿海城市的一些共性特徵——對不同文化的包容。正因為其對不同文化的包容，又促進了對外貿易的發展，特別是與東南亞和南亞。常州當地海外貿易的發展，又促進經濟的發展。龐大的疆域使元朝人民具有開放意識，在海外貿易的過程中，使元朝商人認識到許多新的東西，瞭解到不同國家的

〔註23〕顧瑛，玉山璞稿〔M〕，北京：中華書局，2008，頁4。

政治制度和風土人情，開拓他們的眼界。這些商人回到元朝後，與其他元朝人民交流，從而加深了當時人民對海外世界的認識。這些認識使得常州當地的百姓對世界其他地區文化有一種人文情懷，可以接受不同的文化。

（二）開放的意識

13 世紀蒙古興起後，成吉思汗及其繼承者建立了歷史上規模空前龐大的帝國。《元史·地理志》說，元朝幅員「北逾陰山，西極流沙，東盡遼左，南越海表。」〔註24〕「東南所至不下漢、唐，而西北則過之，有難以里數限者。」〔註25〕龐大疆域可以說從陸路通往西亞至歐非的路線暢通無阻，可以直抵俄羅斯與東歐，到達阿拉伯、土耳其和非洲。海道則可以到阿拉伯、印度、波斯、以及非洲等地。元朝是中世紀的世界第一次出現了廣大地域內各民族交通暢通的局面，從而在客觀上為東西文化交流創造了一個前所未有的良好環境，為元代社會世界觀念的逐步增強提供了先決條件，也開創了中西交通的新時代。隨著帝國的擴大使元朝統治者更為注意從世界範圍認識元朝所處的歷史地位，既採取對外開放、積極交往的政治、經濟方針，又有對外開放「四海為家」的積極的思想意識，開放的世界觀念滋育了蒙古在文化上的開放觀念。對外的交往中。忽必烈提出了「四海為家」、「通問結好」這樣積極主動的外交方針。他曾自稱：「朕即位以來，薄海內外親如一家。」〔註26〕除了對鄰近的日本、高麗、安南、緬甸等國家派遣使節並開展了一系列積極的外交活動，據《馬可波羅遊記》所載，還主動向遙遠的歐洲羅馬教廷派出使臣，由馬可波羅之父、叔尼哥羅兄弟隨同，與教皇互通信件，建立了聯繫。據馬黎諾裏記載，元順帝曾要求羅馬教皇再派一任主教到中國。忽必烈還認為：「聖人以四海為家，不相通好，豈一家之理哉？」並把「親仁善鄰，國之美事」作為政治追求的一個目標。雖然忽必烈這些「通好」的主張往往為其政治目的服務，「親善」的目標與實際行動也有距離，但這些思想和觀點無疑是正確的。〔註27〕忽必烈還提出「仰惟覆燾，一視同仁，不遐邇小大之間」〔註28〕的原

〔註24〕宋濂等，元史〔M〕，北京：中華書局，1976，頁1345。

〔註25〕宋濂等，元史〔M〕，北京：中華書局，1976，頁1345。

〔註26〕沈自強，淺析元朝海外貿易政策，〔J〕，遼寧教育行政學院學報，2007，（11）：31。

〔註27〕沈自強，淺析元朝海外貿易政策，〔J〕，遼寧教育行政學院學報，2007，（11）：31。

〔註28〕楊鐮，草堂雅集〔M〕，北京：中華書局，2008，頁118。

則，就是國家不分遠近大小，外交平等的原則，保證了元朝與歐洲、亞洲、非洲的各國的交往和通商。

　　元朝龐大的疆界在客觀上為東西文化交流創造了一個前所未有的良好環境，為元代社會世界觀念的逐步增強提供了先決條件，也開創了中西交通的新時代。隨著帝國的擴大使元朝統治者更為注意從世界範圍認識元朝所處的歷史地位，既採取對外開放、積極交往的政治、經濟方針，又有對外開放「四海為家」的積極的思想意識，開放的世界觀念滋育了蒙古在文化上的開放觀念。「對外的交往中。忽必烈提出了「四海為家」、「通問結好」這樣積極主動的外交方針。忽必烈還提出「仰惟覆燾，一視同仁，不遐邇小大之間」的原則就是國家不分遠近大小，外交平等的原則，保證了元朝與歐洲、亞洲、非洲的各國的交往和通商。」〔註29〕這些開放的意識為元朝的海外貿易奠定的思想基礎。

　　《馬可波羅遊記》中的常州是一個經濟繁榮的港口城市，其經濟的發展深受元朝政府政策與當地文化氣息的影響。正因為元初的重商的經濟政策及常州當地文化的包容性、開放性，造成其經濟的迅速發展，成為元初重要的港口城市之一。由於常州農業、手工業、商業交通以及造船技術和航海技術的發展，再加上蒙元政府鼓勵海外貿易的政策，元初港口城市的海外貿易獲得了空前的發展，成為了元代遠距離大宗商品販運的重要港口城市和交通樞紐。其絲織品、糧食和茶葉運銷全國各地和海外，並從海外進口豐富的商品，對當地的手工業行業、居民的生活水平以及中外文化的交流都具有重要意義。

參考文獻

1. 司馬遷，史記〔M〕，北京：中華書局，1959，1418。

2. 宋濂等，元史〔M〕，北京：中華書局，1976，505。

3. 馬祖常，石田先生文集〔M〕，鄭州：中州古籍出版社，1991，150。

4. 楊軍琴，元代商人社會地位的變化〔J〕，齊齊哈爾師範高等專科學校學報，2008，（1）：150。

5. 陳開俊等，馬可波羅遊記，〔M〕，福建：福建科學技術出版社，1981，173。

〔註29〕李瑩，劉春霞，試論元朝之對外貿易與文化交流〔J〕，瀋陽航空工業學院學報，2005，（6）：89。

6. （元）陶宗儀，南村輟耕錄卷 24〔M/OL〕，https://www.shicimingju.com/book/nancunchuogenglu/25.html。

7. 楊鐮，草堂雅集〔M〕，北京：中華書局，2008，118。

8. （元）陳方，華彥清登常州玄妙閣有詩因同韻〔M/OL〕，https://www.taixiangla.com/gushi/305806.html。

9. 李翰，周社徵，略論元代的海外貿易，〔J〕，歷史教學，1983，（10）：2～5。

10. 申友良，馬可波羅與元初商業文化，〔J〕，科學縱橫，2015，（5）：109～115。

11. 梁凌霄等，試論元朝商業繁榮的原因，〔J〕，隴東學院學報，2014，（2）：47～50。

12. 舒頔，繰絲歎〔M/OL〕，https://so.gushiwen.org/shiwenv_b557ebacc3e7.aspx。

13. 顧瑛，玉山璞稿〔M〕，北京：中華書局，2008，4。

14. 沈自強，淺析元朝海外貿易政策，〔J〕，遼寧教育行政學院學報，2007，（11）：31。

15. 李瑩，劉春霞，試論元朝之對外貿易與文化交流〔J〕，瀋陽航空工業學院學報，2005，（6）：89。

第十三章　馬可波羅與元初大都

　　《馬可波羅遊記》裏詳細了記載了元初都城大都（今北京）商業經濟繁榮的景象。元朝遷都大都後，大都的商業經濟發展狀況的改變及作用對研究整個元朝的歷史發展軌跡有著重要作用。《馬可波羅遊記》中對大都的記載是現存少有的反映元初北京城的外國名著，根據《馬可波羅遊記》的記載，對元朝大都商業經濟的發展狀況、發展原因、發展的影響及特點談談個人的看法。

一、《馬可波羅遊記》裏元初大都的記載

（一）元朝大都商業區的形成和發展

　　元朝遷都後，忽必烈從公元 1267 至公元 1285 年這 18 年的時間裏興建元大都，使其成為了聞名世界的大都市。興建元大都對元朝的經濟和政治都有著重要的意義。元大都作為一個新興的城市，商業繁榮，人口眾多，是全國許多民族成員聚集生活的地方。它以元朝最大京城和世界聞名的商業貿易中心而聞名。經過元朝統治者十多年的興建，在元朝佔據著商業的領先地位。這個處於統治中心的大都，聚集了大量的蒙古游牧貴族和色目上層。蒙古族是一個很注重商品交換的群體，他們的重商觀念也在大都的商業來往中反應出來。統治階級對商業的重視、有利的政治政策、民族的開放觀念以及大都的地理位置的優越便利，這些都促使大都的商業如雨後春筍般飛速的發展興盛起來，商業的發展促進了經濟貿易的往來，規範化下的經濟貿易往來也就形成了商業區。商業區的隨著經濟貿易往來的頻繁使得其中一些區域形成了較為繁華的商業區域。

（二）元朝大都市場交易的盛況

元朝當時市場較為發達，成形的市場共有 30 多處，其中又有較為繁華的貿易地點。元大都對外貿易業很興盛主要以波斯、阿拉伯、高麗、歐洲和其他一些亞洲國家的商人為主，他們從中國輸出布匹、綢緞、茶葉、糖、瓷器、皮貨、中草藥材、紙墨、馬匹等。進口毛織品、珠寶、人參、香料、地毯、銅器、象牙以及各種稀奇古怪的高檔奢侈品。馬可波羅寫道：「凡是世界各地最有價值的東西也都會集中在這個城裏，尤其是印度的商品，如寶石、珍珠、藥材和香料。由於京都經商而住在附近的商人的需要，契丹各省和帝國其他地方，凡有值錢的東西也都要運到這裡。這裡出售的商品數量比其他任何地方都要多，因為僅馬車和驢馬運載生絲到這裡的，每天就不下千次，我們使用的金絲織物和其他各種絲織物也在這裡大量的生產。在都城的附近有許多城牆圍繞的市鎮。這裡的居民大多依靠京都為生，出售他們所生產的物品，來換取自己所需的東西。」〔註1〕這是對當時元朝繁盛的商業貿易的真實描寫。當時大都有名的產業主要有製革、皮毛、煉乳、製毯、釀酒和軍需品刀箭、盔甲之類。元大都的海洋運輸業也很發達，促進了世界各地區的文化商貿交流。當時我國偉大的科學四大發明，羅盤、火藥、造紙、印刷術和元大都發行的中統交鈔也都第一次傳到歐洲，中統交鈔的外傳引起了一場改革沉重金屬幣的浪潮。同時西方的機械鑄造、天文、醫學、測量學、氣象學也傳入到中國，這對於東西文化互相學習，交流融合起到了積極的促進作用。

（三）元朝大都官營、私營手工業的發展

蒙古人有著歷史悠久的傳統工藝藝術，由於當時對外貿易的發展，元朝大量集聚來自各地特別是西亞的手工藝人，通過對國外工藝藝術先進經驗的吸取，手工業就有了飛速的發展。

元朝在遷都大都以前手工業就比較發達，據統計在元上都城內就有了地毯廠、鐵製品廠、金銀首飾加工、木業社等 20 多座製造業，其中從業人數最多的廠家竟然可以達到 1000 多人。元朝定都大都以後，很多手工業廠家也隨之搬到大都，一些手工業工藝雕刻等傳統工藝技術在繁華的商業貿易衝擊下也有了新的發展。

〔註1〕馮承鈞譯，馬可·波羅行記〔M〕，石家莊：河北人民出版社，1999，頁 34。

1. 官營手工業的發展

官營手工業局院分布的密度和廣度，前所未有。據初步統計，中央的工部、將作院、大都留守司、武備寺、中政院及諸路總管府下轄的局、院、場達220個左右。這些官營手工業有22個門類，包括土木工程、兵器、金工、玉工、絲織、皮毛等行業，涉及軍器製造及統治集團消費的廣大領域。諸工之中，絲織品的需求量最大。這類地方手工業部門主要指各路織染局，其規模也相當可觀。官營手工業管理腐敗，在一些部門中，經濟效益低下，但另一方面，由於蒙古貴族將擄掠和收編來的中亞和漢地工匠集中在手工業局院中從事生產，這就給工匠們交流品種、切磋技藝、分工協作提供了難得機遇。工匠們的工藝也因此大大提高，官用工匠人都有自己家庭的獨立經濟，在勞作之餘又從事業餘生產，來補貼家用。

2 私營手工業的發展

在官營手工業迅速發展的同時，私營手工業也得到了長足發展。官營手工匠人在從事非官營商業活動的同時將先進的工藝技術傳入民間，大大提高了私營手工業的發展，且繁華的商業貿易業從側面推動了私營手工業的進步。在蒙古地區生產生活的眾多的手工業藝人們，都擅長於製作蒙古包架子、馬鞍、馬嚼子、馬拌子等畜牧業工具，也擅長製作如奶桶、茶具等牧民生活用品以及弓箭、刀、長槍、盾等軍械用品。

（四）元朝大都對外經濟和貿易的發展繁榮

元朝是我國歷史上中西文化交流的發展的重要時期，海外貿易非常發達，無論公私貿易，元朝政府都給予大力的支持。元朝時期龐大疆域可以說從陸路通往西亞至歐非的路線暢通無阻，可以直抵俄羅斯與東歐，到達阿拉伯、土耳其和非洲。海道則可以到阿拉伯、印度、波斯、以及非洲等地。

馬可波羅的行紀中有這樣的描述：「應知汗八百里城內外人戶繁多……郭中所居者，有各地來往之外國人，或來貢方物，或來售貨宮中……這些絡繹不絕的使團和商隊來自歐洲、非洲、西亞、中亞、南亞以及日本和朝鮮。其中有一個群體的人數巨大，他們便是從中、西亞東來的回回人。大都建成前，燕京路的回回商人就已經達到2900多戶。」〔註2〕元代的海外貿易分為官營和私營兩種類型。官營採取「官本船」的辦法，私營則是從事海外貿易的民

〔註2〕馮承鈞譯，馬可・波羅行記〔M〕，石家莊：河北人民出版社，1999，頁156。

間商人，稱為舶商，在戶籍上專列一類，稱作舶戶。

1. 官營海外貿易的發展

斡脫是元朝大都的一種特殊的商人，主要替官府和蒙古族經商或放債盈利。元朝政府也利用斡脫商人為朝廷從事海外貿易，斡脫貿易是元代所特有的一種官本商辦的經營方式，它主要有兩種途徑：一種是放高利貸；另一種是遠距離販賣貨物。元代徐元瑞的《史學指南》「斡脫」條下有：「為轉運官錢，散本求利也」，「見齎聖旨、令旨，隨處做買賣的人」〔註3〕斡脫商人手捧聖旨，特權很大，其從事海外貿易。但是，斡脫商人是「轉運官錢，散本求利」，在如何瓜分盈利上，與官府之間存在著利益衝突。按照元朝規定，斡脫商人販到舶貨都被視為「官物」，由行泉府司折成貨款，並按照《市舶則法》依例納稅，這就引起斡脫商人的不滿。有的斡脫商人依杖皇帝的勢力，不肯交納稅款，由此時常引出紛爭。同時元朝時期的朝貢貿易和使臣貿易也應作為官商貿易的一部分。所謂朝貢貿易，就是通過兩國官方使節的往返，以禮物贈答進行交換的貿易方式。在中國古代，每一次官方使節的往返都伴隨著禮物的「交易」。元朝時期使臣貿易得到迅猛的發展，朝廷派遣使臣到海外為皇室採辦貨物之事屢見不鮮。在元朝強大武力的支持下，元朝的使臣貿易得到較大的發展。

2. 私營海外貿易的發展

元朝大都的私商大體有四種：權貴商人、色目商人、散商、舶商四種形式。元代改變宋代禁商下海的政策，允許權貴官吏從事海外貿易。權貴較大的諸王、駙馬等，一般是派人下海購買番貨。權勢較小的官吏，利用因公出海的機會為自己用商貿獲利。宗教僧侶等則夾帶俗人為其經商，並逃避抽稅。沿海地區各級官吏，用自己的船隻下海貿易，或者用自己本錢委託其他舶商代為經營，他們靠海運起家，擁有大量的資產和海船。

舶商亦稱舶商戶，是專門從事海外貿易的商人，其中不乏擁有雄厚資本的大商。散商是元朝大都私營商業貿易較為重要的組成部分，在元代由於政府的鼓勵政策及商品經濟浪潮的衝擊，人們的思想觀念發生了變化，沿海地區的社會風氣也從重視男耕女織和讀書做官轉變為重視「舟揖」之利。元代色目人一詞，泛指以回回為主的西北各族、西域人以至歐洲各族人。元朝實行民族等級制度，扶植色目人，且色目人非常注重商業發展故色目商人勢力

〔註3〕徐元瑞，史學指南〔M〕，浙江古籍出版社，1988，頁153。

發展很快，把持著主要港口的對外貿易。

二、元朝大都商業經濟發展的原因

（一）元朝統治階級的重商意識促進商業經濟發展

1. 注重工匠人的保護和使用促進繁盛市場的形成

元朝的手工業非常發達，這根蒙古族的習俗與傳統有關，蒙古族非常重視手工藝生產及其人才，蒙古大軍所到之處首先保留下來的社會群體就是手工藝匠人。元朝遷都大都後，大部分手工業也隨之遷到京都，隨著貿易的發展，手工業也有著極大的發展。同時對外貿易使得大量的海外工藝傳入中國，與大都傳統手工業相結合更進一步推進了手工業的發展，而手工業的發展反過來促進商業的進步。

2. 制定對外貿易政策促進了對外貿易的發展繁榮

元代對貿易活動的管理，有著一套完整的規章制度。一是專賣制度。元代政府專利壟斷的範圍廣泛，金、銀、銅、鐵、鹽、茶、水銀、礬、鉛、錫、酒、醋，以至於農具、竹木等，都在專賣之列。二是糴、和買、常平制度。這些制度雖以前也執行過，但只侷限於周邊地區。作為全國性的政策，是在元世祖至元三十二年實行的。三是開展對外貿易。元朝時將對外分為官營和私營兩種，都設有特定的管理制度。四是增加商稅，元代商稅分正課和船料兩種。正課包括市肆門攤稅和對田宅、奴婢、牧畜交易所徵的稅。

（二）民族聚集各色商品交易頻繁興盛，逐漸形成專業市場

當時大都城內有各種專門的市集三十多處，其中較為繁榮的有三處「第一是最繁華的斜街市位於城市中心的鍾鼓樓周圍；第二處是在南面偏西的順承門內；第三處在今東四牌樓西南，稱樞密院角市。斜街是元大都最繁華的商業區，因設有南北大運河的終點海子碼頭，南北貨物多在這裡吞吐，皇親國戚、功臣大將、中外巨商、達官貴人所需要的高檔商品，像金銀珠寶、瑪瑙、及蒙古貴族炫耀佩帶的昂貴鑌鐵腰刀等奢侈品，應有盡有。普通居民所需要的鹽、糧、油等日用百貨也琳琅滿目。」〔註4〕

（三）游牧民族的商業擴張精神及強烈的斂財意識

元朝龐大疆域可以說從陸路通往西亞再至歐洲的路線暢通無阻，可以直

〔註4〕汪興和，元代大都的商業經濟〔J〕，商史鉤沉，2004，（2）：159。

抵俄羅斯與東歐，到達阿拉伯、土耳其和非洲。海道則可以到阿拉伯、印度、波斯、以及非洲等地。元朝使中世紀的世界第一次出現了廣大地域內各民族交通暢通的局面，從而在客觀上為東西文化交流創造了一個前所未有的良好環境。建國伊始，忽必烈就告諭海外諸國：「誠能來朝，朕將禮之；其往來互市，各從所欲。」〔註5〕隨著帝國的擴大，元朝統治者更為注意從世界範圍認識自身所處的歷史地位，既採取對外開放、積極交往的政治、經濟方針，又有「四海為家」的積極的思想意識，開放的世界觀念滋育了文化上的開放觀念。對外的交往中，忽必烈採取積極主動的外交方針，同時又以武力為後盾，迫使鄰國稱臣納貢。自上而下的商業意識對商業的發展起著重要的作用。

（四）元朝時期農業和手工業的發展促進了商業的發展

元朝建朝後朝廷為了盡快地恢復和發展經濟，採取了一系列措施。在「國以民為本，民以衣食為本，衣食以農桑為本」的治國思想指導下，十分重視生產。「在中央設置司農司，地方成立勸農司，用以組織農業生產，整頓農桑事務，水利建設方面，內立都水監，外設河渠司，興修水利，修理河堤；鼓勵開荒，擴大屯田，把『人口增、田野闢』作為地方官考績獎勵的標準；在牧區賑濟災害，保護畜主產權，減輕稅率；移民充邊，招集逃亡，提高技術，建置倉儲，固邊安民，以防外患。」〔註6〕這些措施實施後取得了豐碩的成果。

（五）元大都作為全國政治經濟中心所帶來的優勢

元朝是第一個由少數民族建立的統一封建王朝，表明中國古代少數民族在歷史發展進程中開始產生越來越重要的作用，具有深遠的歷史意義。元大都第一次成為全國的政治和文化中心，而且是一座經過精心設計建造起來的國際化大都會。在中國古代歷史上，全國政治中心的確立，直接關係到整個國家的統治效率，具有十分重要的意義。這個中心一旦形成，就會產生比較長久的政治和經濟影響。大都城成為了全國的統治中心，也是東方赫然崛起的國際大都會。從宮殿苑囿到離宮別館，從官僚衙署到居民宅院，從城池門樓到坊裏街道，從祭祀壇廟到寺觀教堂，從酒樓茶肆到商業店鋪等，皆是新建的。它的出現，是北京歷史發展中和中國都城發展中的一座里程碑，這也

〔註5〕宋濂等撰，元史·世祖紀十·卷10〔M〕，中華書局，1976，頁55。
〔註6〕沈道權，元代海外貿易發展原因探析〔J〕，中南民族學院學報，1991，（1）：112。

作為元朝大都商業經濟發展所不可多得的重要條件。

三、元朝大都商業經濟發展所帶來的影響

（一）元朝大都商業的繁盛，使得人口快速增長

　　元大都是一個新興的城市，商業繁榮，人口眾多，也是全國許多民族成員聚集生活的地方。當時在元大都的少數民族以北方民族為主，主要有契丹、女真、西夏、突厥、回鶻、渤海、維吾爾、藏族、回回、蒙古族等，他們主要在元大都為官，從軍、經商、從藝、傳教等。當時至元三十年元朝人口十萬左右，隨著大都的發展，後期元順帝時人口已達到數百萬。馬可波羅對來自歐洲、亞洲眾多的商隊和四方使者絡繹不絕的盛況也有精彩描述：「每個城郊在距城牆約一英里的地方都建有旅館或招待駱駝商隊的大旅店，可提供各地往來商人的居住之所，並且不同的人都住在不同的指定的住所，而這些住所又是相互隔開的。例如一種住所指定給倫巴人，另一種指定給德意志人，第三種指定給法蘭西人……每當有外國專使來到大都，如果他們負有與大汗利益相關的任務，則他們照例是由皇家招待的。」〔註7〕元朝商業的發展使得人口在大都聚集，這就使得元朝大都人口數量有了變化，一方面生活的穩定繁榮使得人口快速增長，另一方面人口的聚集也是大都人口增長的重要原因。

（二）元朝大都商業的發展，增加了中央財政收入，增強了元朝國力

　　元大都是一個新興的城市，商業繁榮，人口眾多，也是全國許多民族成員聚集生活的地方。大都城的興建關乎元朝國家的政治經濟中心的發展狀況。元朝商業的繁榮使得中央財力增加，對外貿易交流開闊了中央統治階層的眼界，且百姓生活的富足，使得元朝大都有了一個穩定和諧的社會環境。中央財力增加又促進了元朝軍事力量的增強，因此我們說元朝大都商業的發展增加了中央財政收入從而增強了元朝國力。

（三）對外貿易的發展，促進了與周邊各國經濟文化的交流

　　元代的海外貿易的繁榮，還帶來了以下幾個可喜成果：一是促進了元代造船技術的進步。二是使元代交鈔成為一種國際間使用的紙幣。元人汪大淵曾隨船出海。三是促進了元代航海業的發展，加深了當時人們對海外世界的

〔註7〕馮承鈞譯，馬可‧波羅行記〔M〕，石家莊：河北人民出版社，1999，頁78。

認識，同時使航海技術有很大進步。航海者長期積累的觀測潮汛、風信、天象的豐富經驗，也為鄭和下西洋奠定了基礎。通過海上絲綢之路，阿拉伯人從中國學到了指南航海技術，並將之傳入歐洲。所以，西方人亞可布說：「羅盤針是中國最重要的發明，它放開我們的眼界，我們近代世界觀的形成全靠深入異邦文化的精神，只有羅盤針的發明，才能幫助我們達到這種境界，」〔註8〕然而，元朝對外貿易往來也對世界經濟的發展產生很大影響，使國際貿易中心由波斯灣轉移到紅海，也極大促進了東西方的歷史聯結。

（四）元朝大都商業的發展促進百姓生活水平的提高

商品經濟發展的同時，促進商品經濟發展的有利因素充分帶動了城市經濟的發展，大都的城市面貌煥然一新。蒙古族原本過著逐水草而居的草原生活，生活非常不穩定，生產也基本是小本小戶，生產技藝粗劣，生產力低下。遷都後，經濟貿易的繁盛，商業的發展給百姓帶來富足的生活，隨著商品交換的發展，生產技藝越來越高，人民生活水平的質量也隨之提高，社會生活較為穩定。

四、元朝大都商業經濟發展的特點

（一）元朝大都發達的官辦手工業帶動民辦手工業的發展

元的官營手工業作坊，生產規模都很大，內部分工更細。手工業是蒙古貴族特別關注的一個行業。隨著統一政權的建立，一套從朝廷到地方官府的手工業系統逐步形成。蒙元時代的官營手工業十分發達，其規模、產量和分布之廣均超過前代。因為官辦手工業局院幾乎涉及和控制了軍事以及統治階級生活用品的所有領域，所以民間手工業受到一定壓抑，而官辦局院的管理也十分腐敗，經濟效益低下。但另一方面，由於蒙古貴族將擄掠和收編來的各地工匠集中在手工業局院之中從事生產，這就給工匠們交流品種、切磋技藝、分工協作提供了難得的機遇。所以一定程度上說官營手工業促進了私營手工業的發展。

（二）元朝統治者非常重視和發展海外貿易

元朝推行的是與漢族傳統相悖的「不抑商」政策。元朝統治者在接受漢

〔註8〕李瑩，劉春霞，試論元朝之對外貿易與文化交流〔J〕，瀋陽航空工業學院學報，2015，（12）：91。

化，推行「重農」政策的同時，又改革漢制，對漢族抑商傳統進行革剔，堅決推行有悖漢族傳統的「不抑商」政策思想。這種思想主要表現在以下方面：第一，以法令形式保護商業發展。第二，減輕商稅，鼓勵經商。第三，保護商道，商賈人身及財產發全。第四，釐正度量衡，禁止官吏加耗。第五，統一商稅，實行「三十稅一」制度。第六，打擊奸商與權貴勾結，禁以權力壟斷財利。第七，推行紙幣，實行全國性統一紙幣制度。

（三）紙幣的出現促進了商業經濟的流通

隨著商品交換的發展，貨幣也隨之出現了，貨幣成了衡量一定數量商品的等價物。在歷史上充當貨幣的曾出現過很多東西，但發行紙幣則源於我國宋代的「交子」，最早實行純紙幣流通制度則是元代。在公元十三世紀，我國能有如此成功的紙幣發行制度，這在世界貨幣發展上都是一個很具有影響的大事。《馬可波羅行紀》在第 95 章標題為「大汗用樹皮所造之紙幣通行全國」中高度讚揚了忽必烈時期的紙幣流通制度。他詳細地介紹了元代造幣的過程，也充分肯定了紙幣的重要作用，認為紙幣等同於純金，而且「最輕便可以攜帶。」〔註9〕對商業的發展起了重要的推進作用。

通觀全文，可以得出如下結論：元朝蒙古族作為一個具有開放意識的重商主義的民族，在遷都京城定都大都後，商業經濟發展較為迅速。商業交易形成了較為集中的轉運集散點和繁華的市場。對外貿易的發展使得中外文化的交流較多的體現在商品交換的品種多樣化。

元大都商業經濟發展如此迅速較為重要的原因是元朝統治階層的重商意識促進了商業的發展，元朝的稅收就體現出統治階級對商業發展的重要性。同時統治階級對外貿易中對官營和私營分別制定不同的制度管理，這就促進了對外通商的制度化方向的發展。

元大都商貿經濟的發展大大促進了元朝在人口、稅收、對外貿易、百姓生活水平的提高等方面的發展，元朝商業發展一個較為顯著的特點就是紙幣交子的出現，它使得我國歷史上的商品交換有了一個質的飛躍。眼觀元大都繁盛的同時，商業貿易的發展中諸多漏洞的出現也不容忽視，這些「漏洞」還有待於進一步研究。

〔註 9〕馮承鈞譯，馬可‧波羅行記〔M〕，石家莊：河北人民出版社，1999，頁 253。

參考文獻

1. 馮承鈞譯，馬可‧波羅行記〔M〕，石家莊：河北人民出版社，1999。

2. 徐元瑞，史學指南〔M〕，浙江古籍出版社，1988，153。

3. 汪興和，元代大都的商業經濟〔J〕，商史鈎沉，2004，(2)：96。

4. 宋濂等撰，元史‧世祖紀十‧卷10〔M〕，中華書局，1976，55。

5. 沈道權，元代海外貿易發展原因探析〔J〕，中南民族學院學報，1991，(1)：112。

6. 李瑩，劉春霞，試論元朝之對外貿易與文化交流〔J〕，瀋陽航空工業學院學報，2015，(12)：91。

第十四章　馬可波羅與元初上都

　　元代上都是元王朝的夏都，北方地區重要的政治、經濟、文化中心，也是當時的頗負盛名的國際性大都會。元初上都交通發達，商品貿易繁榮，城市商業經濟十分繁華。《馬可波羅遊記》中對上都的記載是現存少有的反映元初上都的外國名著，它詳細記載了元上都商業經濟繁榮的景象。通過《馬可波羅遊記》一書並結合其他史書記載，從不同角度來描述元初上都的商業經濟繁榮發展的面貌，並進一步分析促進其商業經濟發展的因素以及上都繁榮的商業經濟對元朝產生的深遠的影響。

一、《馬可波羅遊記》裏元初上都的記載

　　元上都是我國北方中外商旅彙集的重要之地，多民族聚居於此，異域商旅眾多，城市人口增加。元朝統治者十分重視商業的發展，積極推行重商主義，元代的商業貿易因此也得到很大程度的發展。上都作為元朝夏都，商業經濟也十分昌盛。元初上都，是一個匯聚中國及世界其他國家地區商人商旅的城市，眾多商人到上都從事商業貿易，並旅居於此地。在上都，歐、亞、非諸國諸民族商人接踵來華，有阿拉伯人、波斯人等，另外，蒙古族、漢族、回族、畏兀兒、西域色目人等也會聚上都，相處一城，商業交往成了他們來往的重要途徑。生活於元代的許多文人吟詩作賦，描繪其時商業之盛，楊允孚的《灤京雜詠》裏有一首詩這樣記道：「怪得家童笑語回，門前驚見事奇哉。老翁攜鼠街頭賣，碧眼黃鬚騎象來。」〔註1〕這裡「碧眼黃鬚騎象來」者顯然是異域商旅。另有，「煌煌千舍區，齊貨耀日出。方言互欺訑，粉澤變初質，

〔註1〕（清）顧嗣立編，元詩選初集下，北京：中華書局，1987，頁1966。

開張益茗酩，談笑合漆漆。」〔註2〕這是來自各地的商人操著不同的語言在上都市場上交易的生動寫照，可見上都的異域商旅之多，以及上都商業貿易經濟的繁榮狀況。異域商人和多民族聚居於此地，城市人口不斷增加，促進商業經濟的發展。

元初上都城市交通十分發達，為其商業經濟的發展創造了重要的條件。上都地處今內蒙古自治區錫林郭勒盟正藍旗政府所在地上都音郭勒鎮東北約二十公里處的金蓮川草原上，1235年，窩闊台合罕命漢族工匠於鄂爾渾河岸建築都城。由於蒙古國的強盛，上都成為當時世界著名城市之一，各國國王、使臣、教士、商人來訪者甚多。1256年忽必烈命劉秉忠在此地選址建城。1259年城郭建成，命名為「開平府」。中統元年（1260），忽必烈在開平城即位，並將開平府作為臨時首都。至元元年（1264），改燕京為中都，從而確立了兩都巡幸制度。元上都作為元王朝陪都，從至元九年（1272）開始，上都大興土木，不斷擴建。其不但政治地位非常重要，且其交通十分發達。元朝實現全國統一之後，在蒙古汗國的基礎上，設置了三條主要驛路，即：「貼里幹」路、「木憐」路、「納憐」路。在國內陸路交通方面，以這三條驛道為主幹，形成了以上都為中心，聯繫豐州、東勝州、亦策乃、應昌，大寧通往甘肅行省、嶺北行省和東北驛站的交通網絡，把漠北蒙古國東北、西北及中原等地緊密地連成為一個整體。元上都建成後，驛站空前發達，全國各地設有驛站1500多處，驛道四通八達。由此可見，上都的交通地理位置十分重要，且暢通無比。以上都為中心的暢達四方的驛路交通，為中外商旅的商業貿易往來提供了優越交通環境，也促進了元初上都商業經濟的發展。

元初上都城市商品貨物貿易交換種類繁多，市場繁榮。當時上都市場上的日常貨物有糧食、畜牧產品、布帛、茶、絲和瓷器，以及各種金屬手工業品。與上都居民生活至關密切的油、鹽、醬、醋、茶之類等等，有的也是通過商販運來的，在這些商品中，其中瓷器大部分來自於內地，例如有產自江西景德鎮的青花、浙江龍泉的青瓷、河南鈞窯系的天蘭、河北磁州窯系的白底黑花等瓷器。其中，在當時，糧食的供應對上都十分之重要，上都作為一座北方草原上的大城市，糧食供應對它的發展十分重要，但由於北方草原上的人民的生活方式是逐水草而居，雖然當地有些農業生產，也有軍隊屯田，但

〔註2〕楊允孚，灤京雜詠一百首其七十八〔EB/OL〕，中華詩詞網：http://www.haoshici.com/56eci7q.html.2020-11-15。

「上都地寒，不敏於樹藝，無土著之民」，〔註3〕故「自穀粟布帛，以致纖靡奇異之物，皆自遠至。」〔註4〕加之上都作為中外國際性大都會，人口十分之多。因此，對上都的糧食運送供應則顯得非常重要。當時上都的糧食主要依靠從內地轉輸，但只靠政府的力量往往供不應求。為了解決糧食供應不足的問題，政府採取官民並濟之法，允許私人販運，並於至元二年（1265）置和糴於上都。這樣，大批從內地轉運而來的糧食，活躍在上都的市場上。據《青崖集·奏議》記載：「上都每年合用糧不下五十萬石。」〔註5〕《元史》亦載：「至元三十年（1293），僅上都工匠戶每年需糧量，竟達一萬五千二百餘萬石之多。」〔註6〕上都「地高寒……在野者畜牧散居，以便水草」，〔註7〕上都是以畜牧為業的地區，其用於對外交換的物品，自然是馬牛羊，以及皮毛肉類。在上都有專設的畜牧交易市場，《元史·河渠志》中提到的上都大西關有南馬市，是當時著名的馬匹交易市場。另外，當時非常著名的畜牧產品還有氈毯、馬奶酒等。從上述上都商業貿易的貨物種類來看，可見上都當時商業貿易之盛況。

　　元初上都城市面貌發生了重大的變化，坊市制度已經崩潰，亦體現其商業經濟的繁榮發展。上都的城市建設遵循了中國封建都城傳統的建築風格，由宮城、皇城、外城組成，並按照功能劃分區域。「在皇城東二門和正南門外，都有關廂區。以商業中心而聞名的關廂區周圍成了上都的重要居住區。居民的住宅，分布在東西關大街的兩側，從各地來的商旅小販也多雲集於此。這不僅便利了城市居民的生活，也為商品流通和交換創造了有利條件。這座草原之城外有著相當繁榮的關廂經濟區，標誌著坊市制度到了元代已經徹底崩潰。」〔註8〕另外，我國古代城市的面貌，自唐宋以來發生了很大的變化。由於城市商業經濟的繁榮和發展，街道壁壘的坊市制度逐漸被破壞，城市中按固定時間貿易，固定集中貿易的市場的地點已不存在，各種草市、夜市隨之興起。上都也不例外，上都在元代已成為北方中外商旅會聚的重要中心之一，南北貨物在這裡集散，商旅來往頻繁，城外、城內商品貿易興盛，夜市十分繁華。

〔註3〕汪興和，元代上都的商業經濟〔J〕，江蘇商論，2004，（4）：351。
〔註4〕汪興和，元代上都的商業經濟〔J〕，江蘇商論，2004，（4）：351。
〔註5〕汪興和，元代上都的商業經濟〔J〕，江蘇商論，2004，（4）：160～162。
〔註6〕汪興和，元代上都的商業經濟〔J〕，江蘇商論，2004，（4）：160～162。
〔註7〕汪興和，元代上都的商業經濟〔J〕，江蘇商論，2004，（4）：160～162。
〔註8〕汪興和，元代上都的商業經濟〔J〕，江蘇商論，2004，（4）：160～162。

二、元初上都商業經濟繁榮的原因

元朝規模空前的大一統局面，為上都商業經濟的發展創造了良好的條件。元朝大一統的局面，使得交通上減少了許多障礙。「若元，則起朔漠，並西域，平西夏，滅女真，臣高麗，定南詔，遂下江南，而天下為一。故其地北逾陰山，西極流沙，東盡遼左，南越海表。元東南所至不下漢、唐，而西北則過之，有難以里數限者矣。」〔註9〕元王朝以其強大的軍事和政治實力保證了商道的暢通無阻，為商業的發展創造了和平統一的環境。交通的便利，使得國內外商品往來貿易十分順暢。而元朝在交通方面形成了以上都為中心，聯繫豐州、東勝州、亦策乃、應昌，大寧通往甘肅行省、嶺北行省和東北驛站的交通網絡，把漠北蒙古國東北、西北及中原等地緊密地連成為一個整體。因此，大一統的穩定政治局面對上都的商業經濟的繁榮發展十分有利。

其二，作上都為元朝夏都，政府對此重視城市建設，大興土木，不斷擴建。1260 年 3 月，忽必烈在上都登上元朝皇帝之位，並將上都作為臨時首都。至元元年（1264），改燕京為中都，確立了兩都巡幸制度。每年三、四月至八、九月，皇帝和朝廷大批的扈從官員由大都到上都辦理朝政，秋涼之後回到大都，在大都理政，每年往返一次。兩都巡幸制度，確立了上都極其重要的政治地位。顯赫的政治地位加速了上都在經濟、文化方面的發展，人口增殖，工商業繁榮。另外，朝廷重視上都的城市建設，大興土木，不斷擴建。上都的建城工程由當時著名的建築設計師劉秉忠完成的。「上都有宮城、皇城、外城組成，並將功能建築按設計好的格局，嚴格劃定建造區域，重要的宮殿集中在宮城，官署和寺廟道觀主要集中在皇城，居民和一些次要官署集中在關廂，宴饗和集會場所集中在皇城西內。這種分開設置的做法，方便了當時的統治和管理。」〔註10〕城市的建設，方便了統治者的管理，同時有助於商業經濟的發展。

其三，元代統治者十分重視商業的發展，促進其商業經濟的繁榮發展。元代的政策是既重農又重商的政策。忽必烈改變了「重農抑商」的古老傳統，而重視商業、信任商人。在元代的商業、交通和中外經濟文化交流都比較發達。一方面，統治者實行紙幣流通制度，全國通行紙幣，這是世界貨幣發展史上的一件大事。《馬可波羅遊記》中寫道：「大汗發行的一種紙幣和在他整

〔註 9〕（明）宋濂等，元史〔M〕，北京：中華書局，1976，頁 1345。
〔註10〕陳永志等，劉秉忠，元上都的營建者〔J〕，中國文化遺產，2012，（3）：46－49。

個領域內的流通。」〔註11〕他高度讚揚了忽必烈時期的紙幣流通制度。他詳細地介紹了元代造幣的過程，也充分肯定了紙幣的重要作用，認為紙幣等同於純金，而且最輕便可以攜帶，對商業的發展起了重要的推進作用。〔註12〕另一方面，元代的貿易活動的管理，有著一套完整的規章制度。一是專賣制度。元代政府專利壟斷的範圍廣泛，包括金、銀、銅、鐵、鹽、茶、水銀、礬、鉛、錫、酒、醋、農具、竹木等，都在專賣之列。二是糴、和買、常平制度。三是開展對外貿易。這些制度為元朝商業的發展創造了良好的條件，同時也促進了上都商業經濟的發展。再者，元朝統治者對商業管控較鬆。「重利誘商賈」，對商人採取輕稅政策，商稅一再減免，「至元七年，遂定三十分取一之制……始定上都稅課六十分取一；舊城市肆院務遷入都城者，四十分取一，甚至「置而不稅。」〔註13〕由此可看出，元代統治者對商業發展的重視。

第四，政府減免稅收、補助救濟商旅等措施保障了商旅們在上都的商業活動。由於上都商業經濟之重要地位，元朝政府因勢利導，在上都不斷施行一些減免稅收、補助救濟商旅的辦法和措施。如至元八年（1271）以「上都商旅往來艱辛，特免其課」。〔註14〕至順元年（1330）元政府「出錢四百萬貫」補償商旅因官買而受的損失。〔註15〕正是這些低稅、免稅、救濟補償等措施的施行，便利了商旅們在上都的商業活動，保護了他們的商業利益。另外，元朝政府為了鼓勵中原各地商人到蒙古地區貿易，對到上都地區的商販，給予「置而不徵」的免稅待遇。大批的漢族和西域商人自中原等地運去米糧與百貨，對改善牧民生活，發展牧區生產起了積極作用。因此在上都的經濟活動中，政府扮演了重要的角色，起到了對經濟進行宏觀干預和調控的作用，促進了上都上都商業經濟的繁榮發展。

第五，元代皇帝由於每年進行的宮廷宴樂經濟而引起的大規模的商業採購活動。元代實行兩都巡幸制度，即每年三、四月至八、九月，皇帝和朝廷大批的扈從官員由大都到上都辦理朝政，秋涼之後回到大都，在大都理政，每

〔註11〕陳開俊等，馬可波羅遊記〔M〕，福建：福建科學技術出版社，1981：115～117。

〔註12〕陳開俊等，馬可波羅遊記〔M〕，福建：福建科學技術出版社，1981：115～117。

〔註13〕（明）宋濂等，元史〔M〕，北京：中華書局，1976，頁3397～3398。

〔註14〕（明）宋濂等，元史〔M〕，北京：中華書局，1976，頁3397。

〔註15〕（明）宋濂等，元史〔M〕，北京：中華書局，1976，頁3404。

年往返一次。伴隨著元朝皇帝每年的巡幸而興起的宮廷宴樂，是上都獨有的商業特色。「正如周伯琦所言，一宴之費是『九州水陸千官供』，費用之巨可謂驚人。但政府為此而進行的大規模的商業採購活動，也客觀上促進了上都商業經濟的發展。『宮府需用萬端。而吏得以關者，則商賈之資也。』可見在滿足上都宮廷宴樂及官府所需方面。商人起到了舉足輕重的作用。」〔註16〕元代宮廷宴樂經濟促進了上都商業貿易的發展，對其商業經濟發展十分有利。

三、元初上都商業經濟發展的影響

交通順暢發達，其商業經濟十分繁榮，對元朝許多方面產生了重大影響。一方面上都作為元朝北方的經濟中心，其暢通發達的交通條件，繁榮的商品貿易，促進了元朝商業經濟的繁榮發展。另一方面，上都商業經濟的發展促進了城市商品貿易十分興盛，以及城市面貌的變化，上都城郊地區的貿易乃「西關輪輿多似雨，東關帳房亂如雲」的情景。而城內白天「太平樓上客紛紛」，夜晚則「初更燈火鐵樓東」，賣酒人家，湯餅小鋪，人來人往，正是當時上都城市商業經濟一片繁榮的寫照。

上都繁榮的商業經濟，有利於加強上都和國內其他城市的交流與聯繫，鞏固大一統的政治局面。上都是一座草原上的國際大都會城市，其本地供給的糧食十分有限，為了解決糧食供應不足的問題，政府採取官民並濟之法，允許私人販運，並於至元二年（1265）置和糴於上都。大批從內地轉運而來的糧食，活躍在上都的市場上。由於內地城市與上都密切相關的糧食商業貿易，有利密切城市間的經濟交往，有利於國家的統一。另外，由於上都地處草原，物資供應有限，因此，其城市物資供應主要為一方面由政府強行調運物資供應城市所需，另一方面則依靠商業途徑。例如，當時上都市場上的日常貨物有糧食、畜牧產品、布帛、茶、絲和瓷器，以及各種金屬手工業品。在這些商品中，其中瓷器大部分來自於內地，例如有產自江西景德鎮的青花、浙江龍泉的青瓷、河南鈞窯系的天蘭、河北磁州窯系的白底黑花等瓷器。由於上都發達的商業經濟，依靠商業途徑為其供應商品，有利於加強上都與其他城市的經濟聯繫和交流，有助於國家的統一。

上都繁榮的商業經濟，有助於促進了元代對外貿易的發展，開拓元朝的對外關係。元朝出現大一統的局面，其交通暢通無阻，方便了元代的對外貿

〔註16〕汪興和，元代上都的商業經濟〔J〕，江蘇商論，2004，（4）：162。

易的發展，有助於開拓對外關係。而上都作為元朝北方的經濟中心，全國交通的中心，中外商旅會聚之地以及多民族聚居的城市，其商業經濟的繁榮必然對元代對外貿易的發展尤其在陸路上的貿易往來有著重大的意義。有助加強與其他民族之間的交流，開拓元朝對外關係，促進元朝與周邊國家的友好往來。

綜上所述，上都作為當時元代的一個國際性大都會，我國北方重要的經濟中心，其商業經濟十分繁榮，這可以從它的城市人口的增多、城市面貌的變化、城市商品貿易的繁盛以及交通發達的條件等方面看出一二，從《馬可波羅遊記》中對上都的描述中亦有所體現。另外，由於元代實行兩都巡幸制度，上都作為元朝的夏都，其政治地位十分顯赫，這成為上都商業經濟繁榮發展的一個重要因素。當然，元朝大一統的局面創造了便利的交通條件、穩定的社會環境以及元朝統治者重視商業發展的政策、政府對上都商業經濟宏觀干預、上都特有的宮廷宴樂經濟的特色等因素，都對上都商業經濟的發展產生了深刻的影響。最後，上都商業經濟的繁榮，其影響是巨大的，它不但促進了元朝商業經濟的繁榮，而且加強了上都與國內其他城市的經濟聯繫和交流，有助於國家的鞏固和統一。同時，上都作為國際性商業都會，其商業經濟的繁榮發展，則會加強上都與其他周邊國家的經濟交流與來往，有助於元朝發展對外貿易的關係以及開拓元朝政權的對外關係。

參考文獻

1. （清）顧嗣立編，元詩選初集下，北京：中華書局，1987，1966。

2. 楊允孚，灤京雜詠一百首其七十八〔EB/OL〕，中華詩詞網：http://www.haoshici.com/56eci7q.html.2020-11-15。

3. 汪興和，元代上都的商業經濟〔J〕，江蘇商論，2004，（4）：160～162。

4. 虞集，元人文集珍本叢刊六道園類稿卷46賀丞忠貞公墓誌銘〔M〕，臺北：新文匯出版公司，1985，351。

5. （明）宋濂等，元史〔M〕，北京：中華書局，1976，1345。

6. 陳永志等，劉秉忠，元上都的營建者〔J〕，中國文化遺產，2012，（3）：46～49。

7. 陳開俊等譯，馬可波羅遊記〔M〕，福州：福建科學激素出版社，1981，115。

第十五章　馬可波羅與元初淮安

　　在只能依靠陸上和水上交通的古代社會來說，運河對於社會的政治、社會生活、商業貿易有著至關重要的作用。京杭大運河溝通南北水系，是發展漕運重要河道之一，關係到社稷的經濟命脈。淮安處於京杭大運河中段，溝通著黃河、長江、淮海水系，而這樣先天的優勢便使得淮安成為元朝重要的漕運樞紐。在《馬可波羅遊記》裏有記載淮安有大批的船舶途徑，每日穿梭不息，是一個十分美麗而富裕的城市。〔註1〕對於淮安，大部分都是在研究中國運河時有提及，但是鮮少人從《馬可波羅遊記》一書中研究淮安，所以從《馬可波羅遊記》這一角度來簡要分析元朝時期淮安的社會經濟情況。通過分析淮安經濟繁榮的表現以及其原因，以小見大，探究元朝的社會經濟生活和國家政策，瞭解蒙古帝國民族特色，從中吸取經驗教訓，總結城市和諧發展的對策。

一、《馬可波羅遊記》中對淮安府的記載

　　在春秋時期，淮安屬於吳、越，在隋朝592年，淮安設為楚州，到元朝至元二十年（1283）設為淮安路，民國3年（1914）1月，政府廢淮安府改為淮安縣，隸屬江蘇省。〔註2〕淮安地處京杭大運河中部，溝通南北、轉運物資的中樞，曾有「九省通衢」之稱，因此，淮安漕運從隋朝興起、發展於宋元、興盛於明清時期。漕運的興盛是淮安發展商業經濟的不可或缺的因素。元明

〔註1〕陳開俊等譯，馬可波羅遊記，〔M〕，福建：福建科學技術出版社，1981，頁166～167。

〔註2〕吳迪等，江蘇省志·地理志〔M〕，南京：江蘇古籍出版社，1995，頁100。

清時期，淮安商業貿易，往來不絕，其繁榮景象直逼京都，這些景象在《馬可波羅遊記》當中都有提及到。

　　《馬可波羅遊記》中有提到淮安州船舶甚眾，〔註3〕這一描寫也確實符合了淮安船隻來往頻繁，水運繁忙的實際情況。淮安城是政府經營的地方，所以有很多商品聚集在這裡。在這座城市的邊緣，在這條河上，有許多城市把貨物帶到這裡，它們被運往許多城市。值得注意的是，這個城市有很多鹽產品，用於其他四十個城市，鹽產量非常大。〔註4〕從書中的記載可以看出元初時期，淮安的繁榮盛況：地理位置優越，水路交通便利，船舶眾多，商品種類繁多，商業貿易興盛，尤其是製鹽業發達，南來北往，絡繹不絕。

二、《馬可波羅遊記》裏淮安府繁榮的表現

　　元朝是由一個游牧文明的蒙古族建立的一個朝代，而這種不同的文明之間會產生激烈的碰撞，最後慢慢融合，而這就體現在元朝的統治者所推行的「農商並重」的政策來。元朝統一全國所採取的手段都是粗暴而血腥的，這對於中國古代政治和文化方面在一定程度上是一個倒退。但是與中國古代其他朝代相比較，在對待商業方面的政策是比較寬容和重視的。元朝統一全國後，商業活動隨著農業生產的恢復而逐漸復蘇，這也主要是歸功於元朝初期統治者制定一系列的法律和政策去保護和鼓勵商業的發展。正所謂上有所好，下必甚焉，政治上的支持營造出利於商業發展的寬鬆的環境，這使得元朝初期社會上掀起重商主義的思潮，上到王孫貴族下至平民百姓都對商人的看法發生翻天覆地的變化，尤其是對經商持有蔑視態度的士人。

　　除了政府對發展商業的支持外，元朝的統一，也打破了南北貿易的界限。在元朝建立之前，蒙古族滅金以後，很快便與南宋對峙，雙方關係惡化，曾一度禁止南北互市，例如在至元元年（1264）正月，元朝政府停止與南北貿易，同時，禁止偷偷買賣軍備、馬匹。到至元二年三月，再次申明禁止南北通商，包括民間也是不允許的。南北互市的中斷給北方經濟帶來極大的消極影響，元朝官員胡祗遹有云：「自罷場以來，坐賈無所獲，行商無所往，舟車留停，道路蕭條。以我所有易得致富之貨，廢棄而無為用，我之所無必用之物

〔註3〕陳開俊等譯，馬可波羅遊記，〔M〕，福建：福建科學技術出版社，1981，頁166～167。

〔註4〕陳開俊等譯，馬可波羅遊記，〔M〕，福建：福建科學技術出版社，1981，頁166～167。

湧貴無所致，得計失計，於斯灼然。」〔註5〕從這段話可以看出南北互市斷絕以後，對北方商業活動造成直接不利影響。所以，在元朝統一全國以後，社會生產的恢復，全國交通網線的形成，以及紙鈔作為全國統一貨幣的使用都為商品經濟的發展提供了有利的條件。

（一）商賈雲集，城市人口眾多

衡量一個城市的繁榮程度，人口的數量也是其中的標準之一。在《元史‧地理志》當中就有記載全國的人口分布情況，其中〔註6〕

江浙行省	5882112 戶	28736947 人
江西行省	2332811 戶	11664542 人
湖廣行省	2770451 戶	9421625 人
河南行省	800410 戶	4065673 人
中書省	1355354 戶	3691516 人
陝西行省	87690 戶	750220 人
四川行省	98538 戶	615772 人
遼陽行省	49714 戶	481424 人
甘肅行省	4691 戶	52044 人

根據此數據可以看出江浙省是全國人口密集程度比較高的行省之一。在江浙行省的淮河流域，人口密集，城市人口相對集中，人口在 100 萬以上的路有杭州、揚州等等，其中淮安的人口約為 50 萬，在北方能夠容納 20 萬人以上的路就算是大路，南方則要 100 萬人以上；10 萬人以上的北方路視為中等城市，而南方則要 50 萬以上，這反映了南北方人口分布的不平衡性造成南北方城市規模的不平衡。〔註7〕

在元朝初年，隨著農業生產恢復、商品經濟的發展，全國人口呈上升趨勢，淮安府同樣是如此。在元朝統一全國後，溝通了南北運河，而淮安憑藉著優越的地理位置和豐富的自然資源尤其是產鹽數量多且質量好，漕運及鹽業的繁榮，帶來了人員的流動以及資本的積累，而這也極大促進了淮安的社

〔註5〕胡祗遹，論聚斂〔M〕//胡祗遹，紫山大全集：第 22 卷，廣州：中文出版社，1985，頁 15。

〔註6〕史衛民，陳高華，中國經濟通史‧元代經濟卷〔M〕，北京：經濟日報出版社，2000，頁 27。

〔註7〕史衛民，陳高華，中國經濟通史‧元代經濟卷〔M〕，北京：經濟日報出版社，2000，頁 29。

會經濟發展和淮安的人口增長，尤其是淮安市。而這些外來人口包括有這幾類的人：第一，由於政府認識到漕運對國家的重要性，所以中央政府派遣大量的官員駐守淮安；第二，此處是江浙地區糧食轉運的中樞，在轉運糧食的同時勢必會帶來人口的流動；第三，從葉淇進行改革，推行「開中法」後，淮安成為淮安鹽的重要集散地。第四，在水運的刺激下，淮安已成為全國商業聚集地、手工業聚集地和著名的商品集散地。商業貿易的繁榮對於一些外來人口也很有吸引力，甚至一些外國商人在此地安居樂業。〔註8〕因漕運與鹽業而帶來的資本積累和人口的增長是的淮安成為了江南在元明清時期的重要城市，而借助於漕運，淮安的發展也經久不息。

（二）漕運興盛，商業貿易發展

淮安府的漕運緣水而生，是歷史上著名的運河之都。淮安擁有約 2500 多年的城市歷史，地處淮河之濱，是京杭大運河與淮河的交會之處，有「九省通衢」之稱，溝通南北水路，眾船雲集，是全國水運樞紐與漕運管理中心。在《馬可波羅遊記》當中有提到每天有眾多的船舶經過此地，絡繹不絕，同時，大量貨物在這裡分布，並通過黃河運往全國各地進行銷售。〔註9〕在淮安河運發達的同時，江南的富庶也成為了淮安發展的巨大資本。從魏晉南北朝後，北方社會較為動盪不安，戰火紛飛，社會經濟遭到破壞；相比之下，南方的社會環境比較安穩，並且在自然環境等方面都是比較宜人的，物產豐盈，所以在西晉末年的八王之亂、唐朝安史之亂和北宋末年的靖康之變都導致中國歷史大量的中原人口南遷，而南遷的中原人口也為南方社會生產帶來較為先進的生產技術和生產工具，促進南方社會生產的開發、發展，社會經濟力量逐漸增強，直到元代時期南方社會的商業經濟已有極大發展，中國的經濟重心也已完成南移，此時江南地區的農業在全國農業生產中佔據著重要地位。《元史·食貨志》記載：「元都於燕，距江南極遠，而百司庶府之繁，衛士編民之眾，無不仰給於江南。」〔註10〕元朝出現這樣的局面，是因為元朝開國時，「中原富於塞外，江南富於中原，蒙古、色目人的經濟實力不及漢族。天下的征服者不僅要作政治上的統治者，而且要作海內財富的主人。元朝政府要滿足蒙古、色目貴族對

〔註8〕張強，漕運與淮安〔J〕，東南大學學報出版社，2008，10（4）：101。

〔註9〕陳開俊等譯，馬可波羅遊記，〔M〕，福建：福建科學技術出版社，1981，頁166〜167。

〔註10〕宋濂，元史〔M〕，北京：中華書局，1976，頁3364。

江南財富的貪欲，政權要依賴江南的經濟力量生存。」〔註11〕因此面對這樣的局面，元政府不得不重視江南的發展與建設。例如在宋末元初，江淮地區江河淤塞，而淮安作為戰爭前線也遭受到了嚴重破壞。為滿足經濟需要，元政府必須對其加以恢復建設與發展。在元至正十三年（1276年），伯顏率軍攻佔南宋首都臨安後，他目睹了長江南部水運的發展。他上奏給朝廷說：「江南城屬於井，四川運河交通，一切都在船上，比馬車受任重而力省。現在南北混合，宜穿過河道，使四海的水連接起來。所有從遠處向北京大都致敬的人，都因此獲得了國家的永久利益。」〔註12〕伯顏以四川運河為例，說明溝通運河對於國家的重要性，向元世祖忽必烈提出溝通京師大都與江南的大運河並且得到忽必烈的支持。於是中央政府在同年派遣郭守敬等大臣開通運河與治理運河雙管齊下，治理了南、北運河與江淮運河，包括開鑿了通惠河、會通河和濟州河。重新溝通的京杭大運河，北至首都，南至杭州。運河的疏通與建設讓漕運得以正常進行，同時這也使得淮安得以重新復興。在元朝初期，由於京杭大運河的順利通行，統治者高度重視運河的建設，使得南北貨物從淮安順利運到各地，利於擴大淮安商業貿易市場和推動淮安與全國各地的經濟交流。

　　儘管元朝是以海運為主，然而，在海上交通實施後，元仍在疏通運河，漕運依然受重視，因而淮安並未受到較大影響。漕運貿易的興盛帶來了大量人口的流動，而作為漕運樞紐的淮安也因為商戶市民雲集而獲得極大的發展。從元朝一直到清朝，國家的首都都是處於北方，首都是國家的政治中心，但是當時北方的物資供給主要是憑藉著南方的經濟支持，而這樣的局面使得京杭大運河成為南北物資運輸的生命線，淮安作為其中的重要樞紐，其經濟地位也極大提升。在水運系統中，淮安倉儲無論在支線運輸還是長期運輸中都起著重要作用。元代，通過大運河漕運，每年差不多有三四百萬石的米糧運到北京，多者可達到五百萬石以上，以供宮廷、官僚、軍隊和居民之需。大運河漕運不只是糧食，還有其他一些物資，如綢緞、衣物、瓷器等，還運輸北京宮殿城池的建設和皇家陵寢、園林、壇廟等的建造所需用木材與磚瓦等。〔註13〕這使得元代漕運有著重要發展。漕運興盛，運來各地產品，這豐

〔註11〕李映發，元明海運廢興考略〔J〕，四川大學學報，2009，1987，（2）：100。
〔註12〕蘇天爵，元朝名臣事略〔M〕，北京：中華書局，1996，頁20。
〔註13〕朱士光，論歷史時期淮安在運河水運中的地位與作用〔J〕，淮陰師範學院學報，2009，（5）：347。

富了淮安當地商品種類，給當地帶來更大的發展機遇，帶動當地經濟貿易的發展繁榮。

（三）製鹽業、造船業等商品貿易繁盛

蒙古人建立的元朝政權有著鮮明的游牧文明特徵，與過去歷朝相比較，由於蒙古族生產方式、生活環境等等與中原農耕文明不同，這也決定了元朝在統治中國所採取的措施具有鮮明的民族特徵，例如，與過去的歷朝重農抑商政策不同，由於蒙古族生活物資的短缺使得蒙古人比較重視商業貿易。元朝政權建立以後，統治者為了恢復社會生產和經濟貿易，實行了一系列有利於商業恢復發展的措施。鼓勵和保護商業發展的措施使得鹽業進一步繁榮，而鹽業的繁榮不僅進一步增加了政府稅收，也促進了淮安當地社會經濟的發展，吸引力大量的商人前往淮安。此外，淮安除了聚集了大量的鹽商和貿易商外，貿易商隊伍也日益壯大。因此，淮安市迅速形成了農產品、棉織物、絲織物、油酒、乾鮮水果、紙、竹、木、藤、鐵、銅等商品的全方位市場。商品逐漸增多，市場逐漸擴大，商業規模的迅速壯大，促進分類行當的形成，例如茶行、米行、鹽等等專業的買賣商鋪的出現。

經濟繁榮的淮安為元朝政府提供了穩定的商業稅。稅收是政府財政收入的重要來源，關係到政府能否正常運轉。從南宋完成經濟重心南移以後，南方的經濟水平遠遠超過北方，因而政府對南方城市的商業稅徵收更多。這也是因為北方自然條件較為惡劣，不利於進行農業生產，並且蒙古族是游牧民族，農業生產較為落後，物資短缺，牧民收入低而不穩定，更是無法為政府帶來穩定的稅收收入。

三、元代淮安繁榮的原因

（一）地理位置優越，河道眾多，漕運發達

從古至今，交通運輸，都是人類生活重要的一部分，對於城鄉之間、地域之間人口、商品的流通是非常重要的，所以交通運輸便利對於城市經濟的發展也是起到關鍵作用的。例如淮安城，位於淮陰交集點，是江淮水運的樞紐。後來經過吳王夫差修成邗溝，兩年後建成了菏水，此河道連通濟水與泗水；到戰國時期，魏惠王建成鴻溝水系，這都大大提高了淮安城在水運中的城市地位。而京杭大運河的繁榮則使得淮安長期保持這河運樞紐的地位。尤其是在元、明、清三代，淮安城在大運河水運中也起著重要作用，是其他

地區無可取代的。淮安城與京杭大運河的命運緊密相連，更是關聯著首都的糧食補給，所以說淮安地區的運河是通道，淮安漕運通暢，糧食充足，則首都安，糧食補給充足。淮安在漕運上的重要地位使得其被人稱為「漕運之都」。〔註 14〕

發達的漕運吸引商賈雲集，大量富商的聚集使得當地獲得更多的發展資源，帶動一系列產業的出現、發展。淮安作為漕運中轉之地，每天來往的行人、旅客、官宦甚多，這就對衣食住行的需求更大，這些日常生活的需求推動了淮安手工業、農副產品貿易。而在忽必烈建立元朝以後，為恢復生產，實施「農商並重」的政策，這與歷史上其他的朝代「重農抑商政策」有所不同，所以在他即位之初便頒發詔令：「天下國以民為本，民以衣食為本，衣食以農桑為本，」〔註 15〕採取一系列發展生產、開墾田地、勸課農桑的措施，例如明確政府管理農業的職能，建立專門的農業管理機構，並且由中央政府委派勸農官員，來勸說百姓，開墾荒地，種植桑棗，恢復發展農業生產。此外，統治者還派遣官員對地方農業生產情況進行監察。在至元六年，忽必烈成立諸道提刑按察司進行監察，若發現地方官員不盡心實行農業生產，必須追究懲罰，並且農業生產狀況成為考核官員績效的重要內容。忽必烈推行的農業政策和管理措施對於恢復社會生產卓有成效。元朝對農業生產的重視，使得百姓逐漸變得富餘，並且對商業也是十分重視，這也是元朝經濟發展的一大特徵，也是由於游牧民族的生產方式所決定的。農業生產逐漸恢復發展，在重商的社會風氣之下，許多農產品也進入到商品流通領域當中。例如，在元朝時，農村出現許多集市，而農村中的商品流通主要是定期在集市上進行。元末劉基說：「越城（紹興）東南行，泊於雲峰下，曰平水市，即唐元微之草市也。其地居鏡湖上游，群小水至入此湖，於是始通舟楫。故竹木薪炭凡貨物產於山者，皆於是乎會，以輸於城府，故其市為甚盛。」〔註 16〕草市是元朝集市的前身，在這些集市上有一些固定的商鋪，農村中的百姓便定期到集市上進行商品交換，在一些規模比較大的鎮、市上，元朝政府還設置收取商稅的機構。這些集市逐漸發展，溝通了城鄉商品交換，促進農村經濟的發展，

〔註 14〕尹鈞科，從漕運與北京的關係看淮安城的歷史地位〔J〕，北京：社會科學院，2007，（3）：55。

〔註 15〕宋濂，元史〔M〕，北京：中華書局，1976，頁 3352。

〔註 16〕劉基，出越城至平水記〔M〕//劉基，誠意伯文集：第 6 卷，中國文化史出版社，2011，頁 36。

儘管在後來元朝政府頒布禁止集市交換商品的禁令，但是它已經成為農村經濟生活的重要組成部分，無法禁止了。

（二）岩鹽儲量豐富，為淮安製鹽業發展提供充足的原料

淮安地區盛產岩鹽，經現代探明，淮安市石鹽資源探明儲量豐富，品質好，可以大規模開採。以如今的豐富程度便可大致的窺見元代淮安發達的鹽業。豐富的鹽業資源以及便利的交通為淮安的鹽運行業的發展提供了重要條件。此時人們多用海鹽，海鹽比池鹽和井鹽便宜，品質優良。在海鹽中，淮鹽品質是最好的，而淮安是淮安鹽的產地。從古至今，淮鹽鹽業均在淮安的發展之中佔據著重要的地位，在《馬可波羅遊記》中便有提及到這裡生產的鹽，不僅供城市使用，也供其他地方使用。〔註 17〕鹽貿易為元朝政府提供了龐大的稅收。豐富的鹽產量、淮安優越的地理位置及便利的交通，都使得淮安的鹽運也極為發達。

淮南煮鹽業最早起於秦漢。到了元代中期，淮北鹽產量增加促進鹽業的發展，最後淮南的製鹽業被其取而代之。淮安製鹽業以其優良的品質、豐富的產量和便利的交通運輸，吸引了大量鹽商到淮安購鹽。此時的淮安盈利最為大的便是產鹽業，無論在數量還是質量方面都獨佔優勢。淮北地區的鹽分多集中在其他地區，經沿河渠轉運到淮安。其中一部分通過陸路運輸到安東（今漣水），另一部分通過草灣灣另一側的沿河運到河西鎮。然後他們被分配到安徽、河南和蘇南。當時，河下有幾十個鹽堆，有 140 多萬噸淮鹽通過淮安運輸和銷售。對此，《淮安府志》中就有說到淮安城北是淮北港鹽屯集，因此吸引著惠、揚州的鉅資鹽商到此地進行鹽業貿易，車水馬龍，人來人往絡繹不絕。

（三）歷朝的政治、軍事重地

淮安把守著江淮，是南北水運來往的必經之地，這使得其成為兵家必爭之地。現存的淮安古城在東晉時期為山陽郡，在南北政權對峙的時期是舉足輕重的軍事重地。到隋朝皇帝改為山陽縣，並在此設置楚州治所。隨後隋煬帝在位期間，開鑿山陽瀆和通濟渠，連通長江流域和中原，建立了以隋朝首都為核心的水運交通路線，而把守江淮的淮安成為了戰略之地。此外，這裡還專門設立了一個管理機構來管理水運，使得淮安的政治地位大為提高。京

〔註 17〕陳開俊等譯，馬可波羅遊記，〔M〕，福建：福建科學技術出版社，1981，頁166～167。

杭大運河的開通，使得淮安與之緊密聯繫，在唐朝發生安史之亂後，國家的
軍費都取之江淮，淮安便成為了運轉物資的重要城市。到了宋朝，宋太宗在
淮安設置江淮轉運使。隨著時間的推移，運河荒廢淤塞，所以當時南北物資
的運送是從杭州到鎮江，經過長江北上入淮水，西轉黃河至環中（今河南省
豐丘縣），後陸運貨物至淇門，通過運河御河、白河水道達通州，再陸運至大
都。〔註 18〕後由於此道負擔過重，因此在 1276 年正月元朝政府下令開鑿濟
州漕渠，又在 1289 年，政府下令開鑿會通河，兩年後，開鑿通惠河，連通大
都至通州的河道。運河開通後，「江淮、湖廣、四川、海外藏民進貢、運糧、
商旅、遷建，畢達都。」〔註 19〕由此可看出，當時的運河船運是非常繁忙。
據元代估計，僅通過運河進入全國大部分地區的糧食就高達五百萬石。〔註
20〕在開鑿運河的同時，元朝政府也在開闢海運航道，在至元二十八年，專委
朱清、張瑄領導海運。從這以後，海運日益發展，最高一年的運糧 330 餘萬
石。〔註 21〕在《元史·食貨志》中有記載：「腹裏每年交田賦二百二十七萬一
千四百四十九石，在商稅方面，酒稅為五萬六千二百四十三錠；醋稅為三千
五百七十六錠；〔註 22〕相比之下，四百四十九萬四千七百八十三石是江浙兩
省的年糧。商稅一萬一千八百七十錠，從這兩方面相比較，江浙行省所交的賦
稅是腹裏的倍數，也反映了元代商業經濟及水平南北方的差異性和不平衡性，
所以一旦南北商運隔絕，對於北方社會的影響非常嚴重，所以作為溝通南北運
河的淮安便是關鍵，在宋朝以前，淮安更多是作為政治、軍事要地，但是在元
明清時期，淮安城的經濟職能加強，尤其是明朝實行禁海政策，罷海運後，此
時漕運是運輸南北物資的主要通道，淮安成為了南北水運中轉的交通重城，因
此在城市監管方面政府也進一步加強。例如，明太祖時期，在淮安設置漕運使；
永樂年間，設置漕運總兵官；到清朝時期，政府依然在淮安設置漕運總督府；
康熙十六年，把河道總督府移置淮安清河縣，史無前例的一地兩府，進一步提
高淮安的政治、經濟、文化地位。從上述可以看出，明、清時期政府對淮安的
重視，這也使得淮安政治地位大大提高，促進淮安經濟高度繁榮發展。

〔註 18〕史衛民，陳高華，中國經濟通史·元代經濟卷〔M〕，北京：經濟日報出版社，
　　　　2000，頁 375。

〔註 19〕蘇天爵，元朝名臣事略〔M〕，北京：中華書局，1996，頁 20。

〔註 20〕周良霄，顧菊英，元史〔M〕，上海人民出版社，2003，頁 507。

〔註 21〕周良霄，顧菊英，元史〔M〕，上海人民出版社，2003，頁 511。

〔註 22〕宋濂，元史〔M〕，北京：中華書局，1976，頁 2383～2385。

　　地處江南的淮安借助此及其在京杭運河中的樞紐地位，其經過歷代的發展
而轉而成為漕運之都。元代初期，雖因戰爭而經濟凋敝，但淮安終因優越的地
理位置及豐富的鹽業而在元代漕運佔據重要地位。淮安漕運行業的繁榮帶來的
人口及資本的流動為淮安當地的經濟發展帶來了強大的動力。自吳王夫差開邗
溝，到隋煬帝開通京杭大運河，居於古淮河與京杭大運河交點的淮安依託漕運
及江南地區的經濟資源而取得極大發展。在宋元及明清四代，淮安更一躍成為
漕運之都。在元朝，北方政府十分依賴南方的所提供的物資支持，漕運更為歷
代統治者所重視，在這樣的條件下，政府對淮安更加重視，進一步提高的淮安
在全國中的政治、經濟地位。至此，淮安依託運河及江南的經濟基礎以及當地
豐富的鹽業資源，在元初淮安經濟便進一步繁榮，於此同時，元政府也從鹽業
及漕運業發達的淮安獲得大量收入，成為元代稅收的重要來源之一。

參考文獻

1. 陳開俊等譯，馬可波羅遊記，〔M〕，福建：福建科學技術出版社，1981，166～167。

2. 吳迪等，江蘇省志·地理志〔M〕，南京：江蘇古籍出版社，1995，100。

3. 胡祇遹，論聚斂〔M〕//胡祇遹，紫山大全集：第22卷，廣州：中文出版社，1985，15。

4. 史衛民，陳高華，中國經濟通史·元代經濟卷〔M〕，北京：經濟日報出版社，2000，29。

5. 張強，漕運與淮安〔J〕，東南大學學報出版社，2008，10（4）：101。

6. 宋濂，元史〔M〕，北京：中華書局，1976，3364。

7. 李映發，元明海運廢興考略〔J〕，四川大學學報，2009，1987，（2）：100。

8. 蘇天爵，元朝名臣事略〔M〕，北京：中華書局，1996，20。

9. 朱士光，論歷史時期淮安在運河水運中的地位與作用〔J〕，淮陰師範學院學報，2009，（5）：347。

10. 尹鈞科，從漕運與北京的關係看淮安城的歷史地位〔J〕，北京：社會科學院，2007，（3）：55。

11. 劉基，出越城至平水記〔M〕//劉基，誠意伯文集：第6卷，中國文化史出版社，2011，36。

12. 周良霄，顧菊英，元史〔M〕，上海人民出版社，2003，507。

下篇　馬可波羅與絲路沿線國內海港城市研究

第一章　馬可波羅與元初杭州

　　元初杭州，規模宏偉，人口眾多，交通發達，經濟繁榮，既是元代南北經濟文化聯繫的樞紐，又是元代中外經濟文化交流的中心之一，《馬可波羅遊記》中關於元初杭州的記載佔了約 1/15 的篇幅，對杭州的地理方位、經濟文化、社會生活等進行了詳細而生動的描述，對於研究元初杭州的概況、瞭解元初社會經濟文化有一定的意義。學術界對元初杭州的研究著述頗豐，但大多著眼於杭州的宗教、戲曲、文化等方面。本文將從《馬可波羅遊記》出發對元初杭州的經濟和文化狀況進行研究，著重探討其表現、原因和影響。

一、《馬可波羅遊記》裏元初杭州的記載

　　馬可波羅將杭州譽為「天城」和「人間天堂」。〔註1〕根據遊記記載和專家研究，馬可波羅在 1277～1287 年間因受大汗指派多次來杭州巡檢歲課或檢校鹽課，期間很可能在杭州居住過一段時間。1287～1289 年間，他奉命出使印度等地時，往返途中，兩歷杭州。1290 年夏，他和父、叔 2 人隨波斯使團護送蒙古闊闊真公主下嫁伊利汗國，並順道西行回國，途中途徑杭州，最後一次遊歷了杭州。〔註2〕多次遊歷杭州的馬可波羅在遊記中詳述了杭州的繁華富庶。經濟的繁榮突出表現在市場活躍、服務性行業和倉庫儲存業發達、手工作坊眾多、消費能力強、紙幣流通、稅收制度方面。文化的興盛則表現在娛樂、宗教、算卦占卜等方面。從中可以看出元初杭州在中外經濟文化交流中的重要地位。

〔註1〕梁生智，馬可波羅遊記〔M〕，北京：中國文史出版社，2008，頁175。
〔註2〕鮑志成，元代杭州中外文化的和諧交融〔J〕，歷史上中外文化的和諧與共生：中國中外關係史學會學術研討會，2013，頁161～175。

（一）經濟繁榮的表現

《馬可波羅遊記》中關於元初杭州繁華富庶的經濟狀況，主要表現在六個方面：市場活躍，商品多種多樣、服務性行業和倉庫儲存業發達、手工業發展，作坊眾多、消費能力強大。

1. 市場活躍，商品多種多樣

馬可波羅在書中記載到，「城內除掉各街道上密密麻麻的店鋪外，還有十個大廣場或市場。」〔註3〕「這十個方形市場都被高樓大廈環繞著。高樓的底層是商店，經營各種商品，出售各種貨物。」〔註4〕元代的杭州商業繁榮，進行商貿交易的大市場就有十個之多，每隔4英里就有一個市場。而且這些市場面積廣闊，每邊都長達半英里，可以容納的店鋪商販不計其數。在馬可波羅的描述中，這些市場一是靠近大運河，二是附近存在許多大貨棧。地理位置十分便利，因而交易興盛。不僅如此，因為市場的面積廣闊和位置優越，每個市場在一周中有三天集市，每次趕集的人數多達四、五萬人，市場上出售的商品應有盡有，品種繁多。〔註5〕市場數量多，面積大，地理位置優越，集市次數多，趕集人數多，這些無不反映了杭州商業的興盛。在市場上售賣的商品數量眾多、品種多樣且物美價廉。馬可波羅寫道，「一年四季，市場上總有各種各樣的香料和果子。」〔註6〕瓜果蔬菜樣樣俱全，不但有本地種植的梨和桃，還有外地進口的葡萄等。店鋪裏「香料、藥材、小裝飾品和珍珠等應有盡有。」〔註7〕市場上可見的獵物家禽多種多樣，既有雞、鴨等普通家禽，也有野鹿、野兔等山珍野味。「一個威尼斯銀幣可買一對鵝和兩對鴨。」〔註8〕足可見價格低廉。「在杭州可以發現中國其他城市中根本找不到的東西。根據一段當時的記述，在這些商品中有化妝品（油膏、香水、睫毛膏和假髮），有小貓和用作貓食的魚以及貓窩，有蟋蟀籠子及其飼料，還有金魚、浴巾、釣具、遊戲用的飛鏢、棋類、糊窗戶的油紙、蚊香等等。」〔註9〕杭州本地生

〔註3〕梁生智，馬可波羅遊記〔M〕，北京：中國文史出版社，2008，頁176。
〔註4〕梁生智，馬可波羅遊記〔M〕，北京：中國文史出版社，2008，頁177。
〔註5〕梁生智，馬可波羅遊記〔M〕，北京：中國文史出版社，2008，頁176。
〔註6〕梁生智，馬可波羅遊記〔M〕，北京：中國文史出版社，2008，頁176。
〔註7〕梁生智，馬可波羅遊記〔M〕，北京：中國文史出版社，2008，頁177。
〔註8〕梁生智，馬可波羅遊記〔M〕，北京：中國文史出版社，2008，頁176。
〔註9〕謝和耐，蒙元入侵前夜的中國日常生活〔M〕，江蘇：江蘇人民出版社，1995，頁30。

產和出口各類商品，又進口來自世界各地的商品，市場上售賣的商品可謂應有盡有，豐富多樣。

2. 服務性行業和倉庫儲存業發達

元代的杭州市場，已經出現了服務性行業，例如專門的酒肆、茶肆、公共浴室、妓院等。這些在馬可波羅的筆下均有記載。「有些鋪子除酒外，不賣別的東西，它們不斷地釀酒，以適當的價格，將新鮮貨品供應顧客。」「街道上有許多浴室，有男女僕人服侍入浴。」「在其他街上有許多紅燈區……不僅靠近方形市場的地方為她們的麇集之地，而且在城中各處都有她們的寄住之地。」〔註10〕來往杭州的客商帶動了杭州餐飲業和旅店業的發展。因為在杭州經商的商人來自五湖四海，所以杭州的酒樓飯店不僅數量繁多，而且類型多樣，既有南北風味的飯館，也有清真飯館和素食飯館。杭州市民習慣每日洗澡，「根據馬可波羅的說法，在杭州這類商業性的澡堂計有 3000 家之多，而每一家都可供 100 人同時入浴。這些澡堂很可能也為人們按摩，且向人們提供茶、酒服務。」〔註11〕杭州人經商、旅行、婚喪都要先去占卜，因此算卦占卜行業也很興盛。由於商貿發達，儲存貨物的倉庫儲存業也得到了發展。在運河的近岸處就有許多用石頭建築而成的大貨棧，專為從外國和外地來的商人準備的。「自梅家橋至白洋湖，方家橋到法物庫市舶前，有慈元殿及富豪內侍諸司等人家於水次起造塌房數十所，為屋數千間，專以假賃與市郭間鋪席宅舍，及客旅寄藏貨物，並動具等物，四面皆水，不惟可避風燭，亦可免偷盜，極為利便。蓋置塌房家，月月取索假賃者管理巡廊錢會，顧養人力，遇夜巡警，不致疏虞。」〔註12〕杭州城內有許多石頭建造而成的塌房，專門用來儲存貨物，既可防火，又可防盜。可見，元代杭州的倉庫儲存業十分發達。

3. 手工業發展，作坊眾多

「在此處所經營的手工業中，有十二種被公認高於其餘各種……每種手藝都有上千個工場，而每個工場中都有十個、十五個或二十個工人。在少數工場中，甚至有四十個人工作。」〔註13〕手工業主要以絲織、製瓷、印刷、

〔註10〕梁生智，馬可波羅遊記〔M〕，北京：中國文史出版社，2008，頁 177。
〔註11〕謝和耐，蒙元入侵前夜的中國日常生活〔M〕，江蘇：江蘇人民出版社，1995，頁 91。
〔註12〕吳自牧，夢梁錄：卷十九，塌房〔M〕，杭州：浙江人民出版社，1984，頁 180。
〔註13〕梁生智，馬可波羅遊記〔M〕，北京：中國文史出版社，2008，頁 178～179。

軍器製造業為主。「為宮廷貴族服務的官營手工業佔了相當的比例。民間手工業的分工較細,有各種作坊,如碾米作、腰帶作、鋪翠作、木作、磚瓦作等,但產品尚未形成突出優勢,未能大量外銷。」〔註14〕雖然元代杭州的手工業水平比不上工商業,但是這一時期不論是官營還是私營手工業都得到了發展,手工作坊逐漸擴大為工場。在這些工場中,富裕的工場主提供生產工具和原料,工人提供勞動力。手工業的經營方式由傳統的子承父業演變為只要有錢便可雇傭工人經營,貨幣雇傭關係的產生標誌著元代杭州的生產關係出現了變革,早期資本主義萌芽的經營方式開始形成。

4. 消費能力強大

杭州人口眾多,是一個有著百萬人口的大都市,其消費能力十分強大。「每到集市之日,市場中擠滿了商人,他們用車和船裝載各種貨物,擺滿地面,而所有商品都能夠找到買主。」〔註15〕就連市場上銷售的數量驚人的魚,在短短幾個小時之內就銷售一空。〔註16〕馬可波羅以胡椒作為參照物,「每日上市的胡椒油四十三擔,而每擔重二百二十三磅。」〔註17〕從而猜測出杭州市民每日消耗的酒、肉、雜貨等的數量之巨。絲綢業本就是杭州的傳統工業,但是杭州還須從外省進口絲綢才能滿足本地居民的需求。杭州市民男女老少都穿絲綢衣服,就連馬車的四周都用綢幔裝飾,甚至將綢緞作為殉葬品。「城中居民需求量最大的兩項消費品,乃是他們的基本食物:大米和豬肉……每日要有數千噸的這種稻穀被運抵杭州,從江浙一帶大米主產區開來的米船,遂源源不斷不捨晝夜地沿運河到達這裡,除此之外,杭州甚至還需要從淮河流域輸入稻米,再經由海路把廣東地區的稻米不遠千里地運來。糧船在北郊的米市橋和黑橋卸下大米,然後大米再從這裡被分售給城中數不清的米鋪和飯鋪。」〔註18〕

5. 紙幣的流通

「這個城市的居民是偶像崇拜者,通用紙幣。」〔註19〕北宋時期就出現

〔註14〕王挺之,馬可波羅時代的杭州與佛羅倫薩城市比較〔J〕,四川大學學報哲學社會科學版,1989,(4):88～96。

〔註15〕梁生智,馬可波羅遊記〔M〕,北京:中國文史出版社,2008,頁178。

〔註16〕梁生智,馬可波羅遊記〔M〕,北京:中國文史出版社,2008,頁177。

〔註17〕梁生智,馬可波羅遊記〔M〕,北京:中國文史出版社,2008,頁178。

〔註18〕謝和耐,蒙元入侵前夜的中國日常生活〔M〕,江蘇:江蘇人民出版社,1995,頁27。

〔註19〕梁生智,馬可波羅遊記〔M〕,北京:中國文史出版社,2008,頁178。

了世界上最早的紙幣，即交子。南宋時期杭州成為都城，設立了「行在會子務」，正式發行紙幣「會子」。元代時期元鈔是中國歷史上首次在全國範圍內統一使用的紙幣。紙幣之所以能夠代替金銀銅等金屬貨幣是因為它造價便宜又方便攜帶。對於貿易活動頻繁的經濟發達地區來說，相比起笨重且不易攜帶的黃金白銀，輕便的紙幣更能夠滿足其需要。來自印度、意大利、阿拉伯、波斯、埃及等地的外國商人在杭州與本土商人進行商貿交易時都是使用紙幣的。

6. 稅收種類繁多，稅率低，稅額大

馬可波羅在遊記中詳細記載了元代統治者在杭州徵收的稅種和稅率。鹽、糖、酒、家畜、農產品、絲綢等都要徵稅，本地工匠、本國和外國商人也要納稅。稅收的金額也因稅收種類不同而有所差別。糖、酒等雜貨徵收百分之三又三分之一的稅，工匠繳納的稅額也是一樣的，但是商人因地域遠近而分為兩種不同的稅，較近的國家或地方的商人徵收百分之三又三分之一的稅，遙遠的國家或地方的商人徵收百分之十的稅。僅鹽稅一項，「大汗每年可收得八十個金託曼的稅，每一託曼為八萬薩吉，每一薩吉足足等於一個金佛羅林，最後總數達六百四十萬德克。」〔註20〕「除掉上述的鹽稅外，大汗每年還可收到二百一十託曼或六千零八十萬德克。」〔註21〕儘管元代政府徵收的稅率不高，但是商品種類眾多，稅收種類自然增多，最終徵收的稅額數量巨大，十分驚人。

（二）文化繁榮的表現

杭州曾是南宋的政治、經濟、文化中心。在宋朝南遷時，皇室貴族、官吏士紳、地主平民都大批遷移到杭州，促進了杭州文化的昌盛。元代時統治者實行重商政策和寬鬆的宗教政策，再加上杭州獨特的地理位置，因而吸引了大量國內外遊客和商人，吸收了大量外來文化。在這一過程中，不同文化的碰撞與交流促進了杭州自身文化的發展。

1. 娛樂文化繁榮

馬可波羅在遊記中已經詳述了杭州的服務性行業十分發達，既有酒肆、茶肆、公共浴室，也有花樓妓院，更有街車畫舫。泛舟西湖成為杭州市民的一大

〔註20〕梁生智，馬可波羅遊記〔M〕，北京：中國文史出版社，2008，頁187。
〔註21〕梁生智，馬可波羅遊記〔M〕，北京：中國文史出版社，2008，頁188。

特色娛樂活動。畫舫精緻舒適，船艙內外都「油彩豔麗，並繪有無數的圖案」，「船身兩側都有圓形窗戶，可隨意開關，使遊客坐在桌前，便能飽覽全湖的風光」。〔註22〕乘坐畫舫遊船泛舟西湖，不僅可以欣賞西湖的旖旎風光，還可以將全城景象盡收眼底，又能夠欣賞絡繹不絕的精美畫舫和行樂的愛侶。因此，「這裡的居民在工作或交易之餘，除掉想和自己的妻子或情人在畫舫中或街車上休閒享樂之外，別無所思。」〔註23〕杭州市民還十分喜歡乘坐「頂上有蓋，四周掛有綢幔，並且配有綢製的坐墊，能容六人乘坐」〔註24〕的街車遊街。寬闊的街道上時常可以見到遊樂的男女坐著華美精緻的街車經過。童寯先生的《江南園林誌》記載到，「南宋以來，園林之盛，首推四州，即湖、杭、蘇、楊。而以湖州，杭州為尤。」南宋時期有文獻記載的杭州私家園林就有107個，元代時杭州作為經濟、文化重鎮，園林更是不計其數。精緻秀雅的園林吸引了大批喜好遊玩的市民遊客。馬可波羅在遊記中寫道，「他們一到園中就被那些管理花園的人引到蔭涼的洞穴去休息……男人們帶著婦女在這裡遊玩終日，直至晚上才乘馬車回家。」〔註25〕富足的生活為杭州市民提供了金錢和時間去娛樂消遣，促進了杭州娛樂文化的發展。「或在街上，或在遊樂區，城中居民可以享受大量的娛樂（變戲法、傀儡戲、皮影戲、說書、踏索……）；遊樂區裏建有大型的劇院，三教九流的人都在這裡會聚。那裡每天都有各種表演，以及歌舞音樂。」〔註26〕宋代鄭元祐送長洲人沈右遊玩杭州時寫道，「錢塘湖上水西頭，歷歷山人舊釣遊。相府猶余秋水觀，酒旗多掛夕陽樓。春喧車馬松間寺，夜載笙歌月下舟。見說於今總消歇，休文到日重淒愁。」〔註27〕

2. 宗教文化興盛

自東漢時期佛教傳入後，歷朝歷代都有外來宗教傳入中國，如唐朝時景教傳入長安，伊斯蘭教、摩尼教流行於唐、宋時期。元代，統治者實行寬鬆的宗教自由政策，並不限制外來宗教的傳播和本地宗教的發展，尊重各民族的

〔註22〕梁生智，馬可波羅遊記〔M〕，北京：中國文史出版社，2008，頁180。

〔註23〕梁生智，馬可波羅遊記〔M〕，北京：中國文史出版社，2008，頁180。

〔註24〕梁生智，馬可波羅遊記〔M〕，北京：中國文史出版社，2008，頁181。

〔註25〕梁生智，馬可波羅遊記〔M〕，北京：中國文史出版社，2008，頁181。

〔註26〕謝和耐，蒙元入侵前夜的中國日常生活〔M〕，江蘇：江蘇人民出版社，1995，頁44。

〔註27〕（宋）鄭元祐，送長洲人沈右遊玩杭州楊〔M/OL〕，https://so.gushiwen.org/shiwenv_757530a72a58.aspx。

風俗習慣和宗教信仰。再加上杭州水陸交通發達，商業經濟繁榮，更是吸引了許多外來宗教人士在此遊玩、僑寓，「喇嘛教、景教、猶太教、火祆教等也在元代杭州一度流行。」〔註28〕但是杭州市民最信奉的是佛教，杭州更是有著「東南佛國」的美稱。杭州城內設有「許多廟宇及寺院，寺中住著許多僧侶，他們都十分虔誠可敬。」〔註29〕杭州市民對佛教的崇拜還表現在處理喪事上。貴族或富人去世後，他們的家屬會專門請一些僧侶在送葬過程中高聲念頌經文，為死者祈禱，使死者的亡靈能夠被順利接引。〔註30〕「杭州的宗教文化，包括寺觀建築、宗教園林、石窟造像、法器文物、古蹟遺存、經藏典籍、文化藝術、高僧大德等，積澱豐富，博大精深。」〔註31〕

3. 算卦占卜盛行

　　杭州市民迷信算卦占卜，無論何事都喜歡找算命先生推測命運，判斷吉凶。杭州城內經常有算命先生在集市上擺攤算卦。「市場上的每一個地方都能遇到大批的算命先生。」〔註32〕甚至可以看到西域人擔任算命先生，例如西域相者王月屋就曾在杭州城內擺攤算命。杭州市民從一出生直至死亡，他們的一生都離不開算卦占卜。「京師人在子女降生時，馬上將年、月、日、時記下來，然後請一個算命先生推算嬰兒的星宿，算命先生的答覆也同樣詳細地寫在紙上。當嬰兒長大後，如果有什麼重要的事情，如經商、航海、訂婚等等，就拿著這個生辰八字到算命先生那裡，經過他詳細推算之後，預言事情的成敗。」〔註33〕事業、婚姻、子嗣等事都要由算命先生占卜一番才能決定。而算命先生的推測結果有時會靈驗，這使人們更加相信算卦占卜的力量。尤其是在婚姻大事上，人們婚姻能否締結很大程度上取決於算命先生的占卜結果。馬可波羅記載，「任何婚姻，在沒有得到算命先生的意見前，是決不會舉辦的。」〔註34〕古代的婚俗遵循納禮、問名、納吉、納徵、請期、迎親的嚴格程序。在問名環節中，男女雙方要請算命先生推算彼此的生辰八字是否匹配。如果占卜的結果不匹配，那麼男女雙方就無法結為夫妻。

〔註28〕鮑志成，論杭州（西湖）的人文氣質〔J〕，杭州研究，2010，（4）：164～173。
〔註29〕梁生智，馬可波羅遊記〔M〕，北京：中國文史出版社，2008，頁179。
〔註30〕梁生智，馬可波羅遊記〔M〕，北京：中國文史出版社，2008，頁182。
〔註31〕鮑志成，論杭州（西湖）的人文氣質〔J〕，杭州研究，2010，（4）：164～173。
〔註32〕梁生智，馬可波羅遊記〔M〕，北京：中國文史出版社，2008，頁178。
〔註33〕梁生智，馬可波羅遊記〔M〕，北京：中國文史出版社，2008，頁181。
〔註34〕梁生智，馬可波羅遊記〔M〕，北京：中國文史出版社，2008，頁182。

二、《馬可波羅遊記》裏元初杭州經濟文化繁榮的原因

（一）經濟繁榮富庶的原因

1. 元代實行重商政策

元以前的王朝統治者基本上實行重農抑商政策，更是塑造了士農工商的傳統觀念。商人的地位低下，經常受到統治階級的打壓，因而大多數百姓並不願意經商。然而，元代統治者重視商業發展，鼓勵人們經商，實行各種有利於商人的政策，營造商業發展的有利環境。政府明令禁止沿途官員刁難商人，為了保障他們的人身安全，在各要道和旅館都派遣士兵，對商人進行詳細的檢查和登記。杭州城內建造了許多商人存放行李的石頭貨棧，以便發生火災時可以保護貨物。而且，城中駐有守衛，日夜巡邏，「如遇上火警，守衛就敲擊木器發出警報，於是一定距離內守衛就會立刻趕來救火，並將此地商人和其他人的財產，移入前面所說的石屋中。貨物有時也裝入船中，運到湖中的島上。」〔註35〕政府對商人及其貨物都給予了一定的安全保障。重商政策的推行促進了重商觀念的發展。元末江南文人楊維楨用「人生不願萬戶侯，但願鹽利淮西頭」表達當時人們寧願做腰纏萬貫的鹽商而不願當官的心態。商人的地位得到提高，商人隊伍擴大，商業愈加繁榮。杭州城內駐紮了三萬士兵，〔註36〕維持城內治安，保證商業活動的順利進行，為商業發展提供了有利的社會環境和安全保障。

2. 杭州的水陸交通發達

元人說杭州「山川之盛，跨吳越閩浙之遠；土貢之富，兼荊廣川蜀之饒」，反映的正是杭州所處的交通和經濟樞紐地位。「據中國史書記載，13世紀末的杭州地處大運河南端，地勢西高東低，西邊緊靠西湖，東南有錢塘江環繞，水路交通發達，陸上四面通衢。故《夢粱錄》形容它『襟江抱湖』。」〔註37〕馬可波羅在遊記中記載到，「這座城市位於一個清澈澄明的淡水湖與一條大河之間。湖水經由大小運河引導，流入全城各處，並將所有垃圾帶入湖中，最終流入大海。城內除了陸上交通外，還有各種水上通道，可以到達城市各處。所有的運河與街道都很寬闊，所以運載居民必需品的船隻與車輛，都能很方便地來

〔註35〕梁生智，馬可波羅遊記〔M〕，北京：中國文史出版社，2008，頁183。
〔註36〕梁生智，馬可波羅遊記〔M〕，北京：中國文史出版社，2008，頁184。
〔註37〕許蓉，《馬可波羅遊記》和13世紀末的杭州〔J〕，台州師專學報，2001，（2）·39～43。

往穿梭。」〔註38〕杭州獨特的地理位置使得其水陸交通異常發達。陸路平坦通暢，元代政府在各地修建大道，設置驛站，形成了一個囊括全國的交通網絡。水路四通八達，杭州地處長江三角洲南沿和錢塘江流域，既是京杭大運河的終點，又有錢塘江穿過，還東臨杭州灣。河網密布，水系豐富，河運和海運都十分發達。至元二十八年，政府下令修築大運河，將錢塘江、海河、黃河、淮河、長江幾大水系溝通起來，使杭州的水路交通網絡輻射到全國各地。「離城二十五英里的東北方就是大海，這裡有一個極好的港灣，是從印度輸運商品的船隻的停泊之所。」〔註39〕澉浦港是杭州對外貿易的重要港口之一，外國來杭州經商的船隻都要停泊在此，港口的存在促進了杭州對外貿易的發展。

3. 杭州的經濟基礎雄厚

自唐宋以來，我國的經濟重心不斷南移，江南地區得到發展，日漸繁榮富庶。南宋時期，杭州成為都城，其經濟繁華更勝以前。「大抵杭城是行都之處，萬物所聚，諸行百市，自和寧門杈子外，至觀橋下，無一家不買賣者」。〔註40〕到了元代，「元軍下臨安時，並沒有經過太大的戰爭，南宋皇室就投降了，所以，軍事戰爭對杭州地區經濟社會的衝擊不算很大。即便是在日後一段時期內，各地反元鬥爭處於比較激烈的時刻，杭州地區的波動相對來說也不是激烈的。」〔註41〕杭州在改朝換代的過程中工商業沒有受到太大衝擊，經濟環境相對安穩。元代杭州成為江浙行省的省會後，經濟在原有基礎上繼續發展，更加繁榮。元代政府推行重商政策，為商業的繁榮營造了一個有利的環境。因此，有元一代，擁有著雄厚的經濟基礎的杭州的經濟一直蒸蒸日上，呈現出一派繁華的景象。

（二）文化繁榮的原因

1. 歷史悠久，文化底蘊深厚

杭州的歷史，據考古記載已有 10 萬年以上。自秦建縣，杭州已有 2200 年歷史，自隋置州有 1400 年歷史。五代十國時期，吳越王錢鏐在杭州建都，歷經 85 年。北宋時期，杭州成為州治。建炎三年（1129 年）宋高宗趙構因中原失陷向南逃到了杭州，在此設立行宮。杭州成為了行在所，並改名為臨安

〔註38〕梁生智，馬可波羅遊記〔M〕，北京：中國文史出版社，2008，頁 175。
〔註39〕梁生智，馬可波羅遊記〔M〕，北京：中國文史出版社，2008，頁 186。
〔註40〕吳自牧，夢粱錄：卷十三，團行〔M〕，浙江：浙江人民出版社，1984，頁 121。
〔註41〕姚建根，簡論宋元變革時期的杭州〔J〕，浙江社會科學，2011，（1）：94～100。

府。南宋時期，於紹興八年（1138年）正式設杭州為首都，時間長達一百五十年之久。元代，杭州一直作為江浙行省的省會城市存在，被譽為「東南第一都會」，成為當時東南沿海的文化中心之一。杭州還有著悠久的新石器時期文化，如聞名於世的良渚文化。杭州悠久漫長的歷史積累了十分深厚的文化底蘊，古蹟繁多，文物豐盛，人文淵藪，人才薈萃，素有「人物都會」、「文獻之邦」、「文物之地」、「宗教聖地」、「東南詩國」、「書畫之邦」等眾多美譽。

2. 杭州文化的吸收融匯作用

在人口遷移和對外交往中，杭州自身不斷吸收融匯其他地區文化和外來文化。歷代以來，杭州處於南北文化的交匯點。特別是南宋，北方大批人口南遷，所謂「西北士大夫，多在錢塘」。城市人口結構的變化，形成了南北文化的大交融。南渡人口中，主要有四類人：一是皇室貴族官僚地主；二是軍人，南渡名將如岳飛、韓世忠、劉光世、吳階、吳鱗、劉錡、張俊等皆為北方人；三是流寓臨安的文人、名士等，如趙鼎、韓元吉、辛棄疾、李清照、李唐、李迪、劉宗古等；四是大小商賈、手工業者和各類技藝人。這些人把不同層次的北方文化帶到了杭州。在對外交往過程中，外來文化的傳入豐富了杭州文化的內涵。如印度文化、伊斯蘭教文化、阿拉伯文化、東瀛日本文化等。杭州文化開放包容，兼收並蓄，不斷吸取融匯其他文化，與自身文化相結合，在元代呈現出一派繁華的景象。

3. 杭州的自然景觀和人文環境優越

「上有天堂，下有蘇杭」，杭州的自然景觀清新秀麗，鍾靈毓秀，人文環境精緻舒適，典雅古樸，吸引著外來人士在此生活、遊歷。湖山、江川、海潮、瀑布、峰巒、森林、溶洞、怪石、溪泉、峽谷於一體，千姿百態，自然和諧，形成一幅幅立體山水畫。秀麗的自然風光之中點綴著文瀾閣、放鶴亭、樓外樓等亭臺樓閣，豎立著靈隱寺、六和塔等名寺名塔，雕琢著大批佛像人物和書畫詩文石刻。「杭州的城市規模大，規劃合理，街道整潔寬廣。」〔註42〕馬可波羅記載了當時杭州已有排污系統、巡邏制度、火警系統等城市基礎建設。「由於杭州山川風物之美甲於東南，故許多西域官人文士僑寓於杭州。」〔註43〕美麗的自然風光和舒適的人文環境吸引了許多外來人士來杭

〔註42〕李曉娟，元代杭州的商業經濟〔J〕，江蘇商論，2004，（3）：160～161。
〔註43〕鮑志成，元代杭州中外文化的和諧交融〔J〕，歷史上中外文化的和諧與共生：中國中外關係史學會學術研討會，2013，頁161～175。

州從商、當官，促進了中外文化的交流。

三、《馬可波羅遊記》裏元初杭州經濟文化繁榮的影響

1. 杭州繁榮的經濟為元政府提供數額巨大的財政收入

稅收的重要性在於它是維持政府正常運轉和皇室貴族奢侈生活的基礎。杭州在元代是重要的對外貿易中心之一，凡是來杭經商的商人必須繳納商品稅。元代有四處稅額最高的場務，杭州就佔了三處，分別是在城、江漲、城南。「在城」指城內，「城南」是「城南廂」的簡稱。這些場務每年徵收的商品稅達一萬錠以上。馬可波羅在遊記中也記載過杭州每年繳納的稅額數量之巨。僅鹽稅一項，元政府可以獲得「六百四十萬德克」〔註44〕的財政收入。至於其他稅收，則使元政府的財政收入達到「二百一十託曼或六千零八十萬德克」。〔註45〕來源穩定且數量龐大的稅收為元政府提供了大量財政收入。謝和耐在《蒙元入侵前夜的中國日常生活》中也提及「馬可波羅在講述杭城財賦課稅時說每年額定的鹽課為 80 萬金；除鹽課外，歲課總額為 210 萬金……酒課達 27 萬餘錠，雜課年 10 餘萬錠。」〔註46〕

2. 加強了中外文化交流

元朝時期「剛剛充當過全國政治、經濟、文化中心的南宋故都杭州，就在此時被首次介紹到了歐洲。」〔註47〕杭州的經濟富庶，文化昌盛，吸引了許多外國人來此遊學、經商、傳教。「東非、南亞、東南亞各國的舶商來杭的也很多，有的定居杭城。」〔註48〕馬可波羅在遊記中也記載當時許多印度商人坐船來杭州從商。「據伊本白圖泰等的記述，杭州除了回回人等穆斯林外，還有『猶太人和基督教人，以及崇拜太陽的土耳其人，他們人數很多』。」〔註49〕回回人、猶太人、土耳其人等異域人士來往杭州，使得不同種族的觀

〔註44〕梁生智，馬可波羅遊記〔M〕，北京：中國文史出版社，2008，頁 187。

〔註45〕梁生智，馬可波羅遊記〔M〕，北京：中國文史出版社，2008，頁 187。

〔註46〕謝和耐，蒙元入侵前夜的中國日常生活〔M〕，江蘇：江蘇人民出版社，1995，頁 20。

〔註47〕徐海松、張玲蓉，元代歐洲旅行家筆下的杭州及其影響：杭州在西方人眼中的最初印象〔J〕，杭州師範大學學報（社會科學版），2000，（5）：61～65。

〔註48〕鮑志成，元代杭州：一個國際性都會〔J〕，杭州師範大學學報（社會科學版），1992，（4）：59～63。

〔註49〕鮑志成，元代杭州中外文化的和諧交融〔J〕，歷史上中外文化的和諧與共生：中國中外關係史學會學術研討會，2013，頁 161～175。

念與文化交流、碰撞、融合。「漢族人民與西北少數民族以及外來僑民的相互雜居，不僅加深了民族間的相互瞭解，促進了民族間的團結友好，而且使漢文化與少數民族文化以及外來西域文化的交流深入到了普通民間。」〔註50〕中外文化的交流加強，不同文化相互吸收融合，突出表現在婚姻、生活習慣、宗教等方面。定居杭州的外來人士與本地漢人出現了異族通婚的現象。高麗靴、胡椒、葡萄酒等外來特產進入到杭州人的生活中。漢文化也融入到其他民族的文化中，他們取漢字名號、學漢語、穿漢服，甚至當官。

　　《馬可波羅遊記》中關於元代杭州的記載詳細而生動，杭州城的富庶繁榮景象連當時聞名於世的佛羅倫薩都不可比擬。馬可波羅主要敘述了杭州密集的人口、興盛的工商業、發達的水陸交通和繁榮的市民文化。元代杭州繁榮興盛的經濟和文化不僅使政府的財政收入日益增加，而且對中外經濟文化交流起到了至關重要的作用。

參考文獻

1. 梁生智，馬可波羅遊記〔M〕，北京：中國文史出版社，2008。

2. 鮑志成，元代杭州中外文化的和諧交融〔J〕，歷史上中外文化的和諧與共生：中國中外關係史學會學術研討會，2013，161～175。

3. 謝和耐，蒙元入侵前夜的中國日常生活〔M〕，江蘇：江蘇人民出版社，1995，20。

4. 吳自牧，夢梁錄：卷十九，塌房〔M〕，杭州：浙江人民出版社，1984，180。

5. 王挺之，馬可波羅時代的杭州與佛羅倫薩城市比較〔J〕，四川大學學報哲學社會科學版，1989，（4）：88～96。

6. （宋）鄭元祐，送長洲人沈右遊玩杭州楊〔M/OL〕，https://so.gushiwen.org/shiwenv_757530a72a58.aspx。

7. 鮑志成，論杭州（西湖）的人文氣質〔J〕，杭州研究，2010，（4）：164～173。

8. 許蓉，《馬可波羅遊記》和13世紀末的杭州〔J〕，台州師專學報，2001，（2）：39～43。

〔註50〕鮑志成，元代杭州中外文化的和諧交融〔J〕，歷史上中外文化的和諧與共生：中國中外關係史學會學術研討會，2013，頁161～175。

9. 吳自牧,夢梁錄:卷十三,團行〔M〕,浙江:浙江人民出版社,1984,121。

10. 姚建根,簡論宋元變革時期的杭州〔J〕,浙江社會科學,2011,(1):94～100。

11. 李曉娟,元代杭州的商業經濟〔J〕,江蘇商論,2004,(3):160～161。

12. 徐海松、張玲蓉,元代歐洲旅行家筆下的杭州及其影響:杭州在西方人眼中的最初印象〔J〕,杭州師範大學學報(社會科學版),2000,(5):61～65。

13. 鮑志成,元代杭州:一個國際性都會〔J〕,杭州師範大學學報(社會科學版),1992,(4):59～63。

第二章　馬可波羅與元代揚州

　　揚州，是一座具有 2500 多年的歷史文化古城，是江淮地區的政治、經濟、文化、軍事中心，地位舉足輕重。《馬可波羅遊記》中對元代揚州的人文、民俗以及經濟都有涉及，對於研究元代揚州的概況、瞭解元代社會經濟有一定的意義。目前學術界對《馬可波羅遊記》中揚州的研究相對較少，本文將從經濟文化繁榮的表現以及繁榮的原因等角度對元代揚州進行探究。

一、馬可波羅與元初揚州

　　書中對「揚州城」的描述是這樣的：「從泰州發足，向東南騎行一日，終抵揚州。城甚廣大，所屬二十七城皆良城也。此揚州城頗盛大，大汗十二男爵之一人駐此城中，蓋此城曾被選為十二行省治所之一也。應為君等言者，本書所言之馬可波羅閣下曾奉大汗命，在此城治理亙三整年。居民是偶像教徒，使用紙幣，恃工商為活。製造騎尉戰士之武裝甚多，蓋在此城及附近屬地之中，駐有君王之戍兵甚眾也。」〔註 1〕根據遊記記載，馬可波羅曾在揚州為官 3 年，他對揚州以及所轄城鎮的風土人情作了詳實的記載。余志群也提到過：「『火者』對於馬可波羅而言是正式名稱以外別的名稱，即『別稱』。就像至聖是孔子的別稱、詩佛是王維的別稱、醫聖是張仲景的別稱一樣。」〔註 2〕「馬可波羅對揚州有特殊的感情，也特別留戀在揚州的三年生活。在揚州總管與揚州火者兩者之間，馬可波羅選擇了前者。他公開承認是揚州總管，也默許了人們加給他『火者』這個別稱。」〔註 3〕說明了他來過揚州，

〔註 1〕沙海昂，馬可波羅行紀〔M〕，商務印書館，2015，頁 304～305。
〔註 2〕余志群，馬可波羅行跡揚州方志考〔J〕，揚州大學學報，2012，（2）：92。
〔註 3〕余志群，馬可波羅行跡揚州方志考〔J〕，揚州大學學報，2012，（2）：95。

並在揚州留下了他生活過的痕跡，可以說世界著名的旅行家馬可波羅，從西往東走進來，用國際性眼光看揚州。

二、元初揚州的經濟

　　元代揚州物產豐富，工商業發達。元人孫大雅在《滄溪集》卷 2 中說揚州介江南北，而以其南隸浙西，其北隸河南，壤地千里，魚鹽稻米之利擅於東南，為天下府庫蓋將百年矣。韓儒林在《元朝史》中寫道：從成吉思汗起，蒙古大汗和后妃、諸王、公主、駒馬等貴族就開始進行商業和高利貸活動，由色目商人代為經營，他們則坐收其利。傳統的社會風氣—重農抑商受到衝擊，元代統治者對商業的重視，起了帶頭和榜樣的作用。商業風氣席捲全國人們爭相從事商業貿易，商人的身影遍布全國。揚州商業的恢復和發展也就不足為奇了。

　　「『揚州繁華以鹽盛』，古代揚州的繁榮與兩淮鹽業有著不可分割的聯繫，元朝也不例外。雖然元代經濟發展的總體水平不高，但是揚州作為兩淮鹽業的行政和轉運中心卻再度呈現繁榮。」〔註4〕可以說，元代兩淮鹽產量最高，在全國佔有非常重要的地位。「元文宗天曆年間（1328～1329），全國產鹽 25614 萬餘引，其中兩淮最多，達 95 萬餘引，占全國的 37%，其次是兩浙，50 萬引，只及兩淮的一半。」〔註5〕並且元代兩淮鹽的行鹽地面即行銷區域，根據《元史》、《元典章》等文獻資料的記載可知大致相當於今天的河南、湖北、湖南、江西、安徽和江蘇的全部或部分。「俱於城河內停泊，聽候通放，不下三四十萬餘引，積疊數多，不能以時發放。」〔註6〕這無疑表明了其鹽業發展的興盛及繁榮，可想而知其揚州的昌盛。元朝詩人楊維楨在《鹽商行》中寫道：「人生不願萬戶侯，但願鹽利淮西頭；人生不願千金宅，但願鹽商千料舶。」〔註7〕在古代中國，歷來是「士農工商」的排位，而「商」地位最為低賤。「人生不願萬戶侯，但願鹽利淮西頭」這一句可想而知當時的揚州其繁榮程度之高。

〔註4〕謝永平，元代兩淮鹽業與揚州城市的繁榮〔J〕，揚州大學學報（人文社會科學版），2002，（6）：93。

〔註5〕余志群，馬可波羅行跡揚州方志考〔J〕，揚州大學學報，2012，（2）：93。

〔註6〕宋濂等，元史〔M〕，北京：中華書局，1976，頁 2494。

〔註7〕〔元〕楊維楨，鹽商行〔M/OL〕，https://so.gushiwen.org/shiwenv_5f3649d3a7c0.aspx。

三、揚州的文化

（一）揚州的文人文化

「揚州歷史文化繁榮昌盛，『萬般皆下品，唯有讀書高』，揚州本土出了大量的文化人（士），這樣的人可以列一長串；經濟文化繁榮的揚州吸引人，不僅僅『煙花三月下揚州』，而且『人生只合揚州死』。」〔註8〕可以說這些文化人，他們渲染了揚州歷史文化、提升了揚州的文化、創造了揚州的文化，形成了獨特的文人文化。

（二）揚州的商業文化

我們現在的大商場基本上建在十字路口，講究的是區位，而揚州可以說是長江大運河十字路口的大商場，是作為全國經濟重心的長江流域與國家南北經濟交流的最主要通道大運河交匯點上的大商場。支撐揚州經濟的是商業，推動揚州繁華的是商業。「商業文化的核心是消費文化，由於揚州的消費文化是自然經濟時代的消費文化，與現代有別，從而消費文化的主導是貴族的而非民眾的。『腰纏十萬貫，騎鶴上揚州』，難道不能從中品味出它洋溢出的富氣仙氣豪氣俠氣？！『十萬貫』消費在揚州，在揚州能夠消費掉『十萬貫』，就是這些『十萬貫』的消費培育出了揚州的消費文化。」〔註9〕地理位置獨得天厚的揚州形成了繁華的商業都市，其自然而然形成了獨具魅力的商業文化。

（三）揚州的士商文化

「農本商末」的經濟制度以及「四民」的社會價值觀為中國歷朝歷代所信奉，並被強大的王權作為基本政策推行著。「『揚州為南北之衝，四方賢士大夫無不至此』。而考不少文士與兩淮鹽商的交往，原因不盡相同，輒為謀取生計，體現了程度不等的依賴性。至於兩淮鹽商交結、拉攏和資助文士的動機，雖多為附庸風雅，裝點門面，藉以沖淡自己身上的銅臭，滿足個人需要，或亦出於對文士的敬重之情，但在客觀上皆有助於文人學者經濟狀況的改善和文化事業的興盛。」〔註10〕由此可見，士商不再是傳統歷史上那

〔註8〕許冬根，「揚州歷史文化」研究中的幾個問題〔OL〕，揚州社會科學，2006〔2017-5-20〕：http://www.yznews.com.cn/zjyz/2006-09/25/content21508.htm。

〔註9〕許冬根，「揚州歷史文化」研究中的幾個問題〔OL〕，揚州社會科學，2006〔2017-5-20〕：http://www.yznews.com.cn/zjyz/2006-09/25/content21508.htm。

〔註10〕朱廣盛，兩淮鹽商與揚州文化──揚州畫舫錄研究〔OL〕，百度文庫，2011〔2017-5-20〕：Https://wenku.baidu.com/view/6b8a25a4f524ccbff1218491.html?re=view。

樣對立，而是密不可分的關係。再加上「在兩淮鹽商中也有相當一部分文學藝術的喜愛者和擅長者，有些鹽商本身就兼具商人和文士的雙重身份，稱之為『儒商』。」〔註11〕可以說揚州的大鹽商有境界，揚州的大鹽商的奮鬥趨勢是將自己士（儒）化。就這樣，揚州慢慢地形成了獨具特色的士商文化。

（四）揚州的宗教文化

1. 揚州的佛教文化

「在元代，由於僧侶在政治、經濟生活中的特殊地位，佛教寺院與民爭利、與官爭利的情況屢見記載。其大致有兩種情況：一為寺院依仗自己的勢力搶奪民田。如浙西白雲宗寺院『奪民田宅，奴人子女，郡縣不勝其擾，」「其二為佛教寺院不分是非將民間妄獻田土占為己有……《元典章》也記載了江淮地區的一些『狂妄之徒』，『將交爭未定田土屋宇，妄行捨施寺觀。其受施之主，不問是非，便行寫立文字，又不問鄰里鄉親，亦不交割條段四至，強行使人耕種。』」〔註12〕這無疑可以看出，在元代的揚州，佛教比較興盛，而且由於政治原因，佛教教徒可以說狂妄，與民爭利、與官爭利的現象時有發生。這與以往佛教安於一隅大有不同，這時的佛教教徒已敢與民與官鬥，無疑說明了這使得佛教勢力比較強盛，佛教文化比較濃鬱。

2. 揚州的基督教文化

「當時揚州不僅有也里可溫教徒居留，而且建有也里可溫條記載：『彼奧刺憨者，也里可溫人，素無文藝，亦無武功，係揚州之豪富，市井之編民。乃父雖有建（也里可溫十字）寺之名，年已久矣。』由此可見，揚州有也里可溫十里字寺，很可能要早到公元十三世紀七十年代，或稍後一點時間。特別是此通墓碑的出土，更進一步說明，揚州所以有奧刺憨降香的也里可溫十字寺，正因為當地有也里可溫的教徒。」〔註13〕這也從側面說明了在元代的揚州是有基督教文明的，揚州的文化中融進了基督教文化。

〔註11〕朱廣盛，兩淮鹽商與揚州文化——揚州畫舫錄研究〔OL〕，百度文庫，2011〔2017-5-20〕：Https://wenku.baidu.com/view/6b8a25a4f524ccbff1218491.html 跡 re-view。

〔註12〕顧寅森，元代佛教經濟研究的珍貴史料——揚州出土江淮營田提舉司錢糧碑的重新錄文與考釋〔J〕，中國經濟史研究，2016，（2）：3。

〔註13〕朱江，揚州發現元代基督教徒墓碑〔J〕，文物，1986，（3）：69。

四、揚州經濟文化繁榮的原因

（一）元朝大一統，廣闊的疆域為工商業的發展提供了廣闊穩定的市場

鐵木真統一蒙古草原後，1206 年蒙古貴族召開大會，推舉他為大汗，尊稱他為成吉思汗，蒙古國建立，結束了蒙古草原長期混戰的局面。元朝的疆域比以前任何朝代都遼闊。可以說元朝的大一統，結束了五代以來長期分裂割據的局面。促進了國內各民族人民之間的經濟文化交流，為祖國的科學技術發展提供了良好條件，大大加強了中外文化的交流，密切了中國與世界各國的聯繫。總之，元朝的統一使疆域擴大，社會安定，有利於人民的生產、生活，促進了民族的大融合，促進了多民族國家的發展。這便有利於經濟文化的繁榮。

（二）元朝推行「重商政策」，保護和促進工商業的發展

元朝政府十分重視商業，實行重商政策。其重商政策：一是降低商業稅率；二是不限制官僚貴族經商；三是積極招徠外商。不但鼓勵私人經商，政府也組織商船隊兼營海外貿易（行泉府司）。市舶收入很可觀。可以說元朝對許多重要商品，如鹽、鐵（包括鐵器）、貴金屬、茶、酒、醋等，採取專利壟斷政策，或由國家直接經營，或將經營權轉賣給商人，國家抽分其利。對一般民間貿易徵收商稅，大體三十取一。貴族、官吏、寺院也依靠其政治特權積極參與經商活動。其中斡脫商人（即為蒙古貴族經營商業和高利貸的西域官商）最為活躍。政府與貴族官僚頻繁捲入經商活動，促進了商品的繁榮，同時又使這種繁榮帶有畸形色彩，正常的民間商業活動受到一定破壞。就拿鹽來說，「於鹽課收入與鹽產量是相適應的，兩淮的鹽課收入也要占到全國鹽課收入的 37%。而鹽課收入在元政權的全國財政收入中佔有極大的比重。元世祖至元二十九年（1292），鹽課收入約占元朝貨幣收入的 60%左右。天曆二年（1329），鹽課收入占元朝財政收入中錢鈔部分的 80%左右。由此可見，兩淮鹽課收入在元朝財政歲入中的重要地位。」〔註14〕這表明鹽課收入占全國財政收入一半以上，可以說，元代的重商政策無疑推動了工商業的發展。

〔註14〕謝永平，元代兩淮鹽業與揚州城市的繁榮〔J〕，揚州大學學報（人文社會科學版），2002，（6）：94。

（三）地理位置優越，交通便利

在元朝滅亡南宋，統一全國之後，隨著政治中心和經濟中心的再一次分離，揚州作為溝通南北交通和運輸的中轉樞紐再一次發揮出來。「元朝時，揚州一直是江淮地區的行政中心，兩淮鹽場即在其管轄之下。而且，由於揚州地近兩淮，又處於大運河與長江的交匯處，也使其成為兩淮鹽業的轉運中心。」〔註15〕可以說揚州地理位置非常優越的，市內的水路交通和陸路交通都很便利。境內的水陸交通網絡縱橫交錯，四通八達。長江流經揚州郊縣，在揚州境內與運河、淮水相連。這就使得揚州的水陸交通十分便利。謝永平也提到過「元朝政府還十分重視運鹽河道的濬治、整頓以及運鹽綱船的順利通行。如至元二十一年（1284）二月，疏濬揚州漕河。至元三十一年（1294）五月，『禁諸司豪奪鹽船遞運官物』。（《元史·成宗紀一》）大德四年（1300）正月，疏濬淮東漕渠。大德五年（1301）的『聖旨條畫』中宣布禁治拘刷和阻攔運鹽綱船和客旅運鹽船，違者治罪。（《元典章·造作二》）大德十年（1306）正月，『濬真州、揚州等州漕河，令鹽商每引輸鈔二貫，以為傭工之資』（《元史·成宗紀四》）。元仁宗延四年（1317）十一月，兩淮運司奏稱：『鹽課甚重，運河淺澀無源，止仰天雨，請加修治。』第二年，命都水監都事張奉政及淮東宣慰司官、江淮都漕運司官督修運河、運鹽河，計開修 2351 里。（《元史·河渠二》」〔註16〕這說明了，加上元朝河道，使得揚州的交通更為便利。值得我們注意的是，由於揚州處於大運河與長江的交匯處，溝通了南北經濟和東西經濟，使得揚州的經濟與文化更繁榮。

（四）農業生產的恢復和手工業的發展，為工商業的經濟發展和文化繁榮提供了物質保證

在金元之際，即蒙古國時期，由於戰亂，北方地區的社會經濟受到了巨大破壞。忽必烈即位後，為了改變百姓流亡，土地拋荒的狀況，採取一系列措施以恢復和發展農業生產。如設立專門管理農業的政府機構。如成立司農司，後改稱大司農司，派勸農官到各地考察農業情況。並以招誘逃戶，安置流民的多少，增加農業生產的政績好壞來賞罰地方官員。保護農田，招集流

〔註15〕謝永平，元代兩淮鹽業與揚州城市的繁榮〔J〕，揚州大學學報（人文社會科學版），2002，（6）：93。

〔註16〕謝永平，元代兩淮鹽業與揚州城市的繁榮〔J〕，揚州大學學報（人文社會科學版），2002，（6）：94。

亡，鼓勵開荒。大力開展軍民屯田。屯田主要是招募無業農民開墾荒地。興修水利。在中央設都水監，地方設河渠司，專門主持興修水利的有關事宜。張文謙、郭守敬在西夏故地，修濬唐來、漢延等古渠，溉田九萬餘頃。同時，還修築了其他許多工程。此外，元政府還多次下令減免租稅。以上措施的推行收到了很大成效。「民間墾闢種藝之業，增前數倍」（《農桑輯要》卷首）。「凡先農之遺功，陂澤之伏利，崇山翳野；前人所未盡者，靡不興舉。」忽必烈在位三十餘年間，北方基本未發生大的自然災害，農業生產遂得到了恢復發展。元朝手工業在宋金的基礎上繼續發展。其中，官營手工業尤為興盛。民間手工業數量不多，但也在發展著。主要是絲織業在江南一帶發展快。手工業生產從技術上看，最著名的是黃道婆對紡織業技術的改進。可以說，農業生產的恢復和手工業的發展，極大地提高了人們的生活水平，同時，也為工商業的發展和文化的繁榮提供了物質保障。

（五）揚州的對外開放程度高

　　元朝的對外貿易十分發達。自中唐以來逐漸衰落的中西陸路——絲綢之路上的商業貿易重新興盛。不僅舊有的交通線再次暢通，而且還開闢了一些新商路。如由漠北經阿爾泰山西行，以及由南西伯利亞西行的道路等。元朝通過欽察汗國與歐洲建立貿易聯繫，通過伊利汗國則可溝通阿拉伯及小亞細亞心中西方陸路。交通線之複雜，商旅之頻繁，都達到了空前的規模。海路貿易的興盛尤有過之。元沿宋制，在南方一些主要港口設立市舶司，管理海外貿易事務。忽必烈一朝先後設七市舶司，後來，到元中期合併為泉州、廣州、慶元（今寧波）三處。其中泉州是當時東方第一大港，因生長刺桐樹，在世界上以「刺桐城」著稱。至元三十年（1293 年），元廷頒布市舶法則 20 餘條，規定外貿貨物十分抽一，又另抽 1/30 為商稅。對外貿易不僅活躍了國內市場，也給元朝政府帶來了巨額收入。而且元代揚州對外開放程度高。蒙元帝國時代是中外文化交流的特殊時期，西歐、西亞、北非、南亞和東南亞的商人、士兵、傳教士紛至沓來。地處南北水陸樞紐的揚州自然成了各國行旅響往的地方。

　　鮮為人知的是，在馬可波羅離開中國的幾十年後，1322 年，他的老鄉——意大利人鄂多立克也來到了中國，並在揚州停留。『當我在這條塔剌伊河上旅行時，我經過很多城鎮，並且到一個叫做揚州的城市……這裡也有聶斯託裏派的教堂。這是座雄壯的城市……此城內有基督徒賴以生活的各種大量物

品。』鄂多立克在自己的《東遊錄》中這樣記述他看到的揚州，他還記錄了不少當年在揚州的見聞，包括揚州旅舍包辦筵席的趣事。『既有基督教堂，也有基督徒賴以生活的大量物品，可見元代在揚州的西方基督徒們不在少數。』韋明鏵介紹，這也充分彰顯了揚州在元代的開放程度，而這份開放程度由唐宋延續而來，揚州作為陸上絲綢之路以及海上絲綢之路的節點，重要程度不言而喻。除此之外，揚州還陸續發現了用拉丁文、阿拉伯文、敘利亞文書寫的墓碑，以及用阿拉伯文與漢文對應書寫的殘墓碑，反映了眾多異域人士在揚州的活動……充分彰顯了元代揚州與外界的文化交流。」〔註17〕這些無疑說明了元代揚州開放的程度高，充分彰顯了元代揚州與外界的文化交流。

（六）紙幣的廣泛流通

在元朝以前約多年的北宋時期，中國開始正式使用紙幣，「交子」就是中國同時也是世界最早由官方發行的紙幣。南宋的「會子」、「關子」，金朝的「交鈔」等紙幣在當時都已大量使用流通。「但是中國歷史上從來沒有哪個王朝像元朝那樣重視和偏愛紙幣，把紙幣上升到全國通行、唯一合法的法定貨幣的地位。」〔註18〕這表明了在元代紙幣是廣泛流通的。而紙幣的流通跟經濟的發展有關聯，「據《馬可波羅遊記》記載，當時中原一帶有30多個大城市。例如當時杭州城內有十餘處市場，『有四五萬人攜出消費之百貨來此貿易』。此外元統治者為鞏固統治和滿足自己窮奢極欲的生活需要，很自然地選中了紙幣。」〔註19〕而元朝紙幣的流通具有便利性。「首先直觀表現在它輕巧便攜，金額可大小自如。其次是遍布全國的平準行用庫保證了寶鈔能『東進渤海、西貫中亞、南達夷越、北窮朔漠、莫不通行。』同時，各地背靠平準行用庫附設回易庫，專司『持舊鈔者就庫掉換新鈔』，並且明文規定只能收取票面金額3%的工墨費，使寶鈔能源源不斷供應流通的需要，方便群眾使用。據考，當時元朝首都就有6處回易庫。此外，政府官員的俸祿、軍兵的餉錢都用寶鈔發放，政府稅收、市場買賣、借貸等等均必須使用寶鈔。馬可波羅親眼所見『所有臣民都毫不猶豫地接受採用這種紙幣』使用起來『竟與純金無別。』」〔註20〕正是元代流行

〔註17〕孔茜，馬可·波羅與揚州淵源〔N〕，揚州日報，2014-7-31（1）。
〔註18〕吳建軍，淺談元朝紙幣的產生原因及流通特點〔J〕，內蒙古金融研究，2003，（4）：29。
〔註19〕朱江，揚州發現元代基督教徒墓碑〔J〕，文物，1986，（3）：29。
〔註20〕朱江，揚州發現元代基督教徒墓碑〔J〕，文物，1986，（3）：30～31。

紙幣，也正是由於紙幣輕便，易於攜帶，所以適應了商品經濟發展的需要，也促進了商業的發展。有不少商人靠經商致富。貨幣的統一為商業發展提供了方便，使得各地的商人在貿易時不再需要兌換錢幣。紙幣的發行也使得長途跋涉的商旅不必攜帶笨重的金銀或銅錢，只需一錠紙鈔即可，這也直接促進了商業的發展。

　　馬可波羅是一名著名商人，《馬可波羅遊記》關於揚州的記載，基本上是當地居民信奉宗教、統治者行宮和商業方面的內容。縱觀全文，馬可波羅讚美了揚州繁榮的經濟和文化，顯示了揚州在當時全國以及世界經濟文化交流的重要位置。跟隨馬可波羅的腳步，我們可以看到蒙古統治者為穩固統治，採取的一系列「漢化」政策：如重農政策的實施，使得農業較快地恢復和發展起來；伴隨著農業的發展，手工業也得到發展；農業和手工業的發展為商業的發展奠定了堅實的物質基礎。與此同時，元朝的大一統、優越的地理位置與便利的交通、紙幣的廣泛流通、對外開放程度高等等，為元代揚州的繁榮提供了可能。馬可波羅的記載對於我們瞭解元代揚州經濟的發展狀況和統治者的商業政策具有重要的意義。

參考文獻

1. 沙海昂，馬可波羅行紀〔M〕，商務印書館，2015，304～305。

2. 余志群，馬可波羅行跡揚州方志考〔J〕，揚州大學學報，2012，（2）：93～95。

3. 謝永平，元代兩淮鹽業與揚州城市的繁榮〔J〕，揚州大學學報（人文社會科學版），2002，（6）：93。

4. 宋濂等，元史〔M〕，北京：中華書局，1976，2494。

5. 〔元〕楊維楨，鹽商行〔M/OL〕，https://so.gushiwen.org/shiwenv_5f3649d3a7c0.aspx。

6. 許冬根，「揚州歷史文化」研究中的幾個問題〔OL〕，揚州社會科學，2006〔2017-5-20〕：http://www.yznews.com.cn/zjyz/2006-09/25/content21508.htm。

7. 朱廣盛，兩淮鹽商與揚州文化——揚州畫舫錄研究〔OL〕，百度文庫，2011〔2017-5-20〕：Https://wenku.baidu.com/view/6b8a25a4f524ccbff1218491.html?re=view。

8. 顧寅森，元代佛教經濟研究的珍貴史料——揚州出土江淮營田提舉司錢糧碑的重新錄文與考釋〔J〕，中國經濟史研究，2016，（2）：3。

9. 朱江，揚州發現元代基督教徒墓碑〔J〕，文物，1986，（3）：69。

10. 孔茜，馬可‧波羅與揚州淵源〔N〕，揚州日報，2014-7-31，（1）。

11. 吳建軍，淺談元朝紙幣的產生原因及流通特點〔J〕，內蒙古金融研究，2003，（4）：29。

第三章　馬可波羅與元初泉州

　　泉州，在《馬可波羅遊記》中稱為「刺桐城」，位於中國東南沿海，是現在福建省經濟文化中心和東亞文化之都，也是聯合國教科文組織設立的世界多元文化展示中心。歷史上的泉州港起於六朝，興於五代，宋元時期是其海外貿易的黃金時代，其中元朝則是其鼎盛時期。元初，泉州頭上光環無比炫目，是中國海上絲綢之路的起點，號稱「東方第一大港」，可與當時埃及亞歷山大港媲美。元初泉州的繁榮，可從意大利商人的《馬可波羅遊記》窺見一二。

一、《馬可波羅遊記》裏元初泉州商業繁榮的表現

　　元朝重商，實行開明的經濟管理，對商人採取保護和鼓勵政策，還給予商賈一些特殊的優待。如給商賈以持璽書、佩虎符、乘驛馬的權利。楊軍琴認為：「上至王公大臣，下至貧苦百姓，舍本農，趨商賈的風氣很盛，對此，時人深有感觸，馬祖常云：『近年工商淫侈，游手眾多，驅壟畝之業，就市井之末。』經商致富已成為多數人追求的夢想。」〔註1〕在這種濃厚的商業氣氛下，意大利商人馬可波羅來到了中國。馬可波羅初到泉州，對此城的印象是「城甚廣大」。此城不僅廣大，還很繁榮，是名副其實的商業之都。

　　馬可波羅曾多次來到泉州，對泉州甚為瞭解，見多識廣的他也驚歎於泉州的繁華，記載了泉州國際大都市的風範。在他的《馬可波羅遊記》中載：「船舶來往如織，轉載著各種貨物，使往蠻子省的各地出售。這裡的胡椒出口量非常大……刺桐是世界上最大的港口之一，大批商人雲集於此，貨物堆積如山，買賣的盛況令人難以想像。」〔註2〕從交通繁忙情況、紙幣的使用、

〔註1〕楊軍琴，元代商人社會地位的變化〔J〕，齊齊哈爾師範高等專科學校學報，2008，（1）：121。
〔註2〕馬可‧波羅，梁生智譯，馬可波羅遊記〔M〕，北京：中國文史出版社，1998，頁192。

商品種類、商業稅、商人數量和海外貿易的盛況可看出，元初泉州的商業經濟相當繁榮，可謂萬商朝華，是中國封建社會時期的一道亮麗風景。

第一，龐大的國際化商人隊伍。在泉州經商的，有元朝商人，還有可觀數量的回回海商，當然還有來自朝鮮、日本和東南亞等地的商人。這種狀況出現的原因有兩個：一是蒙元重商，二是蒙元賞識善於經商者。

首先，倪建中指出：「蒙古人是重商主義者，這也是其他少數民族的特點。因為，他們所居之處，往往不利於農耕，資源也相對缺乏，要想得到糧食、食鹽和工具，就必須發展貿易。」〔註3〕經商與游牧民族熱衷於搶劫有異曲同工之妙，二者都是不用體力勞動就能獲得溫飽和財富，區別在於前者是文明的，後者是暴力的。元朝通過武力征服各國後，為了能細水長流，用錢生錢，於是，實行了一系列鼓勵和保護商業發展的措施，「這種保護和鼓勵，主要表現在四個方面：一是保護財產安全，二是積極鼓勵通商，三是免除西域商賈雜泛差役，四是許多貴族和寺院僧侶經商有免稅特權。」〔註4〕帝國內出現一批逐利者。天下熙熙，皆為利來；天下攘攘，皆為利往。儒家的「君子喻於義，小人喻於利」輕商思想漸漸淡薄。其次，「由於蒙古貴族不善於經商和理財，『只是撒花，無一人理會得賈販』，因此對那些善於斂財的商人特別信任和重用，許多人被吸收到蒙古帝國和元朝政府中擔任重要職務。」〔註5〕這種有意提高商人政治地位的做法，不僅吸引了國內商人，更是引得國外商人紛至沓來。馬可波羅自吹他頗受大汗忽必烈的喜愛和重視，大概與此政策有關。

泉州是當時國內最大世界第二的貿易港口，「是亦為一切蠻子商人常至之港」〔註6〕，且「印度一切船舶運載香料及其他一切貴重貨物咸往此港。」〔註7〕可見，泉州不僅是國內商人常至之港，也是印度商人常至之地。兩者在此地交換商品，然後又從此港啟航，朝各自的目的地出發。關於泉州港崛

〔註3〕倪健中，風暴帝國〔M〕，北京：中國國際廣播公司出版社，1997，頁1033。

〔註4〕陳賢春，試論元代商人的社會地位和歷史作用〔J〕，湖北大學學報，1993，（3）：70～71。

〔註5〕楊軍琴，元代商人社會地位的變化〔J〕，齊齊哈爾師範高等專科學校學報，2008，（1）：120。

〔註6〕馬可·波羅，馬可波羅行紀〔M〕，馮承鈞譯，上海：上海書店出版社，1999，頁373。

〔註7〕馬可·波羅，馬可波羅行紀〔M〕，馮承鈞譯，上海：上海書店出版社，1999，頁373。

起的原因，楊志娟認為，回回富商蒲家居功至偉。「元代回回海商集團的形成與蒲壽庚有直接的關係。」〔註8〕1276年，蒲壽庚降元後，被元政府授以官職，主持泉州的海外貿易，招徠大批善於經商的海外穆斯林商人來華，同時也經商，一時富甲泉州。「後來蒲師文繼任泉州市舶提舉司，兼海外諸蕃宣慰使，仍然專事招徠外商來華貿易。元朝時蒲氏家族在泉州聲勢十分顯赫，泉州在其家族的經營下，也揚名海外。」〔註9〕泉州港的繁華，得益於精於經商穆斯林人，尤其是世代經商的蒲家在泉州的長期經營。元統治者重用善於經商的人管理商業，是明智之舉。馬建春同樣相信泉州港的繁華離不開西域商人。馬建春在《元代西域人的商業活動》中堅持：「由西域商人主要負責開展的國際貿易，也給元朝商業的繁榮注入了前所未有的活力。」〔註10〕他寫道：「泉州的鎮南門外是西域商人聚居之地，『四海舶商諸番深貢皆於是乎集』，『番貨、遠物、異寶、奇貨之所淵蔽，殊方別域富商巨賈之所窟宅，號為天下最。』」〔註11〕當社會以開放的姿態接納外來者，外來者將對你有所回饋。泉州以開放的姿態接受外商來華—西域商人或者說回回海商在泉州實力雄厚，地位重要，泉州的繁榮跟他們的到來有直接關係。

　　第二，紙幣在泉州的流通。具有購買力的紙幣最早出現於北宋，稱「交子」，僅流通於四川。經濟越是發達的地區，紙幣的流通便越廣泛，因為經濟發達地區，商品交換活動頻繁時，金銅銀的數量可能無法滿足需求。而紙幣的流通，又能促進商業經濟的發展。元初，政府發行「中統元寶交鈔」，規定一切交易、支付全部用鈔。馬可波羅在《馬可波羅遊記》中說到：「商人皆樂受之，蓋償價甚優，可立時得價，且得用此紙幣在所至之地易取所欲之物，加之此種紙幣最輕便可以攜帶也。」〔註12〕紙幣使用方便，且便於攜帶，商人都喜歡。張寧在《〈馬可波羅遊記〉中的大都文明》認為：「由於其時紙幣初行，印數限量，鈔庫銀根充實，幣值穩定，處於紙幣信譽的黃金時代，因此贏

〔註 8〕楊志娟，回回海商集團與元代海洋政策〔J〕，煙臺大學學報，2013，26（3）：91。

〔註 9〕楊志娟，回回海商集團與元代海洋政策〔J〕，煙臺大學學報，2013，26（3）：91。

〔註10〕馬建春，元代西域人的商業活動〔J〕，暨南學報，2006，（3）：172。

〔註11〕馬建春，元代西域人的商業活動〔J〕，暨南學報，2006，（3）：175。

〔註12〕馬可·波羅，馬可波羅行紀〔M〕，馮承鈞譯，上海：上海書店出版社，1999，頁 238。

得了馬可波羅的贊許。」〔註13〕並且，大概是因為經商需要，每到一地，他總是格外留心此地使用何種貨幣。遊至泉州，他發現「居民使用紙幣而為偶像教徒。」〔註14〕泉州有數量龐大的外國商人和元朝商人，彼此間的商品交換活動通過紙幣的流通完成。而紙幣的流通，又大大方便了商品交換活動，彌補現錢不足的缺點，掙脫阻礙經濟發展的束縛，為泉州的經濟發展提供更廣闊的空間。

然而，雖然紙幣是法定的流通貨幣，但在元朝統治範圍內，因商業經濟不夠發達，處於自然經濟狀態下，很多地方用貝殼甚至鹽塊充當支付手段。如在金齒州，「其貨幣用金，然亦用海貝。」〔註15〕紙幣的流通多是在原南宋統治地，即經濟比較發達的地區，僅次於世界第一大港亞歷山大港的泉州港自然是使用紙幣的。

第三，海外貿易繁盛。重視發展海外貿易是元朝的一大特色，更是中國封建社會最為光輝的一頁。中國歷代漢族封建統治者都不大重視海洋建設，始終堅信「工商皆末」。難得一次由政府組織的出海行動一般是平叛，或者出錢出力遣使耀國威，掙面子，比如明朝鄭和下西洋。楊志娟認為：「元代是中國歷史上積極經營海洋的朝代，尤其是忽必烈時代，蒙古統治者的開闊世界觀，積極的海上活動以及重商政策構建起了廣闊的海上貿易網絡。」〔註16〕元朝重視海外貿易體現在以下兩個方面：一是為控制海上商道，馬上得天下的元統治者不惜對東南亞、南亞國家用兵，並欲征服日本。在其努力下，海上絲綢之路得以暢通無阻。二是元政府積極推行官本船制政策，《元史》中的《食貨志》載：「官自具船給本，選人入番，貿易諸貨，其所獲之息，以十分為率，官取其七，所易人得其三。」〔註17〕這種政策實為雙贏，政府與商人合作，前者出錢，後者出力，最後各取所需。元政府的做法扶持了一批與政府合作經商的海商。

〔註13〕陸國俊，中西文化交流先驅——馬可·波羅〔M〕，北京：商務印書館，1995，頁103。

〔註14〕馬可·波羅，馬可波羅行紀〔M〕，馮承鈞譯，上海：上海書店出版社，1999，頁373。

〔註15〕馬可·波羅，馬可波羅行紀〔M〕，馮承鈞譯，上海：上海書店出版社，1999，頁293。

〔註16〕楊志娟，回回海商集團與元代海洋政策〔J〕，煙臺大學學報，2013，26（3）：93。

〔註17〕宋濂，元史〔M〕，北京：中華書局，1976，頁2494。

　　泉州港如此重要，除了海洋建設，暢通海上絲路之外，元政府也十分關注國內的交通建設。梁凌霄等人認為：「元朝疏濬了在宋金對峙時期已多處堵塞的京杭大運河。1291 年，在京郊開鑿通惠河，引大都西北諸泉水東至通州，全長 164 里經重新疏鑿，河道大多取直，航程大為縮短，運糧船可以駛入大都積水潭（今北京什剎海一帶）停泊。運河的鑿通加強了南北之間的經濟聯繫和交往，『使得江淮、湖廣、四川、海外諸番土貢、糧運、商旅，畢達京師』。」〔註 18〕元初京杭大運河航路暢通，且元朝統治者重視陸路的建設，故商品能從泉州順利地運往國內各地，促進了泉州與內陸各地的經濟交流和泉州商業經濟的發展。交通的便利，還擴大了元初泉州港對外貿易的範圍，中國的商品擁有廣大的國際市場。如此，便促進了元初泉州商業經濟的興盛，也使得泉州成為當時中國最具國際範的城市。此外，元朝建立了嚴密的站赤制度，商人的流動因此更快速。

　　泉州位於中國東南沿海，是元朝海上絲綢之路的起點，國內外商品進出口必經之地，是重要的國際貨物中轉站和集散地，更是出海官商的聚居之地。馬可波羅看到「其港有大海舶百艘，小者無數。」〔註 19〕《馬可波羅遊記》又載：「印度一切船舶運載香料及其他一切貴重貨物咸往此港。是亦為一切蠻子商人常至之港，由是商貨寶石珍珠輸入之多竟至不可思議，然後由此港轉販蠻子境內。我敢言亞歷山大或他港運載胡椒一船赴諸基督教國，乃至刺桐港者，則有船舶百餘，所以大汗在此港徵收稅課，為額甚巨。」〔註 20〕無數往來不斷的大小商船，堆積如山的貨物，人頭湧動的中外貿易場，無不讓馬可波羅折服。在馬可波羅眼中，這種繁華的盛況，甚至可媲美亞歷山大港，超越家鄉威尼斯。

　　「隨著泉州港的海外貿易盛況空前，來此貿易的蕃商也大大超過前代，外僑的人數之多、民族成分之雜和所屬地區之廣，是泉州前所未有的，形成了一個龐大的僑民社會，恐怕連當時的廣州也難與之相比。」〔註 21〕海外貿

〔註 18〕梁凌霄，魏楠，李文文，試論元朝商業繁榮的原因〔J〕，隴東學院學報，2014，25（2）：48。

〔註 19〕馬可‧波羅，馬可波羅行紀〔M〕，馮承鈞譯，上海：上海書店出版社，1999，頁 373。

〔註 20〕馬可‧波羅，馬可波羅行紀〔M〕，馮承鈞譯，上海：上海書店出版社，1999，頁 373。

〔註 21〕申友良，馬可波羅遊記的困惑〔M〕，臺灣：花木蘭文化出版社，2012，頁 155。

易繁盛為泉州港帶來大量外來人口，儼然一個微型聯合國，也使泉州更為開放和更具活力。泉州海外貿易的發展，「促進了商品經濟生產及流通領域的擴大，帶動了當地造船業、製瓷業、紡織業的發展是泉州形成為當時各國商人和商品最集中的地方，成為中國的造船中心、絲織業中心、陶瓷生產與外銷的重要基地。而且還成了中世紀聯結歐亞大陸海上絲綢之路的東方第一大港。」〔註 22〕元初的泉州，因海外貿易的興盛，名揚海內外。

　　第四，商品種類繁多，應有盡有，泉州港是國內外首屈一指的貨物集散地。對此，「我國的絲綢、瓷器等商品，由此向東運銷朝鮮、日本；向南遠銷東南亞、南亞；向西遠銷西亞乃至歐洲、非洲各國，而這些國家的藥材、沙金、黃銅、香料、珠寶、象牙、犀角等也運至中國泉州等海港。」〔註 23〕可見，泉州港是相當國際化的，商品種類亦是繁多。馬可波羅多次停留在泉州港，甚為熟悉之，《馬可波羅遊記》載：「印度一切船舶運載香料及其他一切貴重貨物咸往此港。是亦為一切蠻子商人常至之港，由是商貨寶石珍珠輸入之多竟至不可思議……則有船舶百餘……此處一切生活必需之食糧皆甚豐饒……製造碗及磁器，既多且美。」〔註 24〕他提到運載貨物、往來不斷的商船，還有印度香料、商貨寶石珍珠、糧食、瓷器等商品，熱情洋溢地歌頌了泉州的繁華和富庶。再詳細系統一點考察商品的名目，則可引用莊景輝的《論元代泉州的繁榮及其原因》一章中：「其記元代泉州外銷商品有九十多種，比宋代增加了不少。總的來看，輸出品係以衣料為最多，日用品和食用品等次之。衣料有錦、緞、絹……棉、竺、葛、麻……日用品有盤、瓷瓶……銀、鉛、錫、銅、鐵等各類金屬器，以及鹽、酒等食用品與漆器、黃油傘等雜貨。」〔註 25〕聚集在泉州的商品各色各樣，大到昂貴的奢侈品，小到吃飯的鍋碗瓢盆，應有盡有，滿足了市場的需求。其中，運往泉州的銷往海內外的商品中，我們的絲織品「刺桐緞」便是馳譽海內外的名牌產品，深受歡迎。元朝著名文人吳澄：「泉，七閩之都會也，番貨遠物異寶奇玩之所淵藪羨，殊方別域富巨賈之所窟也，號為天下最。」泉州商品種類齊全，經濟發達，不愧為「東方第一大港」。

〔註 22〕申友良，馬可波羅遊記的困惑〔M〕，臺灣：花木蘭文化出版社，2012，頁 155。

〔註 23〕申友良，馬可波羅遊記的困惑〔M〕，臺灣：花木蘭文化出版社，2012，頁 140。

〔註 24〕馬可‧波羅，馬可波羅行紀〔M〕，馮承鈞譯，上海：上海書店出版社，1999，頁 373。

〔註 25〕莊景輝，泉州港考古與海外交通史研究〔M〕，長沙：嶽麓出版社，2005，頁 105。

二、《馬可波羅遊記》裏元初泉州文化繁榮的表現

　　元代的泉州又稱為刺桐城。「五代後晉開運元年至北宋建隆三年，軍人劉叢效居泉州時，環城種刺桐，故有刺桐城美稱。馬可波羅及波斯人、阿拉伯人則習慣稱刺桐城。」〔註26〕

　　那麼商業經濟繁榮的影響下，泉州的地方文化情況又是怎麼樣的呢？下面將從其宗教文化情況、建築及其風格、飲食以及人口結構進行闡述。

（一）宗教文化

　　「這個地區風光秀麗。居民崇信佛教。」〔註27〕在元代泉州，不僅僅存在著佛教，由於蕃商接踵給泉州人民帶來了更多的宗教文化，例如伊斯蘭教、印度教、基督教、波斯摩尼教等等。「北宋真宗大中祥符二年（1009）年，阿拉伯蕃商在今泉州塗門街首建一座伊斯蘭教聖友寺（或又稱為麒麟寺）……」這些都可以看出，在商業的繁榮下，同時也帶動了外國的宗教文化的傳播，而外國宗教文化的傳入又必然會使當地人民的文化信仰、精神面貌發生變化。

（二）建築及其風格

　　元代泉州的建築有宮殿建築、禮制建築、宗教建築、陵墓建築、居民建築等等。閩南建築體系主要有閩南木構建築的梁架結構。「梁架結構是木構建築的主要承重結構部分，係由若干較小的構件按照一定的原則組合而成。梁架結構的外部特徵及其組織原則的制定，常常隨時代、技術、經濟、思想、功能等具體條件的變化而變化……」〔註28〕閩南木構建築的梁架結構又分為「奉國寺」型和「閩南廳堂」型。「這種梁架結構類型在泉州地區的中小寺廟建築及某些比較講究的居民或祠堂建築中都可以見到。」〔註29〕閩南建築體系在繼承唐宋古制的基礎上也融入了自己的匠心和創意。在楊昌鳴《古城泉州》一書中還大量記載了其他一些宮殿寺廟例如開元寺天王殿、拜聖亭、奉天塔、清淨寺、關王廟等等建築的構建年份、結構及其歷史文化。

　　而隨著海外商人寓居中國港口城市，給這些城市帶來了別具一格的建築

藝術。杭州、廣州、泉州等港口興建了不少宗教寺院及帶有各種民族風格的建築物。元代，在泉州的伊斯蘭教建築物尤多，伊斯蘭教禮拜寺達六七所，皆具有濃厚的阿拉伯宗教建築風格。例如「始建於北宋 1009 的泉州清淨寺，元朝時又重新修建。它是我國最早的伊斯蘭教建築之一。整個建築是仿照敘利亞大馬革伊斯蘭教禮拜堂形式用青白花崗石建成。」〔註 30〕

（三）飲食

「一切生活必需品非常豐富。」〔註 31〕由於泉州的商業貿易繁榮，在與其他國家的交易中必然會給當地帶來他們習俗。泉州當時還是世界貿易大港口，在刺桐城內外，「夷夏雜處」，它也就成為多民族、多元化中外風俗習慣共存共榮、色彩斑斕的民俗園圃。在傅宗文的《滄桑刺桐》裏這樣記載著：香藥使用於餐飲領域，使我國古代的飲食進入驟增香辣味的新時期。據元代無名氏所編《居家必用事類全集》，沉檀諸香和胡椒、肉豆蔻等辛辣藥品，可以廣泛與餐飲食品結合，並廣為人們喜愛。

（四）人口結構

晚唐五代以來，海外商人前來泉州從事商貿的日益增多，「住唐」的僑居人口隨之出現。還有伊斯蘭教寺的建築出現也標誌著泉州外僑中的伊斯蘭教人口必已不少。「從宋代起，就有不少阿拉伯等國的商人定居在中國。」〔註 32〕根據上面說到的泉州同印度支那半島諸國、同馬來半島諸國、同西亞諸國等國家的海路貿易可以知道，元代泉州的人口戶別複雜，人數繁多。再如上面說到的清淨寺，「多少年來，清淨寺是我國回族發展歷史的見證，也是我國與阿拉伯各國友好往來的歷史見證。」〔註 33〕在一些書中記載著的外來人口的情況大都是阿拉伯人在中國定居的較多，判斷外來人口的情況還可以從泉州的墓碑和墳墓上查找線索。「宋代起就有不少阿拉伯等國的商人定居中國，最後安息在中國的土地上。泉州還保存著有宋元時期阿拉伯式樣或基督教式樣的墳墓和墓碑，泉州東郊靈山先賢墓山坡下的蕃客墓（即外國人

〔註 30〕楊昌鳴，古城泉州〔M〕，北京，中國建築工業出版社，2013，頁 54。

〔註 31〕馬可波羅著，大陸橋翻譯社譯，馬可波羅遊記：最有名的奇書〔M〕，呼和浩特：遠方出版社，2003，頁 183。

〔註 32〕馬可波羅著，大陸橋翻譯社譯，馬可波羅遊記：最有名的奇書〔M〕，呼和浩特：遠方出版社，2003，頁 183。

〔註 33〕馬可波羅著，大陸橋翻譯社譯，馬可波羅遊記：最有名的奇書〔M〕，呼和浩特：遠方出版社，2003，頁 183。

的墓）就有 20 多座，其中有一墓碑還清楚地刻著『蕃客墓』三個漢字，在『蕃客墓』三個漢字的上方刻有五行古阿拉伯文字，下方刻有兩個小字『埃及』……」〔註 34〕

三、《馬可波羅遊記》裏元初泉州商業經濟繁榮的原因

　　《馬可波羅遊記》裏元初泉州的商業經濟是相當繁榮的，除了忽必烈採取的重商政策以外，還有兩個最重要的原因。

　　第一，元初泉州的經濟基礎好。《馬可波羅遊記》載：「居民使用紙幣而為偶像教徒。」〔註 35〕「此處一切生活必需之食糧皆甚豐饒。」〔註 36〕元初，泉州是使用紙幣的，這裡的一切生活必需的糧食足夠多，能養活除泉州居民外的更多人。紙幣的流通是商品經濟發展的結果。元初，由於經濟較為落後，疆域內的大多數地方是用貝殼或鹽塊等物品充當貨幣的，比如吐蕃州「境內無紙幣，而以鹽為貨幣。」〔註 37〕再如哈剌章州，「所用貨幣則以海中所出之白貝而用作狗頸圈者為之。」〔註 38〕少數經濟發展較好的地區，尤其是南宋故地，皆使用紙幣，泉州亦是如此。此外，泉州「一切生活必需之食糧皆甚豐饒」，有能力養活眾多外來人口。

　　第二，泉州港海內外交通繁忙。泉州港的地理位置優越，位於元朝疆域內的東南沿海，是海上絲綢之路的起點，是發展海外貿易的絕佳之地。《馬可波羅遊記》載：「印度一切船舶運載香料及其他一切貴重貨物咸往此港。是亦為一切蠻子商人常至之港，由是商貨寶石珍珠輸入之多竟至不可思議，然後由此港轉販蠻子境內……乃至此刺桐港者，則有船舶百餘。」〔註 39〕印度一切運載香料和其他貴重貨物的船舶通過海上絲綢之路都到泉州港，南宋故地

〔註 34〕馬可波羅著，大陸橋翻譯社譯，馬可波羅遊記：最有名的奇書〔M〕，呼和浩特：遠方出版社，2003，頁 183。

〔註 35〕馬可‧波羅，馬可波羅行紀〔M〕，馮承鈞譯，上海：上海書店出版社，1999，頁 373。

〔註 36〕馬可‧波羅，馬可波羅行紀〔M〕，馮承鈞譯，上海：上海書店出版社，1999，頁 373。

〔註 37〕馬可‧波羅，馬可波羅行紀〔M〕，馮承鈞譯，上海：上海書店出版社，1999，頁 305。

〔註 38〕馬可‧波羅，馬可波羅行紀〔M〕，馮承鈞譯，上海：上海書店出版社，1999，頁 314。

〔註 39〕馬可‧波羅，馬可波羅行紀〔M〕，馮承鈞譯，上海：上海書店出版社，1999，頁 373。

的商人和貨物通過河運到達和離開泉州，他們攜帶來的貨物多得不可思議，
然後又攜帶多至不可思議的貨物離港。從海內外商船到港之多和多至不可思
議的貨物可知，當時的泉州，無論是國際海運，還是國內河運，都相當繁忙。

四、《馬可波羅遊記》裏元初泉州商業經濟繁榮的影響

第一，泉州商業繁榮，為元初統治者提供穩定且數額龐大的商業稅。稅
收是維持政府正常運行和皇家奢侈生活的必備品。泉州港是當時一個國際商
業港口，一切停靠於泉州港的商船和中外商人的貿易活動，均須繳稅。關於
泉州的商業活動和商業稅，《馬可波羅遊記》載：「印度一切船舶運載香料及
其他一切貴重貨物咸往此港。是亦為一切蠻子商人常至之港，由是商貨寶石
珍珠輸入之多竟至不可思議，然後由此港轉販蠻子境內。我敢言亞歷山大或
他港運載胡椒一船赴諸基督教國，乃至刺桐港者，則有船舶百餘，所以大汗
在此港徵收稅課，為額甚巨。凡輸入之商貨，包括寶石、珍珠及細貨在內，大
汗課額十分取一，胡椒值百取四十四，沉香、檀香及其他粗貨值百取五十。」
〔註40〕在馬可波羅看來，泉州是大型的國際貿易活動的場所。一是，中外商
人雲集於此港，既有渡海而來的印度人，有「一切蠻子商人」，還有像馬可波
羅一樣的色目商人。二是，商品眾多，「商貨寶石珍珠輸入之多淨值不可思議」。
三是，商船眾多，「印度一切船舶運載香料及其他一切貴重貨物咸往此港」，
還有「一切蠻子商人」商船。四是，商業稅甚巨。由前面三點可知，泉州的商
人商船商貨的規模是極為龐大的。再者，元政府在此港的收稅政策，「凡輸入
之商貨，……，大汗課額十分取一，胡椒值百取四十四，沉香、檀香及其他粗
貨值百取五十。」〔註41〕因此，所收各種名目的商業稅「為額甚巨」。商業稅
成為泉州政府主要財政收入之一。

此外，元初實行的包稅制度，目的在於減少稅收，鼓勵商業發展，對象主
要是蒙古人、色目人，政府在北方的商業稅較少，故對南方城市的商業稅較為
倚重。並且，在北方的蒙古族和少數民族主要是游牧民族，多從事畜牧業，居
無定所，常常遷徙，牛羊馬生長期較為漫長，牲畜死亡率也高，造成牧民收入
少且不穩定，不能為政府提供大量且穩定的稅收。農業本是可以為政府稅收做

〔註40〕馬可·波羅，馬可波羅行紀〔M〕，馮承鈞譯，上海：上海書店出版社，1999，
　　　　頁373。
〔註41〕馬可·波羅，馬可波羅行紀〔M〕，馮承鈞譯，上海：上海書店出版社，1999，
　　　　頁373。

貢獻，但是元統治者命令許多中原及中原以北的從事農業的地區轉為從事畜牧業，大片農田草原化，元政府的稅收來源就更少了，商業經濟相對發達的南方城市的稅收就顯得更為重要了。陳高華在《元代商稅初探》中通過列數據和論證分析說明「商稅在財政收入中占重要地位。……商稅收入在財政收入的錢鈔部分中佔有重要地位，其重要性僅次於鹽課。」〔註42〕作為商業經濟最為發達的南方城市之一，泉州港的商業稅甚巨，元朝政府如此重視泉州及其他沿海港口、海上交通的管理，甚至派兵駐守泉州，為泉州商業經濟的發展提供穩定的環境。泉州商業經濟的繁榮，在某種程度上為維持元朝的統治做了不少貢獻。

　　第二，大量外商來華和元朝商人出海，密切和促進了中外經濟文化交流和發展。《馬可波羅遊記》中載：「印度一切船舶運載香料及其他一切貴重貨物咸往此港。是亦為一切蠻子商人常至之港。」〔註43〕可見，中外商人雲集於泉州港，從事商業貿易。既然印度等地的商船停泊在泉州港，那必然還會從泉州港出發，返回印度等地。如此，以泉州港為終點和出發點，外國商人往返兩地，促進了中外的經濟交流，帶動了泉州當地經濟的發展。與此同時，元朝商人也在泉州港乘船出海經商。元初，中國泉州商人的足跡遍布海外，促進了泉州商業經濟的發展，也傳播了中國文化。聶德寧在《元代泉州港海外貿易商品初探》中寫道：「元代泉州港對外貿易的範圍極為廣泛。汪大淵的《夷島志略》記載了當時海外有 99 個國家和地區和泉州有貿易往來。」〔註44〕這些國家和地區包括東南亞、南亞、西亞、東非等。其中，印度與泉州的經濟往來最密切。《馬可波羅遊記》載：「印度一切船舶運載香料及其他一切貴重貨物咸往此港。」〔註45〕又有「在此城中見有來自印度之旅客甚眾。」〔註46〕近年來，在這些地區出土了許多中國瓷器、絲綢等物品，充分證實了其與中國商業往來之密切。元初，中國的瓷器、絲綢等是海外貴族才能享受的高檔奢侈品。中國對外貿易處於出超狀態，大大促進泉州商業經濟的發展。

〔註42〕陳高華，元代商品初探〔J〕，中國社會科學院研究生院學報，1997，（1）：14
　　　　～15。
〔註43〕馬可·波羅，馬可波羅行紀〔M〕，馮承鈞譯，上海：上海書店出版社，1999，
　　　　頁 373。
〔註44〕聶德寧，元代泉州港海外貿易商品初探〔J〕，南洋問題研究，2000，（3）：80。
〔註45〕馬可·波羅，馬可波羅行紀〔M〕，馮承鈞譯，上海：上海書店出版社，1999，
　　　　頁 373。
〔註46〕馬可·波羅，馬可波羅行紀〔M〕，馮承鈞譯，上海：上海書店出版社，1999，
　　　　頁 373。

此外，中國製造的碗傳至海外，一定程度改變了外國人的生活方式。為保證足夠的商品供應海外市場，泉州手工業和其他製造業相當發達，「元代泉州港在出口到海外各國和地區的外銷商品中，採取了以本地、本省產品為主、外省名牌產品為輔的方針策略。」〔註47〕這極大帶動泉州商業經濟的發展。

泉州是元初海上絲綢之路的起點，從《馬可波羅遊記》中可知，它是海內外商人常至之地。海內外商人的經濟往來無意中導致了不同文化的碰撞，尤其是與當地文化的交融，促進當地文化的發展。莊景輝在《泉州港考古和海外交通史》中指出：「論及元代泉州的繁榮，特別值得述及的是各種宗教在這座城市的傳播和發展。由於蒙古統治者對各種宗教均採取寬容的政策，因此隨著各色人等的僑居泉州，這裡也成為世界多種宗教在東方的重要據點，形成了一種多教並存、教寺林立、競相發展的駁雜局面。……在各種外來宗教中，伊斯蘭的勢力最大，其影響於泉州者亦最深。那時居於泉州的伊斯蘭教徒數以萬計，他們有自己的伊斯蘭公會組織，並有禮拜寺六七座。……元代各種外來宗教在泉州的傳播，眾多阿拉伯式、波斯式、印度式、意大利式和中國式的教堂的興修，曾把這個『東方第一大港』點綴得光怪陸離，更洋溢著濃厚的國際氣氛。」〔註48〕因此，泉州文化，包括風俗、文學、藝術、宗教等，與當時內地文化頗為不同，它更為開放和包容，是當時一座重要的國際移民城市，可與當今香港媲美。

馬可波羅是一名色目商人，《馬可波羅遊記》關於泉州的記載，基本上是宗教和商業方面的內容，介紹了泉州的紙幣、商品、商業稅收、交通等商業信息，讚美了泉州商業的繁榮，可與亞歷山大港媲美；元政府在此港課稅為額甚巨，中外商人的活躍的貿易活動促進了中外經濟文化交流。

參考文獻

1. 楊軍琴，元代商人社會地位的變化〔J〕，齊齊哈爾師範高等專科學校學報，2008，（1）：121。

2. 馬可·波羅，梁生智譯，馬可波羅遊記〔M〕，北京：中國文史出版社，1998，192。

〔註47〕聶德寧，元代泉州港海外貿易商品初探〔J〕，南洋問題研究，2000，（3）：80。
〔註48〕莊景輝，泉州港考古與海外交通史研究〔M〕，長沙：嶽麓出版社，2005，頁109～110。

3. 倪健中，風暴帝國〔M〕，北京：中國國際廣播公司出版社，1997，1033。

4. 陳賢春，試論元代商人的社會地位和歷史作用〔J〕，湖北大學學報，1993，（3）：70～71。

5. 馬可·波羅，馬可波羅行紀〔M〕，馮承鈞譯，上海：上海書店出版社，1999，373。

6. 楊志娟，回回海商集團與元代海洋政策〔J〕，煙臺大學學報，2013，26（3）：91。

7. 馬建春，元代西域人的商業活動〔J〕，暨南學報，2006，（3）：175。

8. 陸國俊，中西文化交流先驅——馬可·波羅〔M〕，北京：商務印書館，1995，103。

9. 宋鐮，元史〔M〕，北京：中華書局，1976，2494。

10. 梁凌霄，魏楠，李文文，試論元朝商業繁榮的原因〔J〕，隴東學院學報，2014，25（2）：48。

11. 申友良，馬可波羅遊記的困惑〔M〕，臺灣：花木蘭文化出版社，2012，155。

12. 莊景輝，泉州港考古與海外交通史研究〔M〕，長沙：嶽麓出版社，2005，105。

13. 馬可波羅著，大陸橋翻譯社譯，馬可波羅遊記：最有名的奇書〔M〕，呼和浩特：遠方出版社，2003，182～183。

14. 楊昌鳴，古城泉州〔M〕，北京，中國建築工業出版社，2013，10～54。

15. 陳高華，元代商品初探〔J〕，中國社會科學院研究生院學報，1997，（1）：14～15。

16. 聶德寧，元代泉州港海外貿易商品初探〔J〕，南洋問題研究，2000，（3）：80。

第四章　馬可波羅與元代的福州

　　《馬可波羅遊記》中將福州稱為「福州國」。福州建城於公元前 202 年，是座有 2200 多年歷史的歷史古城，有著悠久的港口歷史和發達的造船工業。《馬可波羅遊記》中對元初福州的人文、地理以及經濟文化都有較為詳細的記載，對於研究元初福州的概況、瞭解元初社會經濟有一定的意義。目前學術界對《馬可波羅遊記》中城市的研究相對較少，本文將從農業、棉紡織業、商業等角度對元初福州進行探究。

一、《馬可波羅遊記》裏元初福州的記載

（一）《馬可波羅遊記》裏元初福州農業繁榮的表現

　　中國古代是農業大國，農業是立國之本，漢朝晁錯的《論貴粟疏》深入地分析了古代農業的重要性：「聖王在世，而民不受凍饑者，非能耕而食之。」農業一直以來作為國家經濟基礎的地位存在了兩千多年。福州作為東南沿海重要城市，農業自然有著重要的地位。馬可波羅在《馬可波羅遊記》中記載：「經行美麗城村，其間食糧及帶毛帶羽之野味甚饒。亦見有虎不少，虎軀大而甚強。產薑及高良薑過度，物搦齊亞城銀錢一枚，可購好薑四磅……」〔註1〕除此外還有關于果園以及種植茶的記述：「這裡各種物資充足，還有許多賞心悅目的園林，出產優質美味的瓜果。」〔註2〕荔枝產於「嶺南、巴中、泉、福、漳、興、嘉、蜀，渝、涪及二廣。」「今閩中荔枝初著花時，商人計林斷之以立券；一歲之出，不知幾千萬億，水浮陸轉，販繁南北，外而西夏、新

〔註1〕馮承鈞譯，馬可波羅行紀〔M〕，上海：上海書店出版社，2000，頁367。
〔註2〕陳開俊等譯，馬可波羅遊記〔M〕，福建：福建科學技術出版社，1981，頁189。

羅、日本、琉球、大食之屬，莫不愛好，重利以酬之」。這裡反映出一件重要的事實，即當時的包買商人已經經營果園承包，他們預先定貨，然後把水果運銷全國各地，遠至國外。〔註3〕「刺木本謂此地尚產其他藥材，然未言其他所產之茶，而此茶在 9 世紀時，阿剌壁旅行家已有著錄也。建寧府屬崇安縣有武夷山，以產福建名茶而著名，即英語之 Bohea tea 是也。」〔註4〕由此可以看出元初福州的農業種類較為多樣，糧食、薑等產量很高，農產品的豐盛使得「物產豐富，人民生活富足。」

（二）從元初福州農業的繁榮分析元初農業繁榮的原因

《馬可波羅遊記》中元初福州農業繁榮的一個重要原因是元初統治者忽必烈的農業政策。忽必烈掌權時，統治領域內增加了許多漢人、女真人和其他民族的人，傳統的游牧經濟類型不能適應大量農業人口湧入的需要，忽必烈於是大力發展農業。在忽必烈在位期間，他的政策使農業得到了很快的恢復和發展。

1. 在中央和地方設立相應的官員考核制度

元朝於 1261 年任命八位勸農使。又下詔天下：「今後有能安集百姓、招誘戶口，比之上年增添戶口、差發辦集，各道宣撫司關部申省，別加遷賞；如不能安集百姓、招誘戶口，比之上年戶口減損、差發不辦，定加罪黜。」〔註5〕到了 1217 年改立大司農司時又添設巡行勸農使和副使各四人。元司農司讓具有豐富農學知識的專職勸學官編成《農桑輯要》一書，該書在勸農工作中發揮了積極的作用。

2. 鼓勵墾荒，設置屯田

忽必烈在中統二年（1261）規定：逃亡農民回來繼續種田，第一年全免差稅，第二年減半，第三年才按規定徵稅。開荒墾地第一年免稅，第二年為納稅率的二分之一，第三年為納稅率的三分之一。後又頒布優惠政策，「凡有開荒作熟地土，限五年依例科差」，栽種桑樹放寬到八年，瓜果放寬到十五年，「若有勤務農桑及開到荒地之人，本處官吏並不得添加差發。」屯田分為民田和屯田兩種，對於恢復和發展農業生產起了很大作用。〔註6〕

〔註 3〕李幹，元代的商品經濟〔J〕，中南民族學院報，1985，（2）：67。
〔註 4〕馮承鈞譯，馬可波羅行記〔M〕，上海：上海書店出版社，2000，頁 370。
〔註 5〕張金銑，簡析忽必烈的重農政策〔J〕，歷史教學，2000，（8）：13。
〔註 6〕張金銑，簡析忽必烈的重農政策〔J〕，歷史教學，2000，（8）：13。

3. 興修水利，發展生產

忽必烈十分重視水利的興修與管理。規定：凡是有可以興建水利的地方，地方官員都要派有水利經驗的人去勘察，如果工程比較小，就自己組織民力興建，如果工程較大就上報給上級官員，等到上級審查合格後興建。〔註7〕「內立都水監，外設各處渠司，以興舉水利，修理河堤為務。」〔註8〕忽必烈不僅重視水利工程的興建同時他也規定了水利設施的維護和用水管理原則。河邊「安置水碾磨去處，如遇澆田時月，停住碾磨，澆灌田禾，若是水田澆畢，方許碾磨依舊引水用，務要各得其用。」〔註9〕明確規定在澆田用水期間，水利的機具的用水要為澆田讓路，保證農業正常、穩定的發展。

4. 減少賦稅

元政府把納稅的人戶分為四種：元管戶、交參戶、漏籍戶、協濟戶。四種人戶的納稅辦法不同，都是按照在何時遷入為範圍來分，遷入的時間能反映人戶的經濟穩定水平，其中元管戶的納稅金額最高。〔註10〕忽必烈認識到過重的賦役，既不利於迅速恢復和發展農業生產，還會激發人民的反抗動搖其封建統治，所以，他制訂賦役的法令時總的精神是均平紓緩，盡可能不超過人民能負擔的能力。

二、《馬可波羅遊記》裏元初福州棉、絲織業

（一）《馬可波羅遊記》中福州棉、絲織業的記載

元代是中國絲織業發展史的一個重要朝代，福建發展成為一個新的絲織業中心。馬可波羅在《馬可波羅遊記》中記載：「此處還盛產生絲，並且能將生絲織成各種花色的綢緞。棉布則是由各種顏色的棉紗織成的，行銷蠻子省各地。」〔註11〕可以看出，福州在元初絲織業發達，除了滿足民眾生活需求外，還用作商品交易。兩宋時期，海南的棉花移植到閩廣地區。入元以後，福建的種棉紡織不是個別地區得到發展，而是「諸縣皆有」。說明福建的棉花生

〔註7〕海日，論元世祖忽必烈的經濟政策〔J〕，前沿，2009，（5）：76。
〔註8〕宋鐮，元史「M」，北京：中華書局，1976，頁1588。
〔註9〕李斌，中國古代水轉大紡車無法引爆工業革命的原因分析〔J〕，服飾導刊，2016，（8）：4～5。
〔註10〕李幹，元代的商品經濟〔J〕，中南民族學院報，1985，（2）：76。
〔註11〕陳開俊等譯，馬可波羅遊記〔M〕，福建：福建科學技術出版社，1981，頁190。

產發展異常迅猛。〔註12〕為了生產高級絲織品，福建行省在福州舉辦文繡局，專門生產絲織品，文繡局的產品被列為貢品。文繡局的規模很大，《元史·成宗記》二說：「大德元年…減福建提舉司每年所織段三千匹，但要織成文繡。」〔註13〕它的工匠都是民間調發的織工繡女。尤其是閩繡在當時的名氣很大，元太子曾經「命福建取繡工童男女六人。」〔註14〕

（二）從元初福州棉織業繁榮看元朝棉紡織技術進步的影響

1. 棉紡織業的繁榮促使棉布取代絲綢逐漸成為人民的主要衣料

元以前，棉布並不是我國人民的普通消費品。唐以前的史書都是在記述西南和西北的少數民族時才提到棉布，可見它只是少數民族的生活用品。元代棉紡織技術的提高有賴於黃道婆改革出一套趕、彈、紡、織的工具：去籽攪車，彈棉椎弓，三錠腳踏紡紗車。棉紡織技術的提高和傳播直接促使棉紡織品產量的提高，廣大人民群眾能獲得的棉紡織品數量就多了起來。《馬可波羅遊記》裏記載：「此處還盛產生絲，並且能將生絲織成各種花色的綢緞。棉布則是由各種顏色的棉紗織成的，行銷蠻子省各地。」〔註15〕可見元初福州棉紡織品是有剩餘的，並且成為了一種商品。元代棉紡織生產效率的迅速提高和成本的下降，為棉布取代絲、麻織物創造了條件。而由於棉布容易生產且價廉物美，人們的服用消費很快從絲、麻織物轉變，元初棉紡織業的繁榮是我國民眾衣料變革史的關鍵一環，從一定程度上改善了民眾的生活。

2. 刺激了植棉業的迅速發展

一個部門的技術突破，必然刺激與之有關的其他部門的發展。元代棉紡織技術進步使得棉布的消費需要上升，從而刺激了植棉業的發展。我國不是棉花的原產地，棉花的傳入從東漢至宋末歷時一千年，但僅從西南傳至閩廣，速度極慢。植棉傳入江南約始於元初，自棉紡織技術改革以後，植棉業的發展大為加快。元初設立「江南木棉提舉司」，植棉業大為普及。經元一代，到了明太祖朱元璋便下令，「凡民田五畝至十畝者，栽桑、麻、木棉各半畝。十畝以上十倍之。」明成化年間，丘濬在《大學衍義補》中寫道：「其種乃編布於天下，地無南北皆宜之，人無貧富皆賴之。其利視至全、桌蓋百倍焉。」成

〔註12〕馮承鈞譯，馬可波羅行紀〔M〕，上海：上海書店出版社，2000，頁73。
〔註13〕宋鐮，元史「M」，北京：中華書局，1976，頁409。
〔註14〕宋鐮，元史「M」，北京：中華書局，1976，頁4140。
〔註15〕陳開俊等譯，馬可波羅遊記〔M〕，福建：福建科學技術出版社，1981，頁190。

化距元貞不過一百六十年，植棉已遍全國，其速度之快是元以前不能比擬的。

3. 促進江南商品經濟的繁榮

福州棉紡織業的繁榮使得棉紡織品成為商業貿易的商品，到了明代，江南許多市鎮的興起與繁榮都與經營棉布業有關，寶山、南匯、奉賢、崇明等地，無不有相當市鎮經營布業，這些市鎮以棉布也主幹，百業彙集，繁榮異常。不少商人也因此致富。〔註16〕棉紡織業的繁榮又帶動了各行各業，直接推動的有染布、踹布、藍靛等行業，此外還促進了牙行、銀錢、運輸、紡織工具製作、服務等行業。元統治者還把棉布當成一種商業稅，到了明清，江南成為明清政府榨取財政收入的最大富源。

三、馬可波羅與福州商業

（一）《馬可波羅遊記》中福州商業的繁榮的表現

商品經濟包括商品生產與商業，商品是商業發展的開端，商業的發展又促進商品生產的發達。元朝重商，實行開明的經濟管理，對商人採取保護和鼓勵，還給予商賈一些特殊的優勢如給商賈以持璽書、配虎符、乘驛馬的權利。楊軍琴認為：「上至王公大臣，下至貧苦百姓，舍本農，趨商賈的風氣很盛，對此，時人深有感觸，馬祖常云：『近年工商淫侈，游手眾多，驅壟畝之業，就市井之末。』〔註17〕經商致富已成為多數人追求的夢想。」〔註18〕

見多識廣的馬可波羅也曾驚歎於福州的商業繁華，記載了福州國際大都市的風範。在《馬可波羅遊記》中提到：「福州城，是楚伽國之都城，此城為工商輻輳之所。居民恃工商為活，居民是偶像教徒而使用紙幣。此城製糖甚多，而珍珠、寶石之交易甚大，蓋有印度船舶數艘，常載不少貴重貨物而來也。」「在此（福州）見有足供娛樂之美麗園囿甚多。此城美麗，布置既佳，凡生活必需之物皆饒，而價甚賤。」〔註19〕「這裡的居民都是大汗的臣民，從事商業和製造業，這地方的女人美麗標緻，過著安逸奢華的生活。這裡盛產生絲，並且製成不同種類的綢緞。棉布是由五顏六色的棉紗織成的，行銷

〔註16〕李榮昌，元代棉紡織技術的進步及其對社會經濟的影響〔J〕，科學‧社會‧經濟，1984，（3）：239。

〔註17〕馬祖常，石田先生文集〔M〕，鄭州：中州古籍出版社，1991，頁150。

〔註18〕楊軍琴，元代商人社會地位的變化〔J〕，齊齊哈爾師範高等專科學校學報，2008，（1）：121。

〔註19〕馮承鈞譯，馬可波羅行紀〔M〕，上海：上海書店出版社，2000，頁371。

蠻子省各個地方。居民經營廣泛的商業。」〔註20〕元初的商業性果園已經存在，大都的果樹經營比較發達，福建、廣東適宜于果木的種植。荔枝產於「嶺南、巴中、泉、福、漳、興、嘉、蜀，渝、涪及二廣」。「今閩中荔枝初著花時，商人計林斷之以立券；一歲之出，不知幾千萬億，水浮陸轉，販繁南北，外而西夏、新羅、日本、琉球、大食之屬，莫不愛好，重利以酬之」。〔註21〕由此可以看出元初福州的商業較為發達，絲織品，製糖品等產量很高，商品的豐盛使得人民生活富足。

（二）從元初福州商業的繁榮分析元初商業繁榮的原因

1. 國家統一，疆域遼闊，客觀上打通了中西交通路線

1206年，鐵木真建立了蒙古汗國。五傳至忽必烈至元八年（1217年），改國號為元。在此期間，成吉思汗及其繼承者不斷地向外擴張：向南，消滅了金朝和南宋，向西，曾發動三次西征，滅亡了西夏、西遼、花剌子模王朝和阿拉伯人建立的阿拔絲哈里發帝國，征服了阿速、欽察、斡羅思諸部，建立了四大汗國。使亞洲大陸北部和中、西部都在蒙古的統治之下。統一的政治條件，使之前國與國之間的障礙不復存在，有利於統治者各種政策措施的頒布實施，客觀上打通了中西交通的路線。這表現在經濟貿易上，則極大地便利了商品的交換。〔註22〕

2. 農業生產的恢復和手工業技術的提高，為商品交換提供了物質保證

在忽必烈時期，強調「國以民為本，民以衣食為本，衣食以農桑為本」，並採取了一系列的措施以恢復和發展農業。這些措施包括：設立司農司等管理農業的政府機構，編寫《農桑輯要》指導農業生產，禁止毀農田為牧地，開荒屯田，興修水利。通過一系列的措施，到忽必烈統治後期，元代的農業已經超過前代。同時，由於產量的提高和生產技術的進步，需要從事農業生產的人也就可以更少，因此，更多的人投身於經濟作物的種植，特別是棉花、蠶桑、薑和水果，都成為重要的商品。這在遊記中也有反映：「到達太原府，沿途經過許多美麗的城市和要塞。這裡的製造業和商業十分興盛，並有許多葡萄園與耕地……這裡又有很多桑樹，桑葉可供居民養蠶並取得大量的絲」。〔註23〕「離

〔註20〕陳開俊等，馬可波羅遊記〔M〕，福建：福建科學技術出版社，1981，頁190。
〔註21〕李幹，元代的商品經濟〔J〕，中南民族學院報，1985，（2）：67。
〔註22〕申友良，馬可波羅與元初商業文化〔J〕，科學縱橫，2015，30（5）：113。
〔註23〕陳開俊等譯，馬可波羅遊記〔M〕，福建：福建科學技術出版社，1981，頁131。

開開昌府，向西走八日，連續看到許多城市和商業市鎮，經過許多果園和耕地。這裡有大量的桑樹，十分有利於絲的生產。」〔註24〕「蠻子境內的白城的居民以商業和手工業為生，並出產大量的薑。商人將生薑運往契丹全省各113處，獲得豐厚的利潤。這裡還盛產小麥、米和其他穀類，價格也十分便宜」。〔註25〕「建寧府盛產生絲，並且能將生絲織成各種花色的綢緞。棉布則是由各種顏色的棉紗織成的，行銷蠻子省各地……他們將大量的生薑運往外地。」〔註26〕手工業技術的提高，對商業的發展也起到了重要的作用。這主要體現在棉織技術方面。黃道婆從海南黎族帶回來了先進的棉紡織技術並加以改進，大大增加了棉織品的商品量；而絲織技術到元代時已經十分完善，出現花樣繁多的絲織品種類。如馬可波羅提到的金線織品；此外，曬鹽法的推行和製糖技術的傳播，都有利於手工業的發展，使手工業逐步脫離家庭副業的身份，演變為單獨的行業，其產品更多的流向市場。總的來說，農業生產的恢復和手工業技術的提高，創造出了更多的剩餘產品，為商業的發展提供了物質基礎和保障。〔註27〕

3. 紙幣的發行和推廣便利了商貿發展

元朝統一中國後，廢銅錢，改交子、會子，發行元寶鈔，民間稱中統鈔。元寶鈔當時通行全國各地包括漠北、畏兀兒地方和西藏，也曾流通於高麗和東南亞的一些國家。〔註28〕貨幣的統一為商業發展提供了方便，使得各地的商人在貿易時不再需要兌換錢幣。紙幣的發行也使得長途跋涉的商旅不必攜帶笨重的金銀或銅錢，只需一錠紙鈔即可，這也直接促進了商業的發展。〔註29〕

4. 元朝發達的水陸交通

元帝國地跨歐亞，這在客觀上打通了其統治範圍內的各地交通線路。然而，元的統治者並不滿足於已有的交通現狀，在陸路方面，在全國範圍內設置驛站，在水路方面，溝通運河和海運。

〔註24〕陳開俊等譯，馬可波羅遊記〔M〕，福建：福建科學技術出版社，1981，頁135～136。

〔註25〕陳開俊等譯，馬可波羅遊記〔M〕，福建：福建科學技術出版社，1981，頁137。

〔註26〕陳開俊等譯，馬可波羅遊記〔M〕，福建：福建科學技術出版社，1981，頁190。

〔註27〕申友良，馬可波羅與元初商業文化〔J〕，科學縱橫，2015，30（5）：113～114。

〔註28〕黃時鑒，元朝史話〔M〕，北京：北京出版社，1985，頁117～118。

〔註29〕梁凌霄等，試論元朝商業繁榮的原因〔J〕，隴東學院學報，2014，25（2）：48。

在陸路方面上，元朝時全國共設驛站1519處，加上西域、西藏等邊遠地區的驛站，則超過1600處。四通八達的交通網絡，極大地便利了人民的出行，商人更是沿著這些驛站奔走於全國各地。

水路方面，由隋煬帝開鑿的大運河一直以來都是各朝的主要水路交通。忽必烈在原來大運河的基礎上，主持開鑿了多條新的運河，最主要的是會通河和通惠河。至此，南北大運河全線鑿成，我國黃河、淮河、長江和錢塘江四大流域真正連接到一起，更重要的是，經過這次的疏鑿，河道大都取直，改變了過去迂迴曲折的航線，使得航程大大縮短，便利了南北經濟的聯繫和交往，一系列沿河沿海的商業市鎮相繼出現。

5. 元朝統治者對商業的重視

在蒙元時期，傳統的抑商政策被打破，商業得到統治者的重視，這主要表現在兩個方面：一是推行一系列的重商政策，設置市舶司管理海外貿易，鼓勵和保護經商，重用商人等，同時元代統治階層間接經商。

四、馬可波羅與福州對外貿易

（一）《馬可波羅遊記》中福州對外貿易的繁榮昌盛

「海上絲綢之路」作為世界上最古老的航線之一，是古代中國與外國交通貿易和文化交往的海上通道。福州港地處我國東南沿海，地理位置得天獨厚，是福建省著名的四大海港（福州港、泉州港、漳州港、廈門港）之一，也是中國古老的天然良港之一，因此在中國「海上絲綢之路」對外貿易中扮演著重要的角色，與分布在中國漫長海岸線上的蓬萊、揚州、寧波、泉州、漳州、廣州、北海等中國「海上絲綢之路」申遺城市一起，成為研究中國對外貿易、與世界多種文化交流融合等領域的獨具特色的文化遺產資源。

在《馬可波羅遊記》中有這樣的記載：「這個城市的中央有一條河橫貫而過，河面寬一英里，兩岸都建有高大豪華的建築物。在這些建築物前面停泊著大批的船隻，滿載各種貨品，特別是糖，因為這裡也出產大量的糖。有許多商船來自印度，裝載著各種珍珠寶石，一旦售出，即可獲得巨大的利潤。」〔註30〕同時，在元初時，福州還對外輸出了不少的絲織品、陶瓷、茶葉和一些其他的生活必需品。

〔註30〕梁生智譯，馬可波羅遊記〔M〕，北京：中國文史出版社，2001，頁216～217。

（二）《馬可波羅遊記》中福州對外貿易對元朝的影響

元代福州對外貿易為元朝本身帶來了生機和活力，此期間出現了一批異域地理書籍，記載它國風土人情和中外交通歷史的史書。它記載的數量之多，內容之豐富超過了前代，為國人打開了一扇認識世界的窗戶。元代福州的海外貿易的繁榮，帶來了不少可喜的成果：一是促進了元代造船技術的進步。當時，在今越南沿海，南洋諸島，印度東、西海岸，乃至波斯灣等地，都有中國船商活動的足跡。對外貿易不僅活躍了國內市場，也給元朝政府帶來了巨額收入。二是使元代交鈔成為一種國際間使用的紙幣。元人汪大淵曾隨船出海，歸來寫《島夷志略》，記載在交（越南北部）、羅斛（泰國南部）、烏茶等地，用交鈔與易，元朝政府都給予大力的支持。三是促進了元代航海業的發展，加深了當時人們對海外世界的認識，同時使航海技術有很大進步。〔註31〕

馬可波羅是一名色目商人，《馬可波羅遊記》關於福州的記載，基本上是農業、手工業、商業和對外貿易等方面的內容，介紹了福州的商品、居民生活和產品外銷等商業信息，讚美了福州商業的繁榮，元政府在福州經濟方面的建設甚巨，中外商人的活躍的貿易活動促進了中外經濟文化交流。

參考文獻

1. 馮承鈞譯，馬可波羅行紀〔M〕，上海：上海書店出版社，2000，367。

2. 陳開俊等譯，馬可波羅遊記〔M〕，福建：福建科學技術出版社，1981，190。

3. 李幹，元代的商品經濟〔J〕，中南民族學院報，1985，（2）：67。

4. 張金銑，簡析忽必烈的重農政策〔J〕，歷史教學，2000，（8）：13。

5. 海日，論元世祖忽必烈的經濟政策〔J〕，前沿，2009，（5）：75～77。

6. 宋鐮，元史「M〕，北京：中華書局，1976，1588。

7. 李斌，中國古代水轉大紡車無法引爆工業革命的原因分析〔J〕，服飾導刊，2016，（8）：4～5。

8. 陳賢春，元代棉織業的勃興及其歷史意義〔J〕湖北大學學報，1998，（5）：72～76。

〔註31〕李瑩，劉春霞，試論元朝對外貿易與文化交流〔J〕，瀋陽航空工業學院學報，2015，22（6）：90。

9. 李榮昌，元代棉紡織技術的進步及其對社會經濟的影響〔J〕，科學·社會·經濟，1984，（3）：236～240。

10. 馬祖常，石田先生文集〔M〕，鄭州：中州古籍出版社，1991，150。

11. 楊軍琴，元代商人社會地位的變化〔J〕，齊齊哈爾師範高等專科學校學報，2008，（1）：121。

12. 申友良，馬可波羅與元初商業文化〔J〕，科學縱橫，2015，30（5）：109～115。

13. 梁凌霄，魏楠，李文文，試論元朝商業繁榮的原因〔J〕，隴東學院學報，2014，25（2）：47～50。

14. 黃時鑒，元朝史話〔M〕，北京：北京出版社，1985，117～118。

15. 梁凌霄等，試論元朝商業繁榮的原因〔J〕，隴東學院學報，2014，25（2）：47～50。

16. 李瑩，劉春霞，試論元朝對外貿易與文化交流〔J〕，瀋陽航空工業學院學報，2015，22（6）：89～91。

第五章　馬可波羅與元初鎮江府

　　鎮江是個古老的地名，更是一座古老的城市，位於長江中下游南岸與大運河的交匯點上，由於地理環境與自然條件相對優越，從遠古時代起這一地區就是人類活動繁衍。《馬可波羅遊記》記載的鎮江府的人文、地理以及經濟文化都較為簡略，但對於研究元初鎮江的概況、瞭解元初社會經濟有一定的意義。鎮江的發展史有許多重要的階段，本文將對《馬可波羅遊記》中的鎮江經濟文化進行梳理整合，探究鎮江的歷史，進一步展現鎮江文明，弘揚鎮江文化精神。

一、《馬可波羅遊記》裏元初鎮江府的記載

　　鎮江是一座底蘊深厚、人文薈萃的歷史文化名城。鎮江有 3000 多年文字記載的悠久歷史，是吳文化的重要發祥地，不僅是「甘露寺劉備招親」，「白娘子水漫金山」等傳說的發源地，也是《文心雕龍》、《昭明文選》、《夢溪筆談》等巨著的誕生地。「何處望神州，滿眼風光北固樓」，「洛陽親友如相問，一片冰心在玉壺」，「我勸天公重抖擻，不拘一格降人才」，歷代文人墨客在鎮江留下的名篇佳句，千百年來一直為人們傳誦。鎮江是一座具有悠久歷史的江南文化名城。具出土文物及史籍考證，古屬禹貢九州之揚州，西周初期為宜候封地，北宋更名為鎮江。鎮江風光旖旎多姿，具有真山真水的獨特風貌，向以「天下第一江山」而名聞四方。金山之綺麗，焦山之雄秀，北固山之險峻，丰姿各異，人稱「京口三山甲東南」；南郊的鶴林、竹林和招隱三寺，山嶺環抱，林木幽深，又延伸入城，被譽為「城市山林」。鎮江不僅自然風景見長，而且文物古蹟星羅棋佈：享譽千古的金山江天禪寺，久負盛名的焦山碑

林，別具風情的宋元古街，精巧獨絕的過街石塔，隱於蒼松翠柏中的昭明太子讀書臺，雕塑珍品六朝陵墓石刻，風景名勝西津古渡等，記下了這座古老城市的漫長足跡，也吸引了無數古今中外的文人墨客。

在《馬可波羅遊記》一書中，書中對鎮江府經濟情況和人民生活方式的描寫，從中可以看出元初的鎮江府是中西方交往的重要城市。

（一）擁有大量人口

人口數量和質量是衡量經濟是否繁榮的一個重要因素。元朝征服南宋後，調遣大批較為信任的色目人到江南各地，來鎮壓漢人。據文獻記載，當時鎮江的 13504 名居民中，回回、蒙古、女真等 7 個民族有 2422 人。他們多數信奉伊斯蘭教，自成坊巷，集中居住，文化信仰各不相同，衝突也是持續不斷。據《元史·地理志》記載，元初，「凡郡之有城廓者皆撤而去之」，鎮江城廓聽其敗壞。至元代中業時，城市經濟得到恢復和發展。文宗至順年間（1330～1331 年），鎮江城區有 7 隅、28 坊、5 市、7 街、82 巷，人口有 19 萬人，其中城廂區人口為 6.5 萬人。

（二）宗教文化源遠流長

鎮江府有八大名寺、香火旺盛、高僧輩出。據《馬可波羅》記載，城裏，有三個聶利托派的基督教堂，建於一二八七年，那時候，皇帝陛下曾任命這一教派的一個教徒，名叫馬薩奇斯的，來到這裡擔任本城的行政長官。任期三年之久。在他上任之前，這裡原來沒有教堂，是馬薩奇斯來了以後才創建的，至今仍然保存完好。據元《至順鎮江志》、明代萬曆年間《鎮江府志》記載，在唐代貞觀二年，即公元 628 年，伊斯蘭信徒即在城內的仁安坊阜民街，也就是今天的梳兒巷巷口、上河邊至大市口一帶，建有清真寺。這個記載比內廷檔案記載的伊斯蘭教在唐永徽二年（652）傳入中國還早了 24 年。

元代鎮江伊斯蘭教得到廣泛的發展，到民國初期，伊斯蘭教到了鼎盛時期。山巷清真寺齋拜時有千餘人。據史料記載，僅鎮江城區歷史上就曾有 9 所清真寺，清真寺之多，僅次於南京，居全省第二位。據《馬可波羅遊記》記錄，在元代，鎮江已有基督教堂。元代的《至順鎮江志》，更準確記錄了全市信教狀況，信仰基督宗教的市民計有「23 戶 106 人」。後來隨著元朝的滅亡，基督宗教也在中國銷聲匿跡。但隨著《馬可波羅遊記》的介紹，西方世界第一次瞭解了鎮江的繁榮和富庶。

（三）航運業發達

鎮江府水運得天獨厚，蘇南運河鎮江段與長江交匯，素有「漕運咽喉」之稱，是京杭運河上運量最大，密度最高，社會經濟效益最好的河段之一。鎮江闢為商埠後，隨長江航運興起，鎮江商業發展迅速，鎮江發展成為長江下游航運和商業重地。此期間城牆開始陸續拆除，每當漕運季節，就會看到運河上舳艫相接、檣桅高聳、白帆點點、百里不絕，十分壯觀。除了糧船以外，航行在運河上的還有許多官船、商船和民船，南方生產的絲綢、茶葉、瓷器和北方生產的豆、麥、梨、棗等特產，都通過大運河進行交易。《元史·河渠志》中說：「舟楫萬里，振古所無。」這一時期新興的商業城市，十分之八九都分布在大運河沿岸。運河兩岸商賈雲集，貨堆如山，店鋪林立。城市以高大的城樓為中心，街道縱橫交錯，各種店鋪鱗次櫛比，有酒肆、茶館、公廨、寺觀等。街道中乘騎、轎夫、挑夫、商販等各色人等，熙熙攘攘。鎮江一時之間便成為南北大運河的重要交通樞紐，來往的舟船，過往的客商營販，晝夜不息，續被拆毀，城內外融成一體，但清末海運興起，漕運廢止，鎮江一度衰落。

（四）紙幣流通廣泛

北宋時期我國出現了世界上最早的紙幣——交子，但當時交子只流通使用於四川一帶，而到元代，元鈔則是中國歷史上首次在全國範圍內統一使用的紙幣。在《馬可波羅遊記》中對元鈔的記載體現了馬可波羅對元鈔和統治者為推行紙幣而採取的政策表現了深深佩服。《遊記》中說道：臣民和外商以金銀、珠寶、皮革等物向官庫換取紙幣時，「償價甚優」，「他人給價不能有如是之裏」。陳炳應在其《馬可波羅遊記中的元鈔》認為：「《遊記》記載的政府在用紙幣收購上述貴重物品時，是用高於市場價格的優惠價，以此推動紙幣的發行和鈔本的回收、集聚。」〔註1〕經濟越發達的地區，紙幣的流通便越廣泛，因為經濟發達地區的商品交換活動頻繁，金銅銀等金屬貨幣數量可能不能滿足其需求，而造價低廉又方便攜帶的紙幣就能在這些地方順利流通。歐陽哲生在《馬可波羅眼中的元大都》中認為：「由於其時紙幣初行，印數限量，鈔庫銀根充實，幣值穩定，處於紙幣信譽的黃金時代，因此贏得了馬可波羅的贊許。」〔註2〕而且，大概是因為經商需要，每到一地，馬可波羅總是格外留心此地使用何種

〔註1〕陳炳應，馬可波羅遊記中的元鈔〔J〕，甘肅金融·錢幣研究，1998，（5）：75～76。
〔註2〕歐陽哲生，馬可波羅眼中的元大都〔J〕，中國高校社會科學，2016，（1）：110。

貨幣，鎮江位於江蘇省內，是中國貿易繁盛之地，擁有數量龐大的外國商人和元朝本土商人，彼此之間的商品交換活動通過紙幣的流通完成。

（五）商品貿易繁榮，旅遊資源豐富，製造業發達

絲織業是一個古老的行業。早從晚唐時期開始，機織手工業已經開始脫離農戶而分立。到元以後，農戶向政府交納五戶絲，足見當時農民皆僅於務農的同時，養蠶繰絲。而在元代中國，絲織業最發達的莫過於蘇杭地區，《至順鎮江志》記載：「江南歸附之初，置織染提舉司，設兩局以集造作。丹徒民三百餘家，始以夫人女子織紗得名，局家例以役之。近年以來，兩局工多匠少，而丹徒之民，又以非匠戶無既稟之給，每告病焉。」〔註3〕鎮江風光旖旎多姿，具有真山真水的獨特風貌，向以「天下第一江山」而名聞四方。金山之綺麗，焦山之雄秀，北固山之險峻，丰姿各異，人稱「京口三山甲東南」；南郊的鶴林、竹林和招隱三寺，山嶺環抱，林木幽深，又延伸入城，被譽為「城市山林」。鎮江不僅自然風景見長，而且文物古蹟星羅棋佈：享譽千古的金山江天禪寺，久付盛名的焦山碑林，別具風情的宋元古街，精巧獨絕的過街石塔，隱於蒼松翠柏中的昭明太子讀書臺，雕塑珍品六朝陵墓石刻，風景名勝西津古渡等，記下了這座古老城市的漫長足跡，也吸引了無數古今中外的文人墨客。

（六）有3000多年的文字記載的悠久歷史

鎮江是一座具有悠久歷史的江南文化名城。具出土文物及史籍考證，古屬禹貢九州之揚州，西周初期為宜候封地，北宋更名為鎮江。陸游、文天祥等人都留下了瑰麗的詩文。

二、《馬可波羅遊記》裏元初鎮江府經濟文化繁榮的原因

（一）水陸交通便利

鎮江府地理位置優越，西接南京，東臨上海，北與揚州「京口瓜州一水間」，是長江三角洲的咽喉之地，水路交通便利。而在許多專著裏對鎮江的水運描寫得不夠詳細，但是鎮江位於江蘇境內，據中國史書記載，13世紀末的江蘇地處大運河南端，地勢西高東低，西邊緊靠西湖，東南有錢塘江環繞，水路交通發達，陸上四而通街。故《夢粱錄》形容它「襟江抱湖」。鎮江自古以來就是長江下游的重要交通樞紐。六朝時期，鎮江已是長江下游的重要渡

〔註3〕俞希魯，至順鎮江志：卷六〔M〕，江蘇：江蘇人民出版社，1976，頁45～47。

口和幹線道路必經之地。唐和北宋期間，南糧北調漸成定制，大批漕米、土產和手工業品，經鎮江中轉運往京都和關中，水馬驛運十分繁忙。宋室南遷後，鎮江成為糧食倉儲和轉運中心。元、明、清三代，政治中心雖在北方，但財政來源卻主要依靠江南，故鎮江的交通樞紐地位愈顯重要。

鎮江開埠後，先後設有數十家外國洋行，成為進口洋貨主要中轉地之一。輪船航運業也隨之興起，鎮江的運輸輻射範圍更為廣闊。沿京杭運河北可抵蘇北、皖北、山東、河南，南可達常州、無錫、蘇州、浙江，溯江而上與皖、贛、湘、鄂、川5省溝通，東下則可由近海航線與閩、粵、臺灣、東北3省貿易往來。南北貨物在這裡集散，尤以蘇南的綢布，湖南、江西的木材、桐油，蘇北的大米、土特產為大宗。此時鎮江成為長江下游的重要港口和通商大埠。

（二）政府採取重商政策

元政府對商業的控制和管理寬鬆，並實行重利誘商賈政策，降低商業稅，對貴族官僚經商，只要納稅，不做任何限制。在稅收上，元朝政府規定：太宗二年立徵收課稅所，凡倉庫院務官選有貲財及謹飭者充之，所辦課程每月赴課稅所輸納「諸路課稅雜稅，三十分取一」，額外課凡三十有二，其歲入之數。元政府還出臺了大量保護商人的措施。中央政府督促各級政府為商旅提供方便，保護他們的安全，甚至責令官民賠償其「失盜」的物品，還給予商賈一些特殊的優待，如給商賈以持璽書、佩虎符、乘驛馬的權利。楊軍琴認為：「上至王公大臣，下至貧苦百姓，舍本農，趨商賈的風氣很盛，對此，時人深有感觸，馬祖常云：『近年工商淫侈，游手眾多，驅驔畝之業，就市井之末。』經商致富已成為多數人追求的夢想。」〔註4〕元朝實行重商政策對當時的社會經濟發展產生了深遠的影響，推動了商業經濟的發展，給中國社會的超常發展提供了契機，也提高了商人的社會政治地位，吸引越來越多的人從事商業。這當然也給鎮江的發展提供了更多的機會和動力。

（三）農業、手工業技術的提高為商品交換提供了物質保證

在忽必烈時期，強調「國以民為本，民以衣食為本，衣食以農桑為本」〔註5〕，並採取了一系列的措施以恢復和發展農業。這些措施包括：設立司農

〔註4〕楊軍琴，元代商人社會地位的變化〔J〕，齊齊哈爾師範高等專科學校學報，2008，（1）：121。

〔註5〕宋濂，元史〔M〕，北京：中華書局，1976，頁2354。

司管理農業的政府機構，編寫《農桑輯要》指導農業生產，禁止毀農田為牧地，開荒屯田，興修水利。另外，在中央專設都水監，外設各處河渠司，以興修水利，整治河堤為務。通過一系列的措施，到忽必烈統治後期，元代的農業已經超過前代。糧食產量的提高，在解決了溫飽的基礎上，仍有大量的剩餘產品，所以，一方面，全國各地遍設糧倉；另一方面，人民將這些剩餘產品進行市場交易，成為了商品的一部分。同時，由於產量的提高和生產技術的進步，需要從事農業生產的人也就可以更少，因此，更多的人投身於經濟作物的種植，特別是棉花，蠶桑、水果等，都成為重要的商品。例如《馬可波羅遊記》中這樣記載過：「沿途經過許多美麗的城市和要塞。這裡的製造業和商業十分興盛，並有許多葡萄園和耕地……這裡又有很多桑樹，桑葉可供居民養蠶並取得大量的絲。」〔註6〕

手工業技術的提高，對商業的發展也起到了重要的作用。這主要體現在棉織技術方面。黃道婆從海南黎族帶回來了先進的棉紡織技術並加以改進，大大增加了棉織品的商品量；而絲織技術到元代時已經十分完善，出現花樣繁多的絲織品種類。總的來說，手工計算的提高，創造出了更多的剩餘產品，為商業的發展提供了物質基礎和保障。

（四）歷史遺跡豐富

鎮江之市區，秦漢時為京口，三國時已有京城，東漢後期即有城垣，建於何時已不可考。城垣為土城，以山為壘，以土為城，《南齊書·州郡》稱「京城因山為壘，望海臨江，緣江為境」，應是較大範圍的城池；《京口山水志》曰「郡城周十三里，即吳京城故基」；《三國志》載，漢獻帝建安九年（204年）孫韶「繕治京城」。元《至順鎮江志》載：「郡城周迴二十六里十七步，高九尺六寸。晉宋間，城固不廢。」但建安十三年，孫權自吳（蘇州）移駐京口，在北固山前峰即今鼓樓崗一帶築子城，號鐵甕城，作為治所。《輿地志》載，子城周迴630步，開南、西二門，內外皆固以磚壘。以後歷代築城均以北固山為中心，逐步擴展。東晉時期，郗鑒曾修子城，王恭亦對子城進行改建。東晉初，京口為晉陵郡治，刺史郗鑒當時出於軍事防衛需要，在鐵甕城以東修築了晉陵羅城，該城即晉陵之郡城——京口城，為子城之羅城。羅城位於市區東北的京峴山的餘脈上，城垣走向隨京峴山向城區和長江邊的山勢曲折蜿蜒，

〔註6〕陳開俊，戴樹英，馬可波羅遊記〔M〕，福建：福建科學出版社，1982，頁131。

城垣大部分是依山加土夯築而成，「因山為壘，緣江為境」，北城垣瀕臨長江，平面略呈梯形，城周長約十里。至唐、宋時期，該城廢棄。今考古證實城垣遺跡尚存 2000 餘米，有多處夯土城牆的一側或兩側有磚砌護牆，磚上印有文字，其中有「晉陵」、「晉陵羅城孟勝」、「磚城」、「花山」、「羅城磚」、「東郭門」、「南郭門」等磚文，未發現晚至宋代的夯土城及文字磚。

三、《馬可波羅遊記》裏元初鎮江經濟文化繁榮的影響

（一）經濟

經濟上，鎮江府商業經濟的發展，對整個元朝社會發展有一定的影響。鎮江府商品經濟的快速發展使得其對外貿易以及周邊貿易得以發展。有利於促進周邊地區商業經濟的興起，刺激周邊商業經濟。受其大城市的輻射，周邊多個新的商圈得以興起，對元初經濟的發展有巨大的促進作用。另外，鎮江府的商品經濟發達，其手工業、生產製造業、農業等行業的發展能夠更好地滿足國內的市場需求，行業的良性競爭也能夠促進商業的發展以及產品質量的不斷提高和價格的合理化。其商品經濟的繁榮，在一程度上加快了其城市職能的轉變。因此在元朝初期，鎮江府成為元初江蘇省內的經濟繁榮城市。隨著蒙元統治的進一步鞏固和加強，鎮江府商業經濟日趨昌盛和發展。且南北運河的開疏、相對安定的政治環境，使鎮江成為大都和江南水路交通的樞紐。舟揖往還，商賈雲集，商業經濟迅速繁榮，鎮江發展成為江南地區重要的商業城市。

（二）政治

政治上，鎮江商品經濟的繁榮，得益於元朝的大一統政治。同時也對元朝的社會環境產生一定的影響，商業的繁榮使市民得以能夠獲取自己的經濟來源，有益於社會的穩定，從而促進元朝社會的穩定，鞏固統治者的統治。其表現為元初統治提供了穩定的稅收。從《馬可波羅遊記》中我們知道途徑鎮江府的商人商船商貨規模是極為龐大的，故而在商業稅是當地政府重要的財政收入之一。而且由於元初實行的包稅制度，目的在於減少稅收，但其主要實施對象是蒙古人、色目人，政府在這裡的商業稅的減少，故然對其他重要的商業城市稅收更為倚重。我們知道北方的蒙古族和其他少數民族主要是游牧民族，多從事畜牧業，居無定所，造成牧民收入少且不穩定，不能為政府提供大量且穩定的稅收。這個時候，經濟相對發達、商業繁榮的城市就顯

得尤為重要了。那作為商業經濟繁盛的江蘇省，特別鎮江府則為維持元朝的統治做了不少貢獻了。

（三）繁榮的經濟吸引了外國商人的到來

當年作為江南物產運往北方的唯一出口，這裡的船閘每天向外吞吐著數以萬噸計的糧食、絹帛和手工製品，那景象比今天的大型機場港口還要繁忙。南來北往的行人、商賈，從全國各地湧來，數量根本無法計算。那些漕船上的水手、士兵、鹽商、珠寶商、官員、旅行者以及趕考的士子，因阻航、待渡、交易、旅遊等各種各樣的理由，前赴後繼地逗留在這裡，大把地消費銀子，從而帶動了第三產業的興旺，因此這裡的飯館、妓院和賭場開得滿街都是，就連外國的情侶也來湊熱鬧。這麼一個黃金鋪地，其樂融融的人間天堂怎麼能不勾起西方人對東方社會生活的強烈欲望呢？於是，葡萄牙的達伽馬、意大利的哥倫布等許多航海家、探險家在讀了《遊記》後帶著對東方文明富強的憧憬，對財富的渴望，都想前來探訪。聞名世界的航海家哥倫布，在立下了向西航行最後到達東方的宏偉目標後，經過多次嘗試，歷經千險，排除萬難，最後到達了現在的美洲。當時他並沒有意識到這是一塊新大陸，而以為到的是亞洲的海濱島嶼，並以為墨西哥就是《遊記》中的「行在」（即杭州）。《遊記》的問世，大大豐富了中世紀人們的地理知識，擴大了人們的視野。1375 年的加泰隆地圖就是以它為主要根據而製作的，從而打破了「天圓地方說和宗教謬論，成為中世紀最有科學價值的地圖。《遊記》不僅推動了世界地理上的很多發現，也促進了中西交通和文化的交流，打破了中世紀西方神權的禁錮。中國許多先進的科學技術傳到西方，帶動了整個人類社會的發展。

（四）對外交流

對外交流上，鎮江府位於長江三角洲的咽喉之地，商品經濟繁榮對外貿易的頻繁，吸引大批的國內外商人到來，促進了元朝各地間的以及與國外的交往，並且各地促進了商品交流以及文化交流，各地商人的經濟往來導致了不同的文化的碰撞，尤其與東平州當地的文化交融，促進了當地文化的發展。

馬可波羅是元初前來中國的威尼斯商人，因此《馬可波羅遊記》中記載了大量關於商業經濟的方面。其中讚美了鎮江府的商品種類繁多、狩獵活動眾多、社會制度完善、景色宜人等。雖然目前史學界對《馬可波羅遊記》的真實性存在疑問，但筆者認為，《馬可波羅遊記》是一本令讀者開闊眼界的優秀讀物。

參考文獻

1. 陳炳應，馬可波羅遊記中的元鈔〔J〕，甘肅金融・錢幣研究，1998，(5)：75～76。

2. 歐陽哲生，馬可波羅眼中的元大都〔J〕，中國高校社會科學，2016，(1)：106～116。

3. 俞希魯，至順鎮江志：卷六〔M〕，江蘇：江蘇人民出版社，1976，45～47。

4. 楊軍琴，元代商人社會地位的變化〔J〕，齊齊哈爾師範高等專科學校學報，2008，(1)：121。

5. 宋濂，元史〔M〕，北京：中華書局，1976，2354。

6. 陳開俊，戴樹英，馬可波羅遊記〔M〕，福建：福建科學出版社，1982，131。

第六章　《馬可波羅遊記》中
元初九江市

　　九江市是江西地區的重要港口城市，在蒙元政府「重農不抑商」的政策下，九江市利用其優勢的地理位置，大力發展對外貿易，使得其在元初的商業貿易中佔有重要位置。然而作為元初重要的港口城市之一的九江市，在歷史上的記載卻非常少，除了《馬可波羅遊記》有少量的記載，九江市的發展史有許多重要的階段。本文將對《馬可波羅遊記》中的九江市的經濟文化進行梳理整合，探究九江市的歷史，進一步展現九江文明，弘揚九江文化精神，分析其對外貿易繁榮的原因，以稍加補充歷史上對元初港口城市九江市研究資料的缺乏。

一、《馬可波羅遊記》裏元初九江市的記載

　　九江之稱，最早見於《尚書‧禹貢》中「九江孔殷」、「過九江至東陵」等記載。九江稱謂的來歷有兩種，一是「九」為古代中國人認為區劃的最大數字，「九江」的意思是「眾水彙集的地方」，「九」是虛指；二是「以為湖漢九水（即贛江水、鄱水、余水、修水、淦水、盱水、蜀水、南水、彭水）入彭蠡澤也」，即九條江河彙集的地方，「九」是實指。長江流經九江水域境內，與鄱陽湖和贛、鄂、皖三省毗連的河流彙集，百川歸海，水勢浩淼，江面壯闊。元代行省下設路、州、縣。至元十二年（1275），於江州置江東西宣撫司；十三年（1276），改為江西大都督府，隸揚州行省；十四年（1277），罷江西大都督府升江州路，改南康軍為南康路，轄縣未變；十六年（1279），江州路改隸黃

蘄等路宣慰司；二十二年（1285）復隷江西行省；二十三年（1286），於武寧縣置寧州，轄分寧、武寧 2 縣。元貞元年（1295），升建昌為州，屬南康路。大德八年（1304），升分寧縣為寧州。至正二十一年（1361），朱元璋攻下江州，改江州路為九江府；改南康路為西寧府，次年改稱南康府。

在《馬可波羅遊記》一書中，書中對九江市經濟情況和人民生活方式的描寫，從中可以看出元初的九江市是中西方交往的重要城市、重要的貿易港口。

（一）商業非常發達

元初九江市的商業貿易呈現繁華，貨幣交換頻繁，商品流通廣泛，其中以絲綢業和鹽業尤為突出。

1. 絲綢業

元代重商，商業經濟發達，在九江商業貿易繁榮，以絲綢業為主的商品貿易發達。《馬可波羅遊記》裏就提到過九江：「他們以工商業為生，各種食物都十分豐富，絲的產量也非常大……這座城市雖然不大，卻是一個商業發達的地方。由於九江市瀕臨江邊（長江），所以它的船舶非常之多。」〔註1〕另外馬可波羅說道：「江上貨物的運輸量，沒有機會親眼目睹的人，也許是難以置信的。看到的船隻不下一萬五千餘艘。」〔註2〕由此可見，元代九江商業貿易的繁榮，以絲綢業為主，其他商品貿易為輔，並且促進了城市的興起與發展。

2. 鹽業

除了鹽司，還設有倉，主要便於儲備鹽。《元史》記載至元四年八月江西鹽司於江西立濱洛鹽倉東西二場。鹽倉的出現可見當時鹽業的發展已是一種趨勢，對鹽的供求需要用到鹽倉，便於補給。《馬可波羅遊記》中寫道：「其中主要的貨物是鹽，這些鹽先由這條大江和它的支流運送到沿岸的城鎮，然後，又從這些城鎮運銷到內陸各個地方。」〔註3〕

當時山東鹽的運銷主要是依靠大清河和小清河，兩者均為濟水的支流。在元初是主要是靠政府所推行的食鹽法來銷售的。當時還規定每戶每月椿配

〔註 1〕陳開俊，戴樹英，馬可波羅遊記〔M〕，福建：福建科學出版社，1982，頁 170。
〔註 2〕陳開俊，戴樹英，馬可波羅遊記〔M〕，福建：福建科學出版社，1982，頁 171。
〔註 3〕陳開俊，戴樹英，馬可波羅遊記〔M〕，福建：福建科學出版社，1982，頁 171。

食鹽三斤,也就是每戶椿配食鹽的平均數,而在實際操作過程中食鹽法則是按戶等的高下實行攤派的。以商運商銷為主,由商人買引赴場支鹽然後發賣。河間運司除部分供應大都食用外,大都周圍還實行鹽折草法和鹽折粟法。

(二)航運業發達

每當漕運季節,就會看到運河上舳艫相接、檣桅高聳、白帆點點、百里不絕,十分壯觀。除了糧船以外,航行在運河上的還有許多官船、商船和民船,南方生產的絲綢、茶葉、瓷器和北方生產的豆、麥、梨、棗等特產,都通過大運河進行交易。《元史·河渠志》中說:「舟楫萬里,振古所無。」這一時期新興的商業城市,十分之八九都分布在大運河沿岸。運河兩岸商賈雲集,貨堆如山,店鋪林立。城市以高大的城樓為中心,街道縱橫交錯,各種店鋪鱗次櫛比,有酒肆、茶館、公廨、寺觀等。街道中乘騎、轎夫、挑夫、商販等各色人等,熙熙攘攘。會通河的開通,使九江市一時之間便成為重要交通樞紐,來往的舟船,過往的客商營販,晝夜不息,九江市由此成為元代江南地區最大的繁華城市之一。在意大利旅行家馬可波羅的眼中,九江簡直是一個令人驚歎的城市,他在《馬可波羅遊記》中道:「看到的船隻不下一萬五千餘艘,還有一些依江傍水的其他城鎮,船舶的數目就更多了。」〔註4〕由這些文獻記載可看出元初九江市漕運十分發達,是促進九江市經濟繁榮發展的一大動力。

(三)元初九江市外貿進口繁榮

元初九江市進口外地的商品也非常多,大致可分為兩類,一是布匹、藥物、食品、器皿、木材、皮貨等,民間日常需用之物;一是珍珠、玉石、犀角、象牙、翡翠、瑪瑙等珠寶和龍涎香、沉香、植香等各色香料。這些進口的貨物品類,都較前代豐富。運輸的數量,也是大大超過了以往。這些物品從東南亞等地運來九江進行銷售,大大豐富了九江的銷售市場。

(四)製造業發達

製造業是一個古老的行業,馬可波羅在《馬可波羅遊記中》也從側面記載了九江市的製造業:「它們除了在桅和帆上使用麻繩外,其他的地方不用麻繩,而是,用我們前面說過的,那種長十五步的竹子,把它們剖成纖細的

〔註4〕陳開俊,戴樹英,馬可波羅遊記〔M〕,福建:福建科學出版社,1982,頁171。

竹篾，然後把竹篾絞在一起，編成三百步長的纜繩。這種纜繩編製得十分精巧。」〔註5〕

（五）旅遊資源豐富，文化氛圍濃厚

江環湖繞的九江，早在古代就是高僧名士和文人墨客慕名登臨的旅遊佳境。魏晉南北朝時，高僧慧永、慧遠、名道士陸修靜等曾先後來到九江，尋覓淨土，築舍修行。從東晉至清末到九江和廬山為官、訪友、遊覽、隱居的著名文人雅士多至五百餘人。由此，九江人文景觀勝蹟如林。文學方面，九江是東晉田園詩人陶淵明的故土家園；又是北宋「蘇門四學士」之一的黃庭堅的故里。宋代我國四大書院的白鹿洞書院就在九江。這所有綱領、有校規、有秩序的高等學府，培養了一代又一代的靖節之士，有用之才，流風餘緒，澤及明清。九江的山川，曾留下過眾多騷人墨客的足跡。明嘉靖《九江府志》稱：九江「自陶（淵明），謝（靈運）以來，儒風綿綿，相續不絕；高人閒士，蟬聯不絕。」他們當中，多是執領風騷的名儒。中國文學史上一系列引人注目的詩壇巨擘，文章巨公，如江淹、謝靈運、李白、李渤、白居易、蘇軾、蘇轍、王安石、陸游、朱熹、楊萬里、唐寅、王守仁、紫霞真人、魏禧、潘耒、康有為等，都曾為九江和廬山的天然美景而傾倒，在這裡放歌山水，記敘遊蹤，敷陳掌故，抒發情懷，留下了許多膾炙人口的詩篇、題記、墨蹟、軼聞、佳話，與自然景觀融為一體。千餘年來，在九江這塊土地上，不僅湧現了眾多的文人學士，還培育了許多有才幹的軍事家和科學家。東晉時，都督荊、江、雍、梁、交、廣、益寧八州諸軍事，荊、江二州刺史陶侃，就是潯陽人。與他同時代的周訪、周楚、周撫一家兩代，為保衛晉室屢建功勳。北宋將領王韶（德安人），南宋將領余玠（修水人），曾率部與吐蕃部落和蒙古軍作戰有功，分別官至樞密副使和兵部侍郎。九江曾是兵家逐鹿的戰場，從西漢初年劉邦派車騎大將軍灌嬰追擊九江王英布，到東漢末年東吳水軍都督周瑜在鄱陽湖上操練水師；從東晉咸和年間陶侃、溫嶠、庾亮起兵平亂，解建康之圍，到南宋紹興年間岳飛率部五次戍守江州；從元代末年朱元璋與陳友諒在鄱陽湖上進行爭奪天下的鏖戰，到太平天國將領石達開、林啟榮在湖口重創清軍水師……千百年來，馳騁江州大地的金戈鐵馬，留下了許多古戰場的遺跡。《三國演義》中所描寫的「諸葛亮舌戰群儒」，「群英會蔣幹中計」，「柴桑口臥龍弔孝」等故事，都

〔註5〕陳開俊，戴樹英，馬可波羅遊記〔M〕，福建：福建科學出版社，1982，頁171。

與九江有聯繫。至於朱元璋大戰鄱湖十八載的遺跡，則遍布於匡山蠡水之間。

二、《馬可波羅遊記》中九江市經濟文化繁榮發展的原因

（一）手工業的恢復和發展

元朝統治者十分重視手工業的恢復和發展，並制定了「重農不抑商」的政策，因此九江地區的商業得到了發展。隨著商業的不斷發展，許多鄉村人家已經不再自己將絲織成段匹，而是拿到市場上去換取貨幣。家庭繅絲業已經部分地被納入了商品經濟的範圍。繅絲不是為了織絹蔽體，而是在追求它的交換價值。舒頔《繅絲歎》：「東家繅絲如蠟黃，西家繅絲白如霜。黃白絲，出蠶口。長短繅，出婦手。大姑停車愁解官，小姑剝繭愁冬寒。向來苦留二月賣，去年宿債今未還。手足皸瘃事亦小，官府鞭笞何日了。吏青夜打門，稚耋生煩惱。」〔註6〕許多人家絲繅成後並不立即出售，而是要等到次年二月市場緊俏時才出手，目的是謀求一個好價格。常州地區的麻織業中也出現了同樣的趨勢，種麻之後捨不得自己穿，而是要將它投入市場，追求交換價值，自己情願穿價位低一些的木棉粗布。「君不見江南人家種麻勝種田，臘月忍凍衣無邊，卻過盧州換木綿。」〔註7〕江南地區的鄉村布、秧間的交易市場極端活躍：「農家祈社種良田，盡卜今年勝去年。抱布貿秧都插遍，開門一夜水連天。」〔註8〕紡紗織布早已是該地人民維持日常生計的唯一手段，織布的直接生產目的就是向市場出售。以布貿秧，再植棉紡紗織布，生產者追求的顯然是產品的交換價值。在絲織行業中，逐漸地形成了地方特色，因而出現了絲織品的地域間甚至全國性、國際性的產品流通與貿易交換。可見，元初九江市的手工業的發展為其對外貿易提供了物質資料。

（二）商業交通的發展

九江市地處長江邊，幾乎所有鎮市都處在水陸交通線上，是長江出海處的重要港口。宋代紹熙嘉定間（紹熙五年—嘉定二年，1194～1209）是日本商船積聚貿易的外貿港。元初來自江北通州、泰興以及江中馬馱沙一帶的商人多在此聚集，成為聯繫大江南北的重要商品集散地，故這裡「酒簾村市，客舟驕集」，市鎮經濟非常繁榮。糧食的運輸，不管是官運還是民運，都是以長

〔註6〕舒頔，繅絲歎〔M/OL〕，https://so.gushiwen.org/shiwenv_b557ebacc3e7.aspx。
〔註7〕舒頔，繅絲歎〔M/OL〕，https://so.gushiwen.org/shiwenv_b557ebacc3e7.aspx。
〔註8〕舒頔，繅絲歎〔M/OL〕，https://so.gushiwen.org/shiwenv_b557ebacc3e7.aspx。

江作為主要的販運渠道。元代江西、湖廣二省提供的逾百萬石的海運糧就是通過長江先運至集慶（今江蘇南京）入倉。來自湖廣、江西的販濟用糧也是沿長江運至下游的常州，再由鎮江分運到淮、浙各地的。至元二十四年（1287），「時淮、浙饑饉，穀價騰貴，李奏免租稅之半，運湖廣、江西糧十七萬石至鎮江，以販饑民。」九江還是食鹽運銷的重要通道。元代實行食鹽專賣制度，在多數時間的大多數地區，採取的是商運商銷的運銷方式。在食鹽專賣體制下，各鹽場的食鹽都有嚴格的行鹽地面，如若超越規定的行鹽範圍運銷，即行鹽犯界要受到非常嚴厲的刑法制裁，「減私鹽罪一等」處罰。元代長江中下游流域，絕大多數屬於兩淮運司的行鹽範圍。元代「兩淮鹽獨當天下之半」，每年辦鹽課九十五萬餘引，行鹽地面也最廣，遍及江浙、江西、河南、湖廣四省。而九江市位於江西北部、長江邊，則成為沿江西上船舶的一個重要分流點。在這裡，又分過岸、不過岸兩股。不過岸的船隻，徑赴江北淮東發賣。過岸的船隻，一部分徑去江東淮西州郡就賣；另一部分則繼續西南上行過采石（今安徽省當塗西北，長江沿線），上江發賣。

（三）國內政治相對穩定，商品經濟有所發展

元統一中國後，人心思治，在政治上出現了比較穩定的局面，從而使農業和手工業有所發展，提供了滿足國內市場需求以外多餘的商品，商人有尋求海外市場的要求，元政府在商人的促使下，發展海外貿易，增加朝廷的稅收和贏利。海外貿易的興旺，是國內商品經濟發展的直接結果。當時經營海外貿易的富商如泉州的佛蓮，他一人就擁有海舶八十艘，家藏珍珠一百三十石。沒有國內商品經濟作後盾，要積累如此龐大的財富，是難以設想的。元代有各種較大規模的官價手工業工場，它們建立的目的，首先是為了進行掠奪戰爭提供武器和裝備，其次是滿足貴族上層人物奢侈生活的需要，提供優美的消費品和工藝品。它們在滿足以上兩種需要之餘，也將多餘的生產品輸出海外牟利。

（四）造船技術和航海技術的發展

元代的造船能力很強，建造載重 9000 石的海舶已很普遍，船分上下共四層，「公私房間極多，以備客商之用，廁所秘房，無所不設備周到」。元朝政府在至元間曾一次撥款十萬錠鈔建造海舶。當時，在今越南沿海，南洋諸島，印度東、西海岸，乃至波斯灣等地，都有中國船商活動的足跡，可以看出海運力量的雄厚。元代的造船技術是其航海能力的體現，西方旅遊者對中國的

造船水平無不表示驚歎。自宋代發明指南針後，水羅盤很快便成為航海中普遍使用的最主要的導航器。航海人員還對海洋氣象和潮汐規律進行天氣預報，同時還確立了港口導航制。所有這些造船技術和航海技術的進步都促進了元初港口城市九江市的對外貿易的發展。

（五）元代的開放意識

在世界古代歷史上，由於交通條件的限制和國家、地區之間的封閉，東方和西方交流的通道往往是困難重重的。公元前開始，東西方不斷有人採取各種努力試圖打開通道。漢武帝時開闢「絲綢之路」，開始溝通中國和西亞的交往。到了唐代，與中亞、南亞以及歐洲國家都有頻繁交流，形成了漢以後中外交流的第二次高峰。但隨著唐帝國的瓦解，中外交流處於中斷狀態。蒙古大帝國的建立使歐、亞大陸上陸地、海路交通範圍比前代大為擴展，由此進入了比漢唐更為繁榮的中外文化交流的極盛時代。

13 世紀蒙古興起後，成吉思汗及其繼承者建立了歷史上規模空前龐大的帝國。《元史·地理志》說，元朝幅員「北逾陰山，西極流沙，東盡遼左，南越海表」；「東南所至不下漢、唐，而西北則過之，有難以里數限者」。龐大疆域可以說從陸路通往西亞至歐非的路線暢通無阻，可以直抵俄羅斯與東歐，到達阿拉伯、土耳其和非洲。海道則可以到阿拉伯、印度、波斯、以及非洲等地。元朝使中世紀的世界第一次出現了廣大地域內各民族交通暢通的局面，從而在客觀上為東西文化交流創造了一個前所未有的良好環境，為元代社會世界觀念的逐步增強提供了先決條件，也開創了中西交通的新時代。隨著帝國的擴大使元朝統治者更為注意從世界範圍認識元朝所處的歷史地位，既採取對外開放、積極交往的政治、經濟方針，又有對外開放「四海為家」的積極的思想意識，開放的世界觀念滋育了蒙古在文化上的開放觀念。對外的交往中。忽必烈提出了「四海為家」、「通問結好」這樣積極主動的外交方針。他曾自稱：「朕即位以來，薄海內外親如一家」，除了對鄰近的日本、高麗、安南、緬甸等國家派遣使節並開展了一系列積極的外交活動，據《馬可波羅遊記》所載，還主動向遙遠的歐洲羅馬教廷派出使臣，由馬可波羅之父、叔尼哥羅兄弟隨同，與教皇互通信件，建立了聯繫。據馬黎諾里記載，元順帝曾要求羅馬教皇再派一任主教到中國。忽必烈還認為：「聖人以四海為家，不相通好，豈一家之理哉？」〔註9〕

〔註 9〕宋濂，元史〔M〕，北京：中華書局，1976，頁 112。

並把「親仁善鄰，國之美事」作為政治追求的一個目標。雖然忽必烈這些「通好」的主張往往為其政治目的服務，「親善」的目標與實際行動也有距離，但這些思想和觀點無疑是正確的。忽必烈還提出「仰惟覆燾，一視同仁，無遐邇小大之間」〔註10〕的原則，就是國家不分遠近大小，外交平等的原則，保證了元朝與歐洲、亞洲、非洲的各國的交往和通商。

（六）元政府制定了有利發展的海外貿易政策

元朝在建國以前，成吉思汗已經重視和西域通商；世祖即位後和南宋互市，優待越境犯禁的商人。元朝建國以後，更加重視海外貿易，制定了一系列的有關政策：（1）招徠外商互市，向外商宣布「往來互市，各從所欲」，歡迎各國商旅前來交易。同時整頓市舶吏治，提出「罷和買，禁重稅」的改革，不許貪官污吏強買和勒索，容許外商越訴，保護了外商權益。（2）公布《市舶則法》獎勵優待中國海商，認為「舶商、梢水人等，皆是趕辦課程之人，落後家小，合示優恤。所在州縣，並與除免雜役」。並且准許官僚和僧侶繳納稅款，從事海外貿易。（3）設置巡防弓手和海站，保護舶商安全。（4）整頓市舶制度，《市舶則法》二十三條對海上貿易的管理和課稅辦法作了周詳的規定。

三、《馬可波羅遊記》裏元初九江市經濟文化繁榮的影響

（一）龐大的國際需求拉動了當地市場

在元代，絲織品在國外銷量相當大，《島夷志略》載許多國家和地區貿易中都使用「南絲」以及蘇杭緞之類。關於九江的市場與海外市場的銜接問題，戴表元「蠶鄉絲熟海商來」的詩句成為蠶絲行銷海外的歷史見證。可知，元初的絲織品的海外需求非常大，而這種龐大的國際需求又在一定程度上拉動了當地市場。

（二）國外棉紡織品、毛織品等的進口銷售，豐富了當地的商品市場

像印度西海岸出產的西洋細布（一種質地紋路極細的白棉布）；東南亞一帶的印花棉布、兜羅棉布（一種質地極厚密的純白棉布）；波斯一帶的毛織品、密織錦緞等都是我國外貿進口的內容。這些外貿進口產品甚至促進了九江市士大夫的日常生活。高啟就有詩歌詠從東南亞進口的兜羅被：「蠻工細擘冰蠶

〔註10〕宋濂，元史〔M〕，北京：中華書局，1976，頁4612。

繭，織得長衾謝縫剪。蒙茸柳絮不愁吹，鋪壓高床夜香軟。朔風入關凋白榆，塞寒此物時當須。明燈熾炭夕宴罷，薦寢宜共紅氍毹。海客揚帆遊萬里，得自崑崙國中市。歸來遺我見遠情，重似鴛鴦合歡綺。」〔註11〕

（三）外貿進口的發展還影響到紡織業的技術革新，進而影響紡織品市場需求與銷售

元初九江市棉紡織品和毛織品的引進，使九江人民看到了海外紡織技術優越的地方，從而借鑒海外紡織技術進步的方面，提高自己的紡織技術，從而使九江的紡織業的技術得以革新，進而影響九江紡織品市場需求與銷售。青花布就是在日本進口棉布的影響下生產的。元代我國江西地區的手工業產品，尤其景德鎮的青花瓷，許多列於世界先進行列，工藝精益求精，是和海外貿易發達分不開的。

（四）向欠糧地方運銷大量的糧食可以挽救糧食歉收地區的糧食危機

大量糧食大量的商船長期往來於南北之間，將江南的糧食運到北方地區。常州的米商在北方糧食歉收的時候把當地的糧食運往北方進行銷售，遇到客船受阻，則直接影響北方人民的生活。像「大都居民所用糧斛，全籍客旅興販供給」，九江的米商就活躍在大江南北，將南方的糧食不斷地運至北方地區出售。雖然是為商業利益所驅動，但也為糧食歉收地區提供了糧食，挽救了當地居民的性命，具有一定的積極意義。

（五）促進了中外文化的交流

海外貿易可以使世界各地互通有無，促進經濟上的發展。同時，商業往來，總伴隨著精神文明、文化、科學的交流。著名的馬可波羅，是從絲綢之路進入中國的，也是乘坐貿易的海舶回歸西方的，海外貿易的發展給中國帶來了異族的文化、科學；也給他邦帶去了中國的文化、科學。大德三年（1299年），元朝派遣一山一寧由慶元乘日本商船赴日，作為中日文化交流的使者，他在日本二十多年中傳播了中國的儒學、文學、繪畫、書法，影響極大。他死後日皇贈像贊云：「宋地萬人傑，本朝一國師。」〔註12〕日本高僧來華，也給

〔註11〕高季迪，謝友人惠兜羅被歌〔M/OL〕，http://www.5156edu.com/html/166145/80.html。

〔註12〕包江雁，「宋地萬人傑 本朝一國師」——高僧一山一寧訪日事蹟考略〔J〕，浙江海洋學院學報（人文科學版），2001，（2）：24～26。

中國帶來彼土的文明，至今高山少林寺還有元時日僧古元的碑褐。絲綢、瓷器之外，指南針、火藥、活字印刷術等等都隨著商旅泊舶，傳播到遠洋各地，變成人類共同的財富。元朝中國商人由於海外經商，僑居異國，不少在僑居地成家立業，生兒育女，參加了當地的開發，促進了當地的經濟文化發展。我國許多海港城市，也因海外貿易，而進一步繁榮。由於元代海外貿易的發達，中外經濟和文化的交流規模是空前的。

（六）繁榮的對外貿易提高了當地居民的生活水平

隨著海外貿易的發展，九江市人民可以把家庭織造的絲織品、棉織品以及其他的手工業製品，拿到市場上賣，甚至運往全國各地和海外銷售，從而賺取豐富的利潤。隨著手工業製品商品化程度的不斷加大，當地居民可以賺取更多的資本，從而積累更多的財富，進一步提高家庭生活水平和生活質量。

《馬可波羅遊記》裏，馬可波羅對元初大宗貿易繁榮現象深深震撼：大宗貿易往來頻繁，統治者從中設置關卡收稅。究其原因，主要是元代統一以後，採取了種種有利於恢復社會生產的措施，為商業發展營造了有利的社會環境，便利的交通運輸、發達的手工業、紙幣的推廣都為九江市大宗貿易繁榮創造了條件。元初九江繁榮的大宗貿易不但為元朝統治者帶來了巨大的一筆財政收入，加強南北方經濟技術文化的聯繫，而且是中外文化交流得到更高層次的發展。總體來講，元初九江大宗貿易繁榮在中國古代商業史上是一個封建商業經濟發展的結果，為中國古代商業發展做出了重要貢獻。

參考文獻

1. 陳開俊，戴樹英，馬可波羅遊記〔M〕，福建：福建科學出版社，1982，170～171。
2. 舒頔，繅絲歎〔M/OL〕，https://so.gushiwen.org/shiwenv_b557ebacc3e7.aspx。
3. 宋濂，元史〔M〕，北京：中華書局，1976，112。
4. 高季迪，謝友人惠兜羅被歌〔M/OL〕，http://www.5156edu.com/html/166145/80.html。
5. 包江雁，「宋地萬人傑　本朝一國師」——高僧一山一寧訪日事蹟考略〔J〕，浙江海洋學院學報（人文科學版），2001，（2）：24～26。

第七章　馬可波羅與元初南京

　　《馬可波羅遊記》裏的南京省，即今天的南京市。南京是今天的江蘇省省會，長三角地區及華東地區唯一的特大城市，同時也是有著「十朝都會」之稱的中國四大古都之一，它長期是中國南方的政治、經濟、文化中心。在《馬可波羅遊記》一書中，雖然作者對於南京這一城市著墨不多，但是從書中對南京的描寫，我們仍可以從中看出當時南京經濟的繁榮，當今史學界研究元代南京經濟狀況的資料寥寥無幾，本文將從《馬可波羅遊記》的記載出發，在前人研究的基礎上，試著對元代南京的經濟狀況進行較為全面的研究。

一、《馬可波羅遊記》裏元初南京省的記載

　　「南京是蠻子王國一個著名大省的名稱，位於西方。人民是偶像崇拜者，使用紙幣，大多數經營商業，是大汗的百姓。他們盛產生絲，可織出大量的金銀布匹，並且花色種類十分豐富。這裡穀物豐足，家畜遍地。鳥獸隨處都可獵到，老虎則更多。大汗收取的大宗稅收中，主要是對商人的珍貴商品所徵的稅款。」〔註1〕

　　蠻子王國即為當時已經被元朝統治者滅亡的南宋王朝。馬可波羅這樣稱呼南宋是跟隨的元朝統治者的叫法。他所說的「位於西方」，則是以他曾經主政過的揚州作為參照物，而且書中敘述南京的這一部分，是屬於插敘部分，本來就是講他要去揚州的路線的，但是不知何故，就插出了一部分來介紹西邊的城市，他在這裡就插敘述了兩個城市，一個是南京，一個是襄陽府。

〔註1〕馬可波羅著，陳開俊等譯，馬可波羅遊記〔M〕，福州：福建科學技術出版社，1981，頁168～169。

在上面的相關描述中，我們看到馬可波羅對於南京的經濟狀況還是提及比較多的。他提到南京當時已經普遍使用紙幣，大多數經營商業；還說到當時絲織業的情況：「他們盛產生絲，可織出大量的金銀布匹，並且花色種類十分豐富」，而且還提及了有關的稅收情況，這些情況基本屬實。〔註2〕

二、元代南京省經濟繁榮之原因

（一）政治上的大一統及重商政策

元王朝是由少數民族建立的第一個「大一統」的中央封建王朝，雖然在建立之初保留了大量的奴隸制殘餘，在中國古代政治和文化方面可謂是一個倒退期，這些在很大程度上阻礙了元朝的興盛，但是，在經濟尤其是商業方面貢獻頗大。從唐王朝907年滅亡到1279年忽必烈統一中國，已有近400年的分裂時期，長期的分裂割據和戰爭動盪影響了商業的發展，著名的「絲綢之路」也失去了漢唐時期的繁榮景象，而這一切在元朝建立之後得到了改變。元朝開拓了中國古代最為廣闊的疆域，「若元，則起朔漠，並西域，平西夏，滅女真，臣高麗，定南詔，遂下江南，而天下為一。故其地北逾陰山，西極流沙，東盡遼左，南越海表。……元東南所至不下漢、唐，而西北則過之，有難以里數限者矣。」〔註3〕元王朝以其強大的軍事和政治實力保證了商道的暢通無阻，為商業的發展創造了和平統一的環境，使元代的商業呈現出勃勃生機。元代是最重視商業的一個朝代，它不像其他封建王朝那樣對商業進行限制，而是通過制定一系列法律和政策去保護和鼓勵商業的發展。一時間，在社會上出現了重商主義的思潮，下至平民百姓上到中央王朝的官吏甚至是曾經最鄙視商人的儒士也都對商人另眼相看，「重商」的思想衝擊著中國傳統的「重農」思想。正是這種重商的思想促使元代的商業格外繁榮。

元朝政府積極推行重商政策，擴大貿易，發展商業，在律令上特設保護商業的條款，還給予商人減輕商稅，救濟商賈困難等優待和特權。太宗窩闊台即位之初，為了鼓勵商人貿易，他拿出國庫的資本交給斡脫，讓他們放手經營。當時出現了「要當斡脫，領巴里失去謀利的人」都可以在蒙古汗廷領取經商的資本。《元典章·戶部·戶計·籍冊》中有「斡脫戶，見奉聖旨、諸

〔註2〕馬可波羅著，陳開俊等譯，馬可波羅遊記〔M〕，福州：福建科學技術出版社，1981，頁168～169。

〔註3〕宋濂，元史〔M〕，北京：中華書局，1976，頁1345。

王令旨，隨路做買賣之人，欽依先帝聖旨，見住處與民一體當差」且「斡脫每貨物納稅錢」的記載。可見，商人在元朝是受到統治者重視的，他們的社會地位也較前代有所提高。歷代海外貿易是由政府直接控制的。元朝管理海外貿易的機構，沿襲宋舊制，稱司舶提舉司。1277年元軍佔領泉州後，忽必烈下令立泉州、慶元、上海、澉浦四市舶提舉司，作為海外貿易的管理機構。元朝統治者不僅制定法律和政策保護及鼓勵國內商業的發展，還積極與周邊各國建立貿易關係。1278年8月，忽必烈對福建行省唆者、蒲壽庚說：「諸藩國列居東南島嶼者，皆有慕義之心，可因蕃舶諸人宣布朕意。誠能來朝，朕將寵禮之。其往來互市，各從其欲。」以此來溝通與東南諸國的貿易往來。

元朝的重商思想還體現在商稅的收取上，這一點在《馬可波羅遊記》原文中也有相關描寫。在元代，統治者對商人實行輕稅政策，促進了商業的繁榮，客觀上又培植了稅源，商稅收入大量增加，成為元代財政的重要來源。在商稅收入中，「田產宅院人口頭足（牲畜）」的交易佔了較大的比重，這也基本契合了遊記中「大汗收取的大宗稅收中，主要是對商人的珍貴商品所徵的稅款」〔註4〕的記載。

元代商稅的徵收開始於太宗窩闊台甲午年（1234）。這一年，在全國各地設立了徵收課稅所。關於商稅的稅率，馬可波羅在遊記中談道：「我們曾經說過那些擁有上千工場的十二種工匠，以及在京師和內地往來買賣的商人，或海外商旅也同樣要支付百分之三又三分之一的稅。……本國的一切土產，如家畜、農產品和絲綢等都要向君主納稅。」〔註5〕在忽必烈初年確曾把商稅的稅率定為三十分取一，和馬可波羅的記載是一致的。不過，元時實際適用的商稅稅率卻是因地而異，而沒有一個統一的標準，基本是商業越繁榮的地區，稅率越高。為了保證國家的稅收收入，當時規定商人必須按月納稅，然後才可以進入城鄉市場進行貿易。如果沒有納稅憑證，或不出示憑證則為匿稅。如匿稅「物資一半沒官。」〔註6〕為了打擊偷漏稅行為，又規定「於沒官物內一半付告人充賞。」〔註7〕由於商業繁榮和商稅法規的嚴格，從1270年到馬

〔註4〕馬可波羅著，陳開俊等譯，馬可波羅遊記〔M〕，福州：福建科學技術出版社，1981，頁169。

〔註5〕馬可波羅著，陳開俊等譯，馬可波羅遊記〔M〕，福州：福建科學技術出版社，1981，頁187～188。

〔註6〕宋濂，元史〔M〕，北京：中華書局，1976，頁2668。

〔註7〕宋濂，元史〔M〕，北京：中華書局，1976，頁2668。

可波羅離開中國前的 1289 年元代商稅收入在近二十年的時間增長了十倍，達到四十五萬錠。

（二）紙幣的推行應用

宋朝已經出現了紙幣，但是在全國沒有出現統一的紙幣，既有地方性的也有全國的，比較混亂，不利於地區間的商業交往。元朝推廣使用了全國性的紙幣（吐蕃和雲南地區由於情況特殊而例外）。紙幣的發行在商業領域具有極為重要的意義。首先，紙幣的出現是商業發展的必然產物，交易量的大增對貨幣的需求無疑是巨大的；其次，紙幣的出現方便了商品的交易，以往的金屬貨幣在進行大宗貿易時極不方便，而紙幣正好解決了這一問題，攜帶方便，有利於商業貿易；再次，紙幣的製造比較節省資源，以往的金屬貨幣需要大量的金屬，當金屬的開採數不足時往往會影響商品交易，造成物價上漲。紙幣製造相對簡單，材料充足易得，不會出現貨幣短缺的現象。

（三）農業的良好發展為商業發展打下良好基礎

由於南京地處江南地區，該地自然條件好，陽光充足，雨水豐沛，而且多平原地帶，所以非常適合發展農業。加之當時江浙地區的人口稠密，更利於進行生產活動。

江浙一帶當時最重要的農田形式，原因不外乎江浙一帶河湖密布，所以自晚唐五代以來，圩田（圍田）逐漸成為當地農田的最重要的形式。元代浙西江東諸地圩田的建設也取得了相當大的成就，王禎《農書》卷 11 云：「圍田，築土作圍以繞田也。蓋江淮之地，地多蔽澤，或瀕水不時瞬沒，妨於耕種。其有力之家，度視地形，築土作堤，環而不斷，內容煩畝千百，皆為稼地飯後值諸將屯戍，因令兵分工起土，亦效此制，故官民異屬。復有汗田，謂疊為坪岸，扡護外水，與此相類。雖有水旱，皆可救御。凡一熟之餘，不惟本境足食，又可贍及鄰郡。」由此，我們可以看出圩田建設對於農業的重要性，而南京處於江浙地區的江東，江東地區圩田十分廣泛，如集慶路（元朝時期南京的行政名稱）就有圩田 1657 處，其中江寧縣 287 處，上元縣 135 處，句容縣 96 處，漂水州 206 處，漂陽州 95 處。由於「好田日多」，致使「農民生計、居處皆在坪中」，每遇澇季，洪水泛漲，居民、農田都受到一定的威脅。這樣，對於圩田水利的管理就顯得十分重要，治水活動也是相當繁忙。元代集慶路水利工程甚多，僅有名者可考者就有 52 處，其中路治周圍（包括江寧、上元

二縣）有 17 處（湖 1、讀 1、塘 12、汀浦，句容縣 7 處（堰 2、塘 5），漂水州 19 處（全是塘）漂陽州 9 處（溝 1、塘 8）。這些水利工程中，有些規模是相當大的，如路治東南 50 里的九里汀可溉田 520 頃，居全路之之冠。茅山鄉十三都石頭理的郭千塘溉田面積最少，也可達 60 餘畝之數。

圩田面積大又由於江浙地區優越的自然條件，於是，集慶路（南京）就成為了浙東地區產糧最多的地區，至正《金陵新志》載至正年間集慶路稅糧 32 萬餘石（上標至正《金陵新志》卷七《田賦志》），這是某些浙東地區的一倍多的產量。

南京還因為地理位置的優越而減少了許多受災機會。如杭州灣受海浪之衝蝕歷來嚴重，更為修築海堤的重要區域。入元以來，杭州灣北岸（即長江三角洲南緣）海潮侵益形顯著。泰定元年、三年、四年和致和四年，海水大侵，數度沖潰鹽宮州海堤，吞沒民居、農田。泰定四年春，遣都水少監張仲仁治之，「沿海三十餘里下石囤四十四萬二千三百有奇，木櫃四百七十餘，工役萬人。」〔註 8〕由於海潮勢大，未能即克水患。文宗即位，水勢始平，乃罷此役。自此潮害漸息，覆海為地，原來的鹽官州也改用海寧之名。除杭州路海寧州以外，平江路、松江府海岸也建有海塘。成宗大德五年松江府華亭縣築海堤 3.0 餘里（塘高 1 丈、面闊 1 丈、底 2 丈），順帝至正二年又增築 1500 餘丈。杭州灣南岸地區，潮害雖不如北岸地區為甚，但也非不受沖蝕。紹興路餘姚州西北地區，海潮咫鳳相輔為害，破壞廬舍、土田，宋時曾修海堤 6 萬餘尺，其中石堤僅 5700 餘尺，餘皆為土堤。土堤善崩，歲久失利，元順帝初年增築石堤 2400 餘尺，州西北海潮之患漸息。上虞縣鄰近餘姚州，北部地區也有潮害，元時修有海堤以禦潮汐齧蝕。浙東東部沿海諸地，元時海堤也頗多。溫州路平陽州前倉江口之田，宋端平年間曾築海堤以護之。後海堤為潮水沖斷，害及民田。由此可看出海浪對於沿岸地方所造成的災害之大。而南京恰好並不臨海，但是臨江，這使得它可以獲得江水的滋潤，而不用擔心被海浪所侵擾。

正因經濟繁盛富饒，所以浙江行省成為元朝海運糧的主要源地。以元人的說法，「國朝歲槽東南米數百萬，由海道達京師，米之所出多仰吳郡」，而在浙西糧食成為糧食供應的重頭戲時，浙東的南京也成為比較出名的糧食出產地，這部分的漕糧被稱為是「上江糧米」，常由海船逆長江西上裝運。

〔註 8〕宋濂，元史〔M〕，北京：中華書局，1976，頁 1492。

由上可觀之，農業是商業的基礎，那當時南京農業的發達就為商業的發展做好了充足的準備，而後南京的商業發展盛景也在情理之中了。

三、元代南京省經濟絲織業發展的影響

從《馬可波羅遊記》中對南京的描寫，我們可以看到他對南京絲織業的關注。的確，南京的經濟繁榮，絲織業可以說是支撐南京經濟的一個支柱產業，我們現在來細細探究一下元代南京的絲織業。

元初，統治者的地位稍有穩定後，逐步放棄落後的經濟管理方法，接受宋王朝一些先前措施，重視農桑。大德年間「特申擾民之禁，縱蓄牧損禾嫁桑棗者，責償而後罪之」。至元二十三年（1286 年）頒行《農桑輯要》一書於民間，李聲又歸納前人經驗，著《農桑圖說》，推動了絲繡業的生產，到了天曆元年（1828 年），徵絲數目是一百九十萬八千八百餘斤，絹三十五萬五百餘匹。絲和絹數的增產，反映了元代民間絲織業的發展，但發展更快的是官營絲織業。

元代的官織工場，就生產規模和生產過程的分工協作來說，比之前代更為發展。官營織造為織染局，蘇州，南京均有設置。蘇州織染局在平橋南，是宋提刑司改建而成。建康（南京）織染局規模較大，專織御用織物，因而織造技術要求較高。元時建康分東西織染局，均建於至元十七年（1280 年）。東織染局地址在城「東南隅前宋貢院」，（今南京市夫子廟貢院街一帶），西織染局地址在前「宋侍衛馬軍司」（今南京市水西門一帶），有人匠數 3600 餘戶，織機 154 張，額造緞匹 4527 段，絲 11520.8 斤。元代是盛行用金裝飾絲織物的時代，這就是被稱之為「納失失」的金錦，南京在元代設置的官辦織局，為南京錦織工藝的發展奠定了十分良好的基礎，而南京的雲錦是大量用金的絲織物，因此，產生了用料考究，織造工精，花紋色彩典麗精美，像天上雲霞般的雲錦，這是元代江蘇絲綢業一大發展。這也就是書中所說的「可織出大量的金銀布匹，並且花色種類十分豐富」。

元代南京絲織業發展得如火如荼，原因大致有這樣兩個：元代貴族對紡織品如絲綢錦緞等的喜愛與重視，另外一個原因則是紡織技術與生產工具的進步。

元代貴族對紡織品如絲綢、錦緞等的喜愛與重視使得元政府不得不重視對紡織業的管理。在元代官府局院中織染局院最多，中央各部門及皇親貴戚名下均設有織造局院，織染局院遍及全國甚至在漠北高原的儉州池有「漢匠

千百人居之，織羅錦綺麗」。織染局院又分工部、將作院、皇室系統、江南織染局四大系統，其中以工部系統的織染局院最多。地方諸路也均設有織造局，甚至有的州縣也設有與織造有關的手工業局院如句容縣生帛局、漂水州織染局等。織染局院在生產和管理上也有嚴格的規定，工匠必須入局造作，官府支給匠戶口糧，置辦織機等生產工具，織染局院大致擁有數百名工人，五十到一百多張織機的規模。有些著名的局院如杭州、福建則規模驚人。官府局院每年的生產任務也是根據工匠數量和織機規模製定的。如寧國路織染局有人匠 862 戶，安生帛機 50 張，歲造生帛三色凡 1601 段。江西建昌安機 100 張，年造生熟段匹 2250 段。元政府對織染局院的產品規格和質量也有明確規定，諸局院造納段匹：「上位用八托六托段匹各幅闊一尺四寸五分」，歲諸王百官長八托六托段匹；各幅闊一尺四寸」請人服用之物擴『常課例每匹長二丈四尺幅闊一尺四寸。銷金之物、特定顏色紋樣織物也只能由指定的局院生產不得隨意織造。

　　元代官營工匠在局院都有學習、觀摩和提高技藝的機會，私營紡織為了生存發展也不斷摸索經常獲得新技術的機會，這都共同促進了生產技術和工具的進步。如元代的經絲技術在宋的基礎上大量使用金彩線的組織也比宋代更密，這在 1976 年元代集寧路故城出土的絲織遺物、1970 年新疆鹽湖古墓出土的一件黃色油絹面料的窄袖辮線襖中都有體現。尤其是在棉織業方面黃道婆對紡織做了巨大改革創新影響巨大。《南村輟耕錄》記載有元貞年間：「有一嫗名黃道婆者自崖州來，乃教以做造捍彈紡織之具。至於錯紗、配色、綜線各有其法，以故織成被、褥、帶，其上摺枝、團風、棋局字樣粲然若寫。人既受教，競相作為，轉貨他郡，家既就殷。」在王禎《農書》中可以發現元代彈棉工具由攪車代替了輾軸，生產工具取得了重大突破，使生產力顯著提升。此外彈弓的改進、彈推的應用、紡車的出現等等也促進了元代紡織生產力的提高。

　　絲織業對南京產生的影響如下所示：首先，促進了南方商品經濟的繁榮。在元代廣大農民依然過著以家庭單位為主自給自足的生活。雖然基本上每個家庭或多或少都會從事紡織，但其只是作為家庭副業而存在的，主要用來滿足農戶自身的需要以及繳納賦稅。雖說農村男耕女織的生活可以勉強度日，基本自給自足。但每個家庭都會存在變故或者遭遇其他情況，這就使勤勞樸實的農民們不得不在平時省吃儉用，而且還要未雨綢繆，一旦家庭有危機就需要出賣少量的米或者家庭紡織品，以換取錢財來抵禦危機。

就每個家庭來說出售的紡織品很有限，但擴展到江南、整個國家，積少成多從量上來說還是相當可觀的。《馬可波羅遊記》中說「『每日入城者計有千車，』〔註9〕這裡僅指每日進入元大都的絲織品，批註云歲每車所載不過五百公斤，則每日入城之絲有五十萬公斤，每年共有十八萬噸。」〔註10〕雖說有誇大之嫌，但也從側面反映了從農民家庭那收來或購買之量大。其次，帶動了相關產業的發展，催生了一批新的市鎮。絲織品的最終完成勢必經過了很多程序，比如先要飼養原材料，加工原材料，然後織造之後還要染色等等總之經過一系列複雜的程序。不同的行業不同的工匠相互配合，才能夠生產出工藝高花色繁多物美價廉的成品。正如元代紡織業中棉紡織發展最為迅速，因此刺激了棉花種植在全國的推廣，這直接促進了染布、踹布、藍靛等行業的產生，絲織業也帶動了一批相關產業的發展。生產工具的革新又刺激了木製行業的發展。當然很重要一點是紡織品的買賣交易極大地促進了銀錢、運輸、服務等行業的繁榮。紡織業取得的新發展以及它對其他產業的帶動作用，使元代紡織發達的江南地區催生了眾多新的市鎮。

最後，豐富了人民的物質和經濟生活。元代之前上層社會的衣著質料基本以絲織品等華貴的紡織品為主，而下層勞動人民儘管是絲綢羅綢緞的製造者，但他們大多數最後卻只能穿得起麻、葛等這樣粗糙的紡織品。但是元代起絲織業的大力發展，官營私營的絲織工廠興起，使得絲織品的受眾群逐漸擴大，不至於是皇家專享，一些比較有經濟實力的平常人家也可以使用絲織品了。

從上面的分析中我們可以看出，南京的經濟繁榮是有其淵源的。政治上，元朝的大一統的政治局面，客觀上為南京的經濟發展提供了穩定的發展環境。其次，元朝統治者實行的重商主義更為經濟的發展提供了政策保障制度。從商稅的徵收，到絲織業的繁榮發展，無不體現著南京經濟繁榮的景象。總的說來，《馬可波羅遊記》一文對於南京的相關信息描寫尚且屬實，這樣說來，這也給當時西方人瞭解元初的中國提供了一個窗口，從一個方面也間接促進了中外的文化交流。

〔註9〕馬可波羅著，陳開俊等譯，馬可波羅遊記〔M〕，福州：福建科學技術出版社，1981，頁111。

〔註10〕馬可波羅著，馮承鈞譯，馬可波羅遊記〔M〕，上海：上海書局出版社，1999，頁236。

參考文獻

1. 馬可波羅著，陳開俊等譯，馬可波羅遊記〔M〕，福州：福建科學技術出版社，1981，168～169。

2. 宋濂，元史〔M〕，北京：中華書局，1976，1345。

3. 馬可波羅著，馮承鈞譯，馬可波羅遊記〔M〕，上海：上海書局出版社，1999，236。

第八章　馬可波羅與元初襄陽府

　　《馬可波羅遊記》裏關於襄陽府的記載不多，突出的是關於襄陽獻炮這一歷史事件的記載。本文將從《馬可波羅遊記》中對襄陽府的記載進行深入剖析，主要包括地理人文、經濟發展、社會生活、宗教、攻陷襄陽之戰中馬可波羅的參與的真實性，這幾個方面進行論述。

一、襄陽府的歷史沿革和地理環境

（一）襄陽的名字文化由來

　　北宋宣和元年（1119 年）升襄州置府，治所在襄陽縣（今湖北襄陽市漢水南襄城區）。南宋時，襄陽仍為京西南路治所，轄均、房、隨、郢 4 州及襄陽府和光化軍（「軍」相當於「縣」）。今襄樊市域為當時的襄陽府、光化軍和房州東部轄境，轄境約今湖北省襄陽、穀城、南漳、宜城等市縣地。南宋紹興四年（1134 年），岳飛率兵攻襄陽，討伐金襄陽守將李成並打敗李成，收復襄陽。元代至元二十九年（1292 年）改襄陽府為襄陽路。其時襄陽路屬河南行省，是二級政區。路治襄陽，轄襄陽、南漳、宜城、光化、穀城、棗陽 6 縣及均州、房州 2 州。明初，全國仍襲元代行省制，襄樊市轄境由原屬河南行省改屬湖廣行省。洪武九年（1376 年）改行省為承宣布政使司，今襄樊市屬湖廣承宣布政使司，設襄陽。成化十二年（1476 年），襄陽府分為襄陽府和鄖陽府。由此可見，宋代設襄陽為府，元至元年間改置路，明初復置府。清轄區約今湖北省丹江口市以東，棗陽以西和蠻河以北地。

（二）襄陽的地理位置優勢

在一些文獻中，對襄陽的地理位置有所描述「襄陽位於漢江北岸（在樊城對岸），是宋朝最後的要塞之一」。[註1] 襄陽，湖北省地級市，國家歷史文化名城，楚文化、漢文化、三國文化的主要發源地，已有2800多年建制歷史，歷代為經濟軍事要地。素有「華夏第一城池」、「鐵打的襄陽」、「兵家必爭之地」之稱。襄陽位於湖北省西北部，漢江中游平原腹地。襄陽地形為東低西高，由西北向東南傾斜。東部、中部、西部分別為丘陵、崗地、山地。襄陽因地處襄水之陽而得名，漢水穿城而過，分出南北兩岸的襄陽、樊城隔江相望。兩城歷史上都是軍事與商業重鎮。

古有「江河淮漢」之說，漢水流域是中華民族發祥地之一。襄陽踞漢水中游，東西交匯、南北貫通，「漢晉以來，代為重鎮」，是漢水流域最重要的城市。特殊的地理位置，使襄陽成為歷史上的區域性經濟、政治、文化中心，成為漢水文化中具有重要影響和代表性的區域。主要體現在商業文明歷史悠久。漢水是中國古代內河最便捷、最暢達、最繁忙的「黃金水道」。襄陽素有「南船北馬、七省通衢」之稱，是漢水流域最重要的水陸碼頭，商業文明延綿2000多年。漢代襄陽「南援三州，北集京都，上控隴坻，下接江湖，導財運貨，懋遷有無」[註2]；唐代襄陽「往來行舟，夾岸停泊，千帆所聚，萬商雲集」[註3]；明清時期的襄陽「商賈連檐，列肆殷盛，客至如林」[註4]，建有20多個商業會館、30多個碼頭，商業輻射到黃河上下、長江南北。

在《馬波羅遊記》中也有記載襄陽「所有種類的獵物都很豐富。」[註5] 這不僅與襄陽優越的地理環境有關，也與襄陽的氣候有著密不可分的關係。襄陽屬亞熱帶季風型大陸氣候過渡區，具有四季分明，氣候溫和，光照充足，熱量豐富，降雨適中，雨熱同季等特點，為農業生產提供優越的氣候條件。

[註1] 張學治，馬可波羅真的到過中國嗎？〔M〕，江蘇人民出版社，2015，頁199～200。

[註2] 蔡邕，初學記〔M〕，北京：中華書局出版社，1962，頁18。

[註3] 湖北省襄陽縣地方志編纂委員會，襄陽縣志〔M〕，武漢：湖北人民出版社，1989，頁32。

[註4] 嚴耕望，唐代交通圖考卷一〔M〕，上海：上海古籍出版社，2007，頁70。

[註5] 馬可波羅著，陳開俊等譯，馬可波羅遊記〔M〕，福州：福建科學技術出版社，1981，頁169。

二、襄陽府的經濟文化和社會生活

（一）襄陽的經濟文化

在《馬可波羅遊記》中，馬可波羅對當時的襄陽有一定的描述：「襄陽府是蠻子省的一個大城，在司法上管轄著十二個的大市鎮。這裡是一個規模宏大的商業城鎮，居民是偶像崇拜者，對死者實行火葬。他們是大汗的百姓，使用紙幣。生絲的產量很高，用金線織成的最精美的綢緞也產於此城。所有種類的獵物都很豐富。」〔註6〕上述文字可見，當時整個元代的經濟是繁榮的。元初的商業經濟有著驚人的發展，重視商業，對商業的限制較為寬鬆，並制定相關的政策鼓勵商業的發展。元初的經濟得以繁榮發展的原因在《馬可波羅與元初商業經濟》〔註7〕一書中有具體的概括：第一、元初統治者發展重商的經濟政策，包括稅率減輕、維護商賈財產安全、提高商人地位。第二、便利的交通運輸，例如開通京杭大運河，建立了四通八達的驛站把各地區同元朝統治中心大都緊密聯繫在一起，因此元代的交通系統比以前更發達完善，在海運方面，元朝也有了空前的發展。聯繫襄陽來看，襄陽是漢水流域的重要水陸碼頭，因此，襄陽優越的地理位置給商業的發展帶來了有利條件，使其發展成為一個規模較大的商業城市。第三、發達的手工業，主要的生產部門有紡織、陶瓷、造紙、印刷、造船等，其中紡織業尤為重要，元初幾乎是手工業全面國營，則襄陽出產精美的綢緞也不足為奇。第四、紙幣的推廣，元朝建立起世界上最早的完全的紙幣流通制度，是中國歷史上第一個完全以紙幣作為流通貨幣的朝代。紙幣用途廣泛，通行全國。從這幾點來看，襄陽當時的經濟發展是符合元代的經濟發展潮流的。

（二）襄陽的社會生活

除了經濟外，還有元代的社會生活。上文提到的「對死者實行火葬」，在馬可波羅遊記中可以看到元初市民中流行的一個比較普遍的現象：人死焚其屍。據《馬可波羅行紀》記載「北起寧夏，西到四川，東遠山東，南至江南，人死焚其屍。」〔註8〕此外，還有記載道「人死焚燒其屍，設有死者，其親友服大喪，衣麻，攜數種樂器行於屍後，在偶像前作喪歌，及至焚屍之

〔註6〕馬可波羅著，陳開俊等譯，馬可波羅遊記〔M〕，福州：福建科學技術出版社，1981，頁169。

〔註7〕申友良，馬可波羅與元初商業經濟〔M〕，新北市：花木蘭文化出版社，2016。

〔註8〕馮承均，馬可波羅行紀〔M〕，上海：上海書店出版社，2006，頁324。

所，取紙製之馬匹、金錦等物，共焚燒之。」〔註9〕這種現象體現出當時焚屍之後還會伴隨著一系列的送葬步驟。雖在當今的城市中已經逐漸消失，但在農村中依然能看到這種現象。那麼為何火葬會在元初如此盛行呢？在《馬可波羅與元初社會》〔註10〕一書中，給了一下解釋：其中一個原因是與當時市民中流行的偶像教派即佛教有密切關係。佛教是崇尚火葬而元初市民中信佛教這居於多數，因此在佛教的教義下，火葬為一種文化和風尚。羅斯寧就認為「在元雜劇的鬼魂戲就是元市民的祭祀習俗，體現了元人的偶像崇拜、鬼魂崇拜及儒道佛思想的影響。」〔註11〕對於偶像崇拜者也有專門的埋葬儀式，據馬可波羅描述，偶像崇拜者對於死人要舉行一種特別的埋葬儀式。當一個有身份的人去世，等待安葬的時候，他的親屬就去拜訪一些占星家，告訴他們死者出生的年、月、日、時，占星家根據這些資料來觀察星宿。等到他們確定了星座或標誌，知道了死者出生時的那顆行星位於某個星座後，就立即指明舉行葬禮的日期。如果這顆行星那時不是上升的話，他們就要求將屍體停留一個星期或一個星期以上，有時可能停留半年之久，然後才能安葬。埋葬的儀式必須在城外舉行，所以死者家屬在沿途所經過的某些地方建造了一種只有一根支柱，並用絲綢裝飾的小屋，作為臨時停留之地。每到一處他們便將酒肉置於死者棺前，如此下去，直到墳地才能作罷。他們認為這樣做，能使死者的靈魂得到休息，有力氣跟著行進。同時在埋葬前，還有一種儀式，就是他們預備某種樹皮製的大批紙片，在上面畫上男女、馬、駱駝、錢幣和衣服等圖形，與屍體同埋在一起。他們認為死者在陰間將享有紙上所畫的人和一切物品。當這些儀式進行時所有的樂器都十分嘈雜地響個不停。〔註12〕

（三）襄陽的宗教

根據《馬可波羅遊記》中提到襄陽是偶像崇拜者，何謂偶像崇拜？元代大多數人都是偶像崇拜者，根據遊記中記載，唐古多省（今寧夏、甘肅等地）、

〔註9〕 王夫子，殯葬文化學：死亡的全方位解讀〔M〕，北京：中國社會出版社，1998，頁 548～559。
〔註10〕申友良，馬可波羅與元初社會〔M〕，新北市：花木蘭文化出版社，2013，頁 27。
〔註11〕羅斯寧，元雜劇的鬼魂戲和元代祭祀習俗〔J〕，中山大學學報，2003，（3）：29。
〔註12〕馬可波羅著，陳開俊等譯，馬可波羅遊記〔M〕，福州：福建科學技術出版社，1981，頁 49～50。

欽赤塔拉斯城（今新疆吐魯番）、京兆府城（今陝西西安）、揚州、南京省、京
師城等都有偶像崇拜分布。因此，可以知道，元代的偶像崇拜分布很廣泛。
他們「建造了許多廟宇，供奉著大量的偶像。」〔註13〕「居民對這些偶像十
分虔誠，常常祭以牲畜。當他們的兒子出生時，他們就祈求一個偶像來保祐
他。」〔註14〕元代的宗教政策是十分寬容的，形成了元代宗教的多元性和開
放性。元初市民生活在一個多宗教和諧發展的環境中，佛教、道教、基督教、
伊斯蘭教並存，其主流是佛教。由於襄陽實行火葬，因此也可以看出襄陽信
奉偶像教即佛教。雖然是多宗教的局面，但在元初的市民中偶像教即佛教佔
了絕對的優勢。在《馬可波羅與元初社會》一書中，對偶像崇拜有著這樣的
描述：偶像崇拜，一般意味著人們以各式各樣，不知名的男神或女神的雕像，
作為禱告的對象。禱告的人要求神祇的指引和保護他們，要求這些男神、女
神賜予健康、財富和提供各種需要。他們要求為他們贖罪。〔註15〕書中有一
章記載契丹人的宗教信仰及其靈魂轉世和善惡之說，因此，此民族禁止一切
賭博和其他欺詐方法，相見面容甚歡。凡臣下蒞朝時，持一小唾壺，無人敢
唾於地。〔註16〕人們的宗教信仰影響著人們的生活，百姓有了共同的信仰並
為之奮鬥，這也是對人們的一種約束力。

三、歷史上的襄陽之戰

　　襄陽之戰是元朝統治者消滅南宋政權的一次重要戰役，是中國歷史上宋
元封建王朝更迭的關鍵一戰。這次戰役從南宋咸淳三年（1267年）蒙將阿術
進攻襄陽的安陽灘之戰開始，中經宋呂文煥反包圍戰，張貴張順援襄之戰，
龍尾洲之戰和樊城之戰，終因孤城無援，咸淳九年（1273年）呂文煥力竭降
元，歷時近6年，以南宋襄陽失陷而告結束。在襄陽之戰時，宋軍巧妙地應
用了地形優勢，成功的阻止了蒙古軍的投石兵器的猛烈攻擊。然而蒙古人找
到了阿拉伯的兵器專家，改進了投石兵器的攻擊距離和準確率，順利的攻下

〔註13〕馬可波羅著，陳開俊等譯，馬可波羅遊記〔M〕，福州：福建科學技術出版社，
　　　　1981，頁54。
〔註14〕馬可波羅著，陳開俊等譯，馬可波羅遊記〔M〕，福州：福建科學技術出版社，
　　　　1981，頁49。
〔註15〕申友良，馬可波羅與元初社會〔M〕，新北市：花木蘭文化出版社，2013，頁128。
〔註16〕馬可波羅著，陳開俊等譯，馬可波羅遊記〔M〕，福州：福建科學技術出版社，
　　　　1981，頁129。

了樊城，襄陽苦於後無援兵，內無糧草，宣布投降。此戰是兵器改革的奇蹟，也是漢族人民對抗侵略的奇蹟。

在《馬可波羅與元初社會》一書中，對於襄陽之戰的記載如下：襄陽自古以來就是湖北北部和河南、陝西兩省南部的交通重鎮和經濟中心。從 1268 年起，忽必烈採納南宋降將劉整的建議，派兵十萬進攻南宋重鎮襄陽，繼而又包圍樊城，襄陽地處漢江，唐白河在匯流，因而三面都有水路環繞，只能圍北面無水的一方，其南面長江上游各州還可支持糧和其他物資，因而難以攻下。南宋軍民堅守了五年，1272 年冬忽必烈從伊利汗國調來的造炮能手阿老瓦丁、亦司馬因攜帶他們所製造的巨型投石機安置在樊城城下，炮石重 150 斤，「機發，聲震天地，所擊無不摧陷，入地七尺。」〔註 17〕至 1273 年正月，樊城城破，隨後困守襄陽的呂文煥兵敗降元。〔註 18〕襄陽和樊城這兩個城市的失守，導致了南宋的最終滅亡。

四、襄陽獻炮的真實性

馬可波羅是否真的到達過中國，這是學術界一直有爭論的話題，其中在《馬可波羅遊記的困惑》一書中，提出了幾點存在的質疑：第一、馬可波羅自稱在中國深受忽必烈器重，但是為何元朝史書中找不到一條可供考證的記錄？他自稱揚州做官三年，揚州地方志裏為什麼無從考證？第二、馬可波羅提到的許多地方、人名、動物、器件，都使用波斯叫法，他自稱學會了蒙古語和漢語，為什麼用波斯叫法？第三、馬可波羅只是泛泛地描寫了一些中國資料，但最富中國特色的漢字、印刷、茶葉、筷子以及其他引人注目的東西沒有提到，甚至沒有提到長城。第四、馬可波羅描述了許多明顯不符合史實的場面，例如提到的他自稱獻拋石機幫助攻打襄陽，實際上襄陽在他到中國的前一年就撤圍了。〔註 19〕這顯然在時間上不符。因此值得考察的就是襄陽獻炮這一事件，馬可波羅說，他在襄陽向元軍獻新式大炮，參與了攻陷襄陽之役。這段話是這樣說的：「如果沒有下面所說的情況，圍攻將士絕對不會攻下該城。……尼柯爾先生、馬菲奧先生和馬可先生宣稱：「我們要替你找到一個辦法使這個城市不得不馬上投降。……在我們的隨從人員中有人會製造投石

〔註 17〕宋濂，元史〔M〕，北京：中華書局，1976，頁 4544。

〔註 18〕馬可波羅著，陳開俊等譯，馬可波羅遊記〔M〕，福州：福建科學技術出版社，1981，頁 169～170。

〔註 19〕申友良，馬可波羅遊記的困惑〔M〕，新北市：花木蘭文化出版社，2012，頁 42。

機，這種機器能投射巨大的石塊，使被圍困的人無法忍受。……於是尼柯爾先生和他的弟弟以及兒子吩咐隨從人員中兩個製造投石機能手，一個德國人和一個基督教聶斯脫利派教徒，製造二三臺能投射一塊 300 磅重的石頭的投石機。……他們架好並捆牢這些機器後，其中一臺先朝城裏射一塊巨石，巨石落在房屋上，把下面所有的東西都壓得粉碎。……市民們看到災禍臨頭……於是決定投降」。〔註 20〕

攻陷襄陽之役是蒙古人在五年之後，1273 年的最後一場勝利，也代表著他們征服中國過程中的一個重要轉折點，1279 年，終於統一中國。同樣是在《馬可波羅遊記》中，記載道：凡是一個大城所應有的東西，它都能夠充分自給，所以它的抵抗力非常強大，可以抵禦圍攻達三年之久，甚至於在大汗奪取蠻子省之後，仍不肯投降。這個城市三面環水，僅有北面是陸地。〔註 21〕因此，圍攻的難題就在於，除了北面，軍隊簡直不能靠近城牆。於是馬可波羅觀見皇上，請求允許他們製造一種西方的機器，這種機器可以投射三百磅的石頭。使用它，可以擊毀城中的建築物，並殺死居民。幾天之後，他們按照波羅兄弟的設計，造出了投石機，當這種機器在襄陽府面前架好後，其中一架投出了第一塊石頭，打在一座建築物上，由於其沉重，以致這個建築物的大部分砸塌。最終居民由於害怕決定投降，表示願意歸順。這個妙計的成功實施，使得他們在大汗和其他朝臣的心目中的地位大大提高了。〔註 22〕

以上都是對當時馬可波羅參加了攻陷襄陽戰役的記載，但是《元史》中的記載如下：據《元史》卷 161《劉整傳》云：「時圍襄陽已五年，整計樊、襄唇齒也，宜先攻樊城。樊城人以柵蔽城，斬木列置江中，貫以鐵索。整言於丞相伯顏，令善水者斷木沉索，督戰艦趨城下，以回回炮擊之，而焚其柵。十年正月，遂破樊城，屠之。」〔註 23〕又卷 128《阿里海牙傳》云：「既破樊，移其攻具以向襄陽，一砲中其譙樓，聲如雷霆，震城中。城中洶洶，諸將多踰城降者。」〔註 24〕元軍至元十年正月破樊城，二月宋將呂文煥以襄陽叛降於

〔註 20〕馬可波羅著，陳開俊等譯，馬可波羅遊記〔M〕，福州：福建科學技術出版社，1981，頁 169～170。

〔註 21〕馬可波羅著，陳開俊等譯，馬可波羅遊記〔M〕，福州：福建科學技術出版社，1981，頁 169。

〔註 22〕馬可波羅著，陳開俊等譯，馬可波羅遊記〔M〕，福州：福建科學技術出版社，1981，頁 169～170。

〔註 23〕宋濂，元史〔M〕，北京：中華書局，1976，頁 3788。

〔註 24〕宋濂，元史〔M〕，北京：中華書局，1976，頁 3125。

元。《遊記》只說用「投石機」，將巨石射入襄陽城裏，市民們看到災禍臨頭，於是決定投降了，〔註25〕而沒有提到用「回回炮」擊蔽樊城之「柵」，將其焚毀，而後破樊城的事。顯然與史實不符。

對於《馬可波羅遊記》中的記載，是值得懷疑的，據史書記載，襄陽之役的確有許多非漢族的專家和顧問，包括幫助攻破漢人在襄陽的抵抗的人，但是這些史書中都沒有記載波羅一家。在《馬可波羅介紹與研究》一書中，就對上面的襄陽獻炮的歷史提出疑點。〔註26〕馬可波羅說他們一家在元朝進攻南宋襄陽時曾獻新炮法攻陷該城，這不僅和他們一家到達中國的時間大相牴牾，而且和中國的《元史》和波斯的《史集》關於參加此役的人物記載迥乎不同。關於獻新式大炮的事，波斯史學家拉施都丁在《史集》中也有記載，該書稱獻炮的不是馬可波羅一家人，即馬可波羅以及他的父親尼可爾波羅、叔叔馬菲奧波羅，也不是一個德國人和一個基督教徒，而是從波斯來的回回人亦思馬因。

在《馬可波羅遊記的困惑》〔註27〕一書中，也有一段文字對馬可波羅是否真的到過襄陽提出了質疑，這段文字是這樣描述的：有一件事是讓人對《馬可波羅遊記》的真實性產生懷疑的，馬可波羅自稱蒙古軍久攻襄陽不下，於是他獻出了威力巨大的拋石機，迫使襄陽守將出降。〔註28〕事實上，1273 年蒙古軍攻襄陽時，他還在來中國的路上，獻拋石機的不是他而是波斯的亦思馬因和阿老瓦丁，《元史》和其他資料都有明確記載，例如在《元史·方伎傳》中就有記載：「亦思馬因，回回氏，西域旭烈人也。善造炮。……十一年以疾卒。」〔註29〕另外，《元史》卷 203《亦思馬因傳》對此有詳細記載：「亦思馬因，回回氏，西域旭烈人也。善造砲，至元八年與阿老瓦丁至京師。十年，從國兵攻襄陽未下，亦思馬因相地勢，置砲於城東南隅，重一百五十斤，機發，聲震天地，所擊無不摧陷，入地七尺。宋安撫呂文煥懼，以城降。」〔註30〕亦思馬因因戰功而賜銀 250 兩，並被命為回回砲手總管，佩虎符。〔註31〕該傳還附有其

〔註25〕馬可波羅著，陳開俊等譯，馬可波羅遊記〔M〕，福州：福建科學技術出版社，1981，頁 170。
〔註26〕余士雄，馬可波羅介紹與研究〔M〕，書目文獻出版社，1983，頁 78～79。
〔註27〕申友良，馬可波羅遊記的困惑〔M〕，新北市：花木蘭文化出版社，2012，頁 42。
〔註28〕宋濂，元史〔M〕，北京：中華書局，1976，頁 43。
〔註29〕宋濂，元史〔M〕，北京：中華書局，1976，頁 4544。
〔註30〕宋濂，元史〔M〕，北京：中華書局，1976，頁 4544。
〔註31〕宋濂，元史〔M〕，北京：中華書局，1976，頁 4544。

子布伯、哈散傳，其子與亦思馬因、阿老瓦丁一樣，也是造砲專家，因助元滅宋有功，布伯曾官至刑部尚書，哈散曾官至高郵同知。〔註32〕亦思馬因兩代人曾為元軍工作並在元朝供職，史載頗為詳實。這裡看出顯然人物也不符合。

　　中國學者對此也有解釋，認為這是後人在摘抄《馬可波羅遊記》時隨意添加上去的，因為馬可波羅的原稿已經流失了。絕大部分學者都認為是錯誤的，這裡的問題是，雖然波羅一家並未參與攻陷襄陽之役，但馬可波羅敘說的故事情節卻基本屬實。這是從北京聽來的故事還是在馬可遊歷襄陽時聽到的？按襄陽攻陷在 1273 年二月間，而波羅一家到達元廷一般認為在 1275 年夏天，襄陽之役已經不是什麼新聞，馬可波羅似乎不可能在北京聽到，比較大的可能性是在襄陽聽來的。從馬可波羅關於襄陽的地理形勢（三面環湖或深水，只有北面可攻）的敘述，像是身歷其境。因此，雖然馬可把攻克襄陽之功冒為己有是錯誤的，但它卻足為馬可曾到過襄陽的一個證明。馬可波羅把蒙古攻取襄陽歸功於他們家的獻計，歷來得不到學界的認可，學界認為這可能是他身陷囹圄之中、百無聊賴中的自我解嘲而已，但蒙古用炮攻破襄陽的事實確實存在，馬可波羅只在襄陽聽到過而已。

五、結語

　　由於馬可波羅對襄陽府的記載甚少，因此在馬可波羅是否到過襄陽的真實性上確實存在許多疑點，一方面，這有可能是馬可波羅口述的整理者魯思梯謙諾，由於魯思梯謙諾是一位傳奇小說家，更關心的是書的可讀性而不是科學性，因此他可能有加入很多虛構的元素。另一方面，也有可能是馬可波羅的自我吹噓，馬可波羅是一位旅行家，而並不是歷史學家，他在被俘後，他對獄友講述在東方的所見所聞，難免會有誇大或者記憶不準確的成分，加入了自己的主觀思想。再者，由於最初的魯思謙諾的原始版本早已流失，《馬可波羅遊記》的原本也已經在當時的威尼斯與熱那亞戰爭期間流失，後來出現的《馬可波羅遊記》早已不是最初的版本，都是經過後人的修改添加，因此真實性又大大降低。但不可置否的是，《馬可波羅遊記》是中西文化交流的重要文獻，對世界歷史和地理的影響和貢獻是值得被承認的。

〔註32〕宋濂，元史〔M〕，北京：中華書局，1976，頁 4544～4545。

參考文獻

1. 張學治，馬可波羅真的到過中國嗎？〔M〕，江蘇人民出版社，2015，199～200。

2. 蔡邕，初學記〔M〕，北京：中華書局出版社，1962，18。

3. 湖北省襄陽縣地方志編纂委員會，襄陽縣志〔M〕，武漢：湖北人民出版社，1989，32。

4. 嚴耕望，唐代交通圖考卷一〔M〕，上海：上海古籍出版社，2007，70。

5. 馬可波羅著，陳開俊等譯，馬可波羅遊記〔M〕，福州：福建科學技術出版社，1981，169。

6. 申友良，馬可波羅與元初商業經濟〔M〕，新北市：花木蘭文化出版社，2016。

7. 馮承鈞，馬可波羅行紀〔M〕，上海：上海書店出版社，2006，324。

8. 王夫子，殯葬文化學：死亡的全方位解讀〔M〕，北京：中國社會出版社，1998，548～559。

9. 申友良，馬可波羅與元初社會〔M〕，新北市：花木蘭文化出版社，2013，27。

10. 羅斯寧，元雜劇的鬼魂戲和元代祭祀習俗〔J〕，中山大學學報，2003，（3）：25～29。

11. 宋濂，元史〔M〕，北京：中華書局，1976，4544。

12. 申友良，馬可波羅遊記的困惑〔M〕，新北市：花木蘭文化出版社，2012，42。

13. 余士雄，馬可波羅介紹與研究〔M〕，書目文獻出版社，1983，78～79。

第九章　馬可波羅與元初真州

在我國美麗富饒的長江三角洲頂端，坐落著一座擁有 2000 多年悠久歷史，史譽「真州往來幾經秋，風物淮南第一洲」[註1] 的古城——真州。真州，東臨歷史文化名城揚州，西近六朝古都南京，寧啟鐵路、寧通高速、長江黃金水道、沿江高等級公路、西氣東輸管道、魯寧輸油管道「六路」過境，是儀徵市城關鎮，被列為南京都市的核心層和寧揚城市帶中重要的衛星城市與節點城市。元代馬可波羅的一次遊歷，使得真州被載入《馬可波羅遊記》一書，其經濟文化為歷代不少歷史學者所研究。

一、《馬可波羅遊記》中元初真州的經濟文化表現

《馬可波羅遊記》中是這樣描述元初真州的經濟現象：「隨後又到達一個建築完好的大城鎮。真州從這裡出口的鹽，足夠供應所有的鄰近省份。大汗從這種海鹽所收入的稅款，數額之巨，簡直令人不可相信。這裡的居民也信奉佛教，使用紙幣，都是皇帝陛下的臣民。」[註2] 從馬可波羅的這幾句話語可以提取的信息是：第一，真州是大城鎮。第二，真州鹽業發達。第三，真州流行紙幣。第四，真州信奉佛教，統屬元朝管轄。馬可波羅從總體上概括了元初真州的經濟文化表現，那麼以上四個方面具體的表現是怎樣的呢？下面

〔註1〕劉宰，送邵監酒兼東儀真趙法曹呈潘使君二首其一〔M/OL〕，https://hanyu.baidu.com/shici/detail?pid=7b11e98e527b00a92e30d5dfaf360603&from=kg0&highlight=%E4%BB%AA%E7%9C%9F%E6%9D%A5%E5%BE%80%E5%87%A0%E7%BB%8F%E6%9D%A5%EF%BC%8C%E9%A3%8E%E7%89%A9%E6%B7%AE%E5%8D%97%E7%AC%AC%E4%B8%80%E5%B7%9E。

〔註2〕陳開俊等譯，馬可波羅遊記〔M〕，福建：福建科學技術出版社，1981，頁 168。

將結合搜集到的資料，詳細談談它們其中的內容。

第一，真州是大城鎮。唐乾元元年（758）改昭德郡置，治所在真符縣（今四川茂縣西北）。《舊唐書・地理志》記載真州「『取真符縣為名。』轄境相當今四川茂縣西北及黑水縣東南一帶。後沒於吐蕃。」北宋大中祥符六年（1013），升建安軍置，治所在揚子縣（今江蘇儀徵市）。「真宗朝以鑄聖像成功，升為真州。」轄境相當今江蘇儀徵市及六合縣地。元至元中升為真州路，二十一年（1284），復為真州。明洪武二年（1369），改為儀真縣。《試論元朝之對外貿易與文化交流》中談及元朝疆域：13 世紀蒙古興起後，成吉思汗及其繼承者建立了歷史上規模空前龐大的帝國。《元史・地理志》說元朝幅員「北逾陰山，西極流沙，東盡遼左，南越海表」』；「東南所至不下漢、唐，而西北則過之，有難以里數限者。」〔註3〕真州逐漸成為大城鎮，可見其經濟的繁榮。

第二，真州鹽業發達。自宋代開始，鹽課是政府財政收入的最重要來源之一，宋元因此有所謂「天下之賦鹽利居半」、「每年收的錢，鹽課辦著多一半」〔註4〕的說法。《馬可波羅遊記》記載：「大汗從這種海鹽所收入的稅款，數額之巨，簡直令人不可相信。」〔註5〕《元史》中記載到：「至元十三年命提舉馬里范張依宋舊例辦課，每引重三百斤，其價為中統鈔八兩。十四年，立兩淮都轉運使司，每引始改為四百斤。十六年，額辦五十八萬七千六百二十三引。十八年，增為八十萬引。〔註6〕至元二十四年（1287 年），戶部設立「印造鹽茶等引局」專職印造鹽引〔註7〕。至元二十九年（1292 年），設「置鹽運司，專掌鹽課，其餘課稅歸有司。」〔註8〕至此，元代由戶部集中管理、鹽運司分區發賣的「行鹽法」才最終定型。元朝南方鹽業恢復時鹽商增多，例如呂郁任兩淮鹽漕令史時，兩淮法簡政平、鹽商雲集，「舟楫溯江遠及長沙」。元代對於違反鹽專賣有關規定的經營者處罰極嚴：「諸販私鹽者，杖七十，徒兩年，財產一半沒官，於沒物內一半付告人充賞。鹽貨犯界者，減私鹽罪一等。」〔註9〕

〔註 3〕宋濂，元史〔M〕，北京：中華書局，1976，頁 1345。

〔註 4〕劉孟琛，南臺備要〔M〕，上海：上海古籍出版社，2002，頁 5。

〔註 5〕陳開俊等譯，馬可波羅遊記〔M〕，福建：福建科學技術出版社，1981，頁 168。

〔註 6〕宋濂，元史〔M〕，北京：中華書局，1976，頁 2390。

〔註 7〕宋濂，元史〔M〕，北京：中華書局，1976，頁 2130。

〔註 8〕宋濂，元史〔M〕，北京：中華書局，1976，頁 2136。

〔註 9〕宋濂，元史〔M〕，北京：中華書局，1976，頁 2647。

第三，真州流行紙幣。元朝為了加強對經濟的統制，以使用紙幣為主，鑄造錢幣比其他朝代為少。1260 年元世祖發行了以絲為本位的交鈔與以白銀或金為本位的中統鈔（中統鈔沒有設定流通期限），鈔幣持有者可以按照法令比價兌換銀或金，雖然其後曾一度廢除，但持續使用到元朝末期，成為元朝貨幣的核心的紙幣。陳炳應在其《馬可波羅遊記中的元鈔》認為「馬可波羅在中國的時間 1275 年至 1291 年初。這期間元代發行了「中統元寶交鈔」和「至元通行寶鈔。」〔註 10〕元代鈔法比較嚴密，採取子母相權制。忽必烈上臺之後，中統元年七月先是發行以絲為本的中統元寶交鈔，後來發行以銀為本的中統元寶鈔。中統鈔早在 1276 年就因濫發紙幣，使物價飛漲，紙幣貶值。面對這樣的局面，元朝政府不得不挽救局面，忽必烈於 1287 年才發行至元通行寶鈔，直到馬可波羅離開中國時，才使用了三年，所以紙幣是比較穩定的。〔註 11〕

第四，真州信奉佛教，統屬元朝管轄。元朝的「天下一家」思想，使蒙古統治者確立了在中國的統治地位，並促使了其政治制度的完善，強化了對邊疆地區的管理，邊疆民族地區「比於內地」，直接納入元朝的行政區劃之中，元朝的疆域版圖得到了空前的發展和鞏固。〔註 12〕真州居民「都是陛下的臣民」體現了元朝的大一統，人民承認元朝的統治地位。

二、《馬可波羅遊記》中元初真州的經濟文化發展的原因

《馬可波羅遊記》呈現了真州一片繁華景象，那麼是什麼因素造就了元初真州這一輝煌呢？要深入探討這一問題，就必須瞭解掌握當時元朝的政治、經濟、文化、交通等方面的狀況。

（一）政治方面

忽必烈建立元朝，借鑒金代制度，在以「藩邸舊臣」為核心的中原知識分子參議下推行「漢法」，同時保留能充分保障蒙古貴族特權地位的種種制度，重新在華北確立了封建的中央集權制統治體系以及相應的各種典章制度。中統、至元間的創置，奠定了有元一代制度。元朝制度多沿襲金制，同時又有

〔註 10〕陳炳應，《馬可波羅遊記》中的元鈔〔J〕，中國錢幣，1999，（5）：76。
〔註 11〕申友良，馬可·波羅遊記裏的元初商業文化〔J〕，社科縱橫，2015，頁 109。
〔註 12〕孫紅梅，元朝的「天下一家」思想及其政治文化一統〔J〕，黑龍江民族叢刊，
　　　　2009，頁 91～95。

不少前代所不具備的特點。其中有的反映了中原王朝歷代相承的傳統體制本身的發展變化，如行省的設立；有的反映了被保留的蒙古舊制，如蒙古、探馬赤軍中的奧魯（老小營）建置；也有一些是在這兩者的交互作用下形成的，如刑罰體系中某些不同於前代的變化，對吐蕃地區實行的政教合一的統治等。元帝國為維護蒙古貴族的專制統治權，採用「民分四等」的政策，把全國人分為四等：一等蒙古人，二等色目人，三等漢人，四等南人。這一政策維護蒙古貴族的特權。根據《元史》的記載，元朝最高軍事機構是樞密院。院由知院、同知、副樞、僉院、同僉及院判、參議、經歷、都事等職官組成。另有負責軍法獄訟的斷事官。樞密院直隸皇帝，其職責是「掌天下兵甲機密之務。凡宮禁宿衛、邊庭軍翼、征討戍守、簡閱差遣、舉功轉官、節制調度，無不由之。」〔註 13〕如遇地方有事需調軍出征，則於地方設行樞密院，事已則罷。由於元朝奉行蒙古至上政策，所以軍籍機密唯一二蒙古長官知曉，漢人等不得查看。元朝中樞另有兵部。與樞密院相較，兵部職權相對較小，其職掌主要是「掌天下郡邑郵驛屯牧之政令。凡城池廢置之故，山川險易之圖，兵站屯田之籍，遠方歸化之人，官私芻牧之地，駝馬、牛羊、鷹隼、羽毛、皮革之徵，驛乘、郵運、袛應、公廨、皂隸之制，悉以任之。」〔註 14〕從元朝的這些政治制度可以看出，元的政治嚴密，社會穩定，為人民生活提供了有力的保障。真州作為元朝的一部分，自然受到很大的影響。

元代始終沒有頒布完備的法典。至元八年（1271）以前，中原漢地斷理獄訟，基本上參用金泰和律定罪，再按一定的折代關係量刑。元朝的法制體系，主要是由因時立制、臨事制宜而陸續頒發的各種單行法構成的。政府下令，凡在朝及地方各衙門均應分別類編先後頒發的各種格例，使官吏有所持循。元朝法律大體上遵循前代「同類自相犯者，各從本俗法」的原則。自元世祖於至元二十八年（1291）頒布《至元新格》之後，其繼承者又陸續制定編纂《風憲宏綱》（仁宗延祐年間）、《大元通制》（英宗至治三年頒行）、《元典章》（仁宗延祐及英宗至治年間行）、《經世大典》之《憲典》（文宗至順二年完成）、《至正條格》（順帝至正六年頒布）等等。這些皆屬於中華法系的一部分，其編纂大都是從唐、宋、金諸朝的法典體系演變而來。但無論從法律制度、理論、觀念，抑或律書形式、語言文字等方面來看，又有其獨特之處。因而，元

〔註13〕宋濂，元史〔M〕，北京：中華書局，1976，頁 2155。
〔註14〕宋濂，元史〔M〕，北京：中華書局，1976，頁 2140～2141。

朝的法律文化上承唐、宋、金，下啟明、清，呈現了兼容性、集成性、獨創性的特點。〔註15〕其法源既吸收了漢族傳統法制，又夾雜著蒙古法、回回法等成分，呈多元化的特點。元朝廷為統治漢地居民的需要，在法律制度等方面逐漸漢化，但仍保留了濃厚的游牧民族特色，尤其在嶺北行省（蒙古本土及以北地域）更為明顯。元朝法律原則的兼容性、集成性、獨創性一定程度上釋放出開明主義，有利於真州的經濟文化的發展。

元代中期編纂的政書《經世大典》中有所記載：「國家始得中原，賦諸民者，未有定制。歲甲午，始立徵收課稅所，以徵商賈之稅，初無定額。至元七年立法，始以三十分取一。」〔註16〕元朝統治者為了鼓勵商人到上都經商，幾次「減上都商稅」，甚至對在上都等地經商的商人，給予「置而不徵」的免稅政策。〔註17〕對從事海外貿易的「舶商、梢水」及其家小，給予「免除雜役」的優待。〔註18〕《元史》中也有相關的記載：「至元七年五月，以上都商旅往來艱辛，特免其課。」〔註19〕此後，元朝政府對到上都經商的商人陸續實行了減稅的優惠政策。如，至元二十年七月，「敕上都商稅六十分取一。」〔註20〕二十二年，「減上都商稅」。「於一百兩之中，取七錢半」，〔註21〕比起六十稅一來，又降低了一半多。元朝政府採取的賦稅政策，大大刺激了商業的發展。

（二）經濟方面

元朝經濟大致上以農業為主，其整體生產力雖然不如宋朝，但在生產技術、墾田面積、糧食產量、水利興修以及棉花廣泛種植等方面都取得了較大發展。蒙古可汗進入中原之初，慘酷的屠殺和劫掠，給北方地區的經濟帶來了很大的毀壞。蒙古人原來是游牧民族，草原時期以畜牧為主，經濟單一，無所謂土地制度。蒙金戰爭時期，曾打算盡殺漢人，把耕地都變為牧場，大

〔註15〕白翠琴，略論元朝法律文化特色〔J〕，民族研究，1998，（1）：50～51。
〔註16〕陳高華，元代商稅初探〔J〕，中國社會科學院研究生院學報，1997，（1）：9。
〔註17〕陳春賢，試論元代商人的社會地位與歷史作用〔J〕，湖北大學學報，1993，
（3）：70。
〔註18〕殷振川，試論元代農商並重政策及其影響〔J〕，經濟研究導刊，2013，（14）：
27，元典章·戶部八卷22課程、市舶、市舶則法二十二條。
〔註19〕宋濂，元史〔M〕，北京：中華書局，1976，頁2397。
〔註20〕宋濂，元史〔M〕，北京：中華書局，1976，頁2397。
〔註21〕宋濂，元史〔M〕，北京：中華書局，1976，頁2398。

臣耶律楚材建議不如保留漢人的農業生產，以提供財政上的收入來源。這個
建議受到鐵木真的採納。窩闊台之後，為了鞏固對漢地統治，實行了一些鼓
勵生產、安撫流亡的措施，農業生產逐漸恢復。特別是經濟作物棉花的種植
不斷推廣，棉花及棉紡織品在江南一帶種植和運銷都在南宋基礎上有所增加。
經濟作物商品性生產的發展，就使當時基本上自給自足的農村經濟，在某些
方面滲入了商品貨幣經濟關係。但是，由於元帝集中控制了大量的手工業工
匠，經營日用工藝品的生產，官營手工業特別發達，對民間手工業則有一定
的限制。

　　由於蒙古對商品交換依賴較大，同時受儒家輕商思想較少，故元朝比較
提倡商業，使得商品經濟十分繁榮，使其成為當時世界上相當富庶的國家。
而元朝的首都大都，也成為當時聞名世界的商業中心。為了適應商品交換，
元朝建立起世界上最早的完全的紙幣流通制度，是中國歷史上第一個完全以
紙幣作為流通貨幣的朝代，然而因濫發紙幣也造成通貨膨脹。商品交流也促
進了元代交通業的發展，改善了陸路、漕運，內河與海路交通。〔註22〕元時
實際適用的商稅稅率卻是因地而異，而沒有一個統一的標準，基本是商業越
繁榮的地區，稅率越高。這也反映出元代統治者對商業重視。

（三）文化方面

　　元帝國在民族文化上則採用相對寬鬆的多元化政策，即尊重國內各個民
族的文化和宗教，並鼓勵國內各個民族進行文化交流和融合。元帝國還包容
和接納歐洲文化，甚至能准許歐洲人在帝國做官，通婚等。元朝統治中原，
對中原傳統文化的影響大過對社會經濟的影響。像遼朝、金朝與西夏等征服
王朝，他們為了提升本國文化，積極的吸收中華文化，進而逐漸漢化，然而
蒙元對漢文化卻不甚積極。他們主要是為了維護本身文化，同時採用西亞文
化與漢文化，並且提倡蒙古至上主義，來防止被漢化。例如他們提倡藏傳佛
教高過於中原的佛教與道教，在政治上大量使用色目人，儒者的地位下降以
及長時間沒有舉辦科舉。由於士大夫文化式微，意味宋朝的傳統社會秩序已
經崩潰。這使得在士大夫文化底下，屬於中下層的庶民文化迅速的抬頭。這
個現象在政治方面是重用胥吏，在藝術與文學方面則是發展以庶民為對象的

〔註22〕趙永春，張宏，元朝興衰的歷史啟示〔J〕，北華大學學報（社會科學版），2007，
　　　　（3）：82～89。

戲劇與藝能，其中以元曲最為興盛。

　　《元史》中對於忽必烈在位時期的施政措施也給予了高度評價：「世祖度量弘廣，知人善任，信用儒術，用能以夏變夷，立經陳紀，所以為一代之制者，規模宏遠矣」。〔註23〕對外的交往中，忽必烈提出了「四海為家」、「通問結好」這樣積極主動的外交方針。他曾自稱：「朕即位以來，薄海內外親如一家」，除了對鄰近的日本、高麗、安南、緬甸等國家派遣使節並開展了一系列積極的外交活動，據《馬可波羅遊記》所載，還主動向遙遠的歐洲羅馬教廷派出使臣，由馬可波羅之父、叔尼哥羅兄弟隨同，與教皇互通信件，建立了聯繫。據馬黎諾里記載，元順帝曾要求羅馬教皇再派一任主教到中國。忽必烈還認為：「聖人以四海為家，不相通好，豈一家之理哉？」〔註24〕並把「親仁善鄰，國之美事」作為政治追求的一個目標。「元朝徵收商稅的機構，稱為稅務，亦稱稅使司。大都因商業繁榮、商稅收入數多，設有稅課（後改宣課）提舉司……稅課提舉司下轄若干稅務。元代文獻《元典章》兩處記錄了全國的稅務數目，一約170所，一約200所。顯然，稅務的設置在不同時期有所增減。」〔註25〕商稅管理是有計劃有條理的，也就是統治者是給了足夠的重視的。由此也可知元初的重商思想。〔註26〕

（四）交通方面

　　元朝龐大疆域可以說從陸路通往西亞至歐非的路線通暢無阻，可以直抵俄羅斯與東歐，到達阿拉伯、土耳其和非洲。海道則可以到阿拉伯、印度、波斯、以及非洲等地。元朝是中世紀的世界第一次出現了廣大地域內各民族交通暢通的局面，從而在客觀上為東西文化交流創造了一個前所未有的良好環境，為元代社會世界觀念的逐步增強提供了先決條件，也開創了中西交通的新時代。〔註27〕

　　元代海運是指國內近海航運。始於至元十三年，時伯顏下臨安，取南宋庫藏圖籍，招海盜朱清、張瑄由崇明入海道運至直沽，轉至大都。十九年始命羅璧、朱清、張瑄造平底船運糧。其路線幾經開闢，至三十年形成，由劉家港入

〔註23〕宋濂，元史〔M〕，北京：中華書局，1976，頁377。
〔註24〕宋濂，元史〔M〕，北京：中華書局，1976，頁112。
〔註25〕陳高華，元代商稅初探〔J〕，中國社會科學院研究生院學報，1997，（1）：13。
〔註26〕申友良，馬可·波羅遊記裏的元初商業文化〔J〕，社科縱橫，2015，頁109。
〔註27〕李瑩，劉春霞，試論元朝之對外貿易與文化交流〔J〕，瀋陽航空工業學院學報，2005，（6）：89～91。

海，至崇明三沙放洋東行，入黑水洋，至成山轉西，經劉家島、登州（今山東蓬萊）沙門島，於萊州大洋入界河口，至直沽。運河的開鑿和海運的開闢，對商業的發展，大都的供給和繁榮，南北交通的暢通，官民造船業的擴大，航海技術的提高，都起了重大作用。陸路交通也很發達。全國各地設有驛站（見站赤）一千五百多處，其中包括少數水站。在驛站服役的叫站戶。與驛站相輔而行的有急遞鋪，每十里、十五里或二十里設一急遞鋪，其任務主要是傳送朝廷、郡縣的文書。驛道北至吉利吉思，東北至奴兒干，西南至烏思藏、大理，西通欽察、伊利二汗國，所謂「星羅棋佈，脈絡相通」。站、鋪的設立，有利於國內交通的發展和國內各民族、各地區之間的經濟、文化聯繫。〔註28〕

商品交流也促進了元代交通業的發展，改善了陸路、漕運，內河與海路交通。大都（北京）「國外運來的價錢昂貴的珍品和各種商品之多，世界上沒有一個地方可以與之相比。來自各地的貨物，川流不息。僅絲一項，每天進城的有成千車。還有不少絲織品。」〔註29〕除了大都（北京）外，全國各地還有杭州、蘇州、廣州、泉州、揚州、鎮江、開封等地。

三、《馬可波羅遊記》中元初真州的經濟文化發展的影響

首先，反映在史學領域的成就，是此期間出現了一批異域地理書籍，記載它國風土人情和中外交通歷史的史書。其次，加強與世界各地的文化的聯繫。以科技為例，東西方文化知識得到交流，中國的印刷術這時先傳到伊朗，以後又傳到非洲和歐洲，對世界文化的發展做出了新貢獻。火藥和火炮傳到阿拉伯，他們稱之為「契丹火槍」和「契丹火箭。」阿拉伯人的天文儀器和曆法也傳到中國。〔註30〕

馬可波羅來中國和溝通中西交通，是長期歷史發展的結果。公元前 139 年至公元前 126 年，中國使臣張騫奉命通西域（古代西域包括中國新疆以西和中亞一帶）。返國後，講述了他在西域各地的見聞。公元前 119 至前 115 年，張騫再度通西域，並遣副使至安息（今伊朗）。此後，中國人到西方去的逐漸增多了。漢朝，中國和羅馬帝國有過一些貿易往來。當時從中國到歐洲，有

〔註28〕陳高華，元代商稅初探〔J〕，中國社會科學院研究生院學報，1997，（1）：9 ～13。

〔註29〕陳開俊等譯，馬可波羅遊記〔M〕，福建：福建科學技術出版社，1981，頁 111。

〔註30〕李瑩，劉春霞，試論元朝之對外貿易與文化交流〔J〕，瀋陽航空工業學院學報，2005，（6）：89～91。

後　記

　　在著手進行「馬可波羅與元初國內城市研究」這個課題研究的時候，首先就面臨著兩個難點。一是元初國內城市的相關資料相對匱乏，二是相關的研究成果也少得可憐。因此，前期的準備工作就付出了相當的精力和時間。還好，有本單位的相關領導以及科研機構的支持和關心，總算取得了一些成績。這真是不幸中的萬幸了。在此，對所有關心和幫助過我的領導和同事們表示由衷的謝意。

　　在本書的寫作過程中，申東寧負責前期的資料搜集和整理工作，以及全部書稿初稿的寫作任務。申友良負責項目的選擇、設計、統籌工作，並對全部書稿進行潤色和修改定稿。在分工合作的基礎上，才有今天的成果。